Rameshwara Ronny Hiess

DAS HIER...
Eine Liebesbeziehung mit Nichts

Gewidmet dem EINEN,
Parabrahman

Rameshwara Ronny Hiess

DAS HIER...
Eine Liebesbeziehung mit Nichts

Bibliografische Information der Deutschen Nationalbibliothek: Die Deutsche Nationalbibliothek verzeichnet diese Publikation in der Deutschen Nationalbibliografie; detaillierte bibliografische Daten sind im Internet über http://dnb.de abrufbar.

Herstellung und Verlag:
BoD – Books on Demand, Norderstedt

Coverfoto: „Pusteblume“ von Lisa Spreckelmeyer
Quelle Pixelio.de

2. überarbeitete und erweiterte Auflage: Edition Nirupana
ISBN: 9783732296545

Inhaltsverzeichnis

Es geht immer um alles

Kapitel 1

Das Grundprinzip, zu SEIN was du bist

„Das Geheimnis des Glücks ist die Freiheit,
deren Geheimnis aber ist der Mut."
(Perikles)

Nirupana – Die direkte Einsicht

Hier geht es einfach und ganz simpel um die direkte Einsicht in die Freiheit deiner Natur. Deine Natur ist immer bei dir, weil es ist, was du bist – daran gibt es nichts zu rütteln. In der direkten Einsicht, dem Durchdringen und Erfassen, darin offenbart sich der höchste Wert, DAS zu SEIN, was du bist.

DAS HIER ist alles, was ist; HIER spielt die Musik.

Hier geht es einfach darum herauszufinden, wer du wirklich bist, und darin zu wurzeln. Und es kann nur intuitiv festgestellt werden, durch das Sehen dessen, was ist, und das Erkennen, dass es nicht das ist, was du bist.

Jeden Morgen erscheint auf mysteriöse Weise dies Ich Bin und damit dieser all zu vertraute Körper und die Welt. Das wird meist als normal und natürlich hingenommen; du erfreust oder erschöpfst dich an deinem Leben und siehst nicht, dass es nur Bilder sind, die wie bei einem Daumenkino an dir vorüberrauschen. Ein sich vorstellen von Vorstellungen.

Der Brennpunkt, genau HIER anzuhalten, bei diesem Ich Bin, was immer und unbedingt bei dir ist und so den Körper, die Welt und letztlich dies Ich Bin zu durchschauen – ein permanentes Zurückfinden in das, was Ursprung und QUELLE IST. Hierin öffnet sich die lebendige Einsicht, dass du selbst im RAUM der Erfahrungen nicht vorhanden bist und alles was erscheint, ALLES einfach nur Beweis deiner Existenz ist. Die ganze EXISTENZ zu durchdringen, ist kein Tun – es geschieht im Stillsein und dem Lassen der Dinge. Wird DAS, was ist, im unmittelbaren wortlosen Verstehen erlebt, ist die Freiheit deiner Natur, ohne Unterscheidung, in allem offenbar. Das scheint mir der entscheidende Punkt.

... so in Klarheit und Sanftheit HIER zu Sein, schafft einen Raum, dass alles, was da ist, durchdrungen werden kann, und so seinen gedachten und konzeptuellen Überbau – in der Grundlosigkeit der EXISTENZ – verliert, und die lebendige Freiheit des Ewigen, DAS, was deine Natur ist, zur erleben, direkte Einsicht und unumstößliche Gewissheit wird und einfach so IST.

Im Anhalten und geschehen lassen, kann die Wahrnehmung durch die Erfahrung von Form und-Leere fließen. Die Un-Wirklichkeit dessen, und die Freiheit, die deine Natur ist, wird darin gesehen, darin zu wurzeln ist von größtem Wert.

Das Buch des Lebens

DU öffnest HIER gerade ganz frisch das Buch des Lebens. Nein, ich spreche nicht von diesem Buch, das du in den Händen hältst. Ich spreche hier vom Fluss des LEBENS selbst, der sich durch DICH zeigt. Der Fluss ist einfach DA, ES ist das Leben in Bewegung. Ihn in Stille zu betrachten und es als GANZES zu genießen – zu schauen, zu staunen, zu lauschen und mit dem Fluss zu sein – von seinem Wasser zu trinken, die Frische zu schmecken, sich der Bewegung hinzugeben und diese Lebendigkeit zu SEIN, offenbart diese ungeteilte An-Wesen-heit, die DU BIST.

Die Worte hier sind Einladungen zur direkten Erforschung von DEM, was Freiheit ist, DEM, was du in deiner Natur bist. Es ist eine Einladung, das Buch des Lebens zu nehmen, zu lesen und zu leben, wie ES sich lebt.

Du schaust für dich; es gibt keine Regeln. Ohne etwas anzuhalten, kannst du anhalten und HIER schauen, was wirklich ist – jenseits von „Wirklichkeit und Illusion“, jenseits von „richtig und falsch“, jenseits von Gedanken und Gefühlen – schauen, wer schaut, und inmitten von alledem SEIN-was-du-bist.

Das Buch des Lebens öffnet sich immer wieder spontan, und du siehst, was es zu sehen gibt, was dich interessiert und welche Bewegung stattfindet und du kannst einfach mittanzen, in Stille. So kannst du das Leben leben und lesen, und mit deinem ganzen Wahrnehmungsraum durch den Körper, das Herz und die intuitive Intelligenz durchdringen. Es ist wesentlich, zu lesen ohne etwas aufzulesen – einfach in stiller absichtsloser Kommunikation mit dem Leben zu sein, ohne sich Geschichten „darüber“ zu erzählen. Schneiden wir uns von der Ganzheit des LEBENS ab, verlieren uns in Gedanken, Gefühlen, „Interpretationen über“, verlieren wir den Faden, die ursprüngliche Bewegung, den direkten Blick, und sind verwirrt von Lichtblicken und Schattenhaftem, all den Erfahrungen, die uns begegnen.

Es ist so simpel: **DAS HIER – ist alles was ist**. Das kann geschmeckt werden. Wache Erforschung nimmt nichts raus, ES nimmt dich ganz, beschenkt immer wieder aufs Neue mit dem Wunder des Lebens und offenbart in der Berührung DESSEN die Freiheit deiner Natur, die immer gegeben ist. Dies hier kann Inspiration sein, immer wieder frisch in den Fluss zu steigen, und DA, wo du dich jetzt erfährst, Freiheit zu erleben. LEBEN zu schmecken, das zuvor noch niemand geschmeckt hat, diesen einzigartigen Moment frisch hereinzulassen, mitzufließen und den RAUM der Gegebenheiten zu erweitern, so dass du nicht in einer Schublade über den Fluss paddelst, dir etwas über „dich und dein Leben“ und vielleicht noch „über die Erkenntnisse von vorgestern“ und „über die QUELLE erzählst“, sondern das GANZE in seiner Einzigartigkeit und Frische schmecken kannst und DAS BIST – was du bereits warst bevor du wurdest.

Erkenntnis kann nur frisch sein; erhebt sich aus DEM was Nicht-Wissen ist. Alles ist seine eigene Quelle; der Ursprung des Flusses ist genau dort, wo du bist – hier kannst du anhalten, dich ganz erfassen lassen, von DEM was die *Quelle* ist.

HIER kannst du still, lebendig erforschen und mit der Bewegung des Lebens sein. In der totalen Einsicht, dass du letztlich nie wirklich wissen und erfahren kannst, was du bist, geschieht ein vollständiges Eintauchen in das Wunder und die Nicht-Kennbarkeit dessen, was du bist. SO kann Wahrheit immer wieder frisch in ihrer einzigartigen Schönheit entdeckt werden.

„Der ungezwungene, große Weg ist natürlich und spontan; du brauchst nicht deinen unterscheidenden Geist zu benutzen, um ihn zu erkennen." (Baozhi)

Lebendige Erforschung

Wahrheit ist nicht gegeben, doch zeichnet sie sich durch das Gegebene aus. Wahrheit zeigt sich im Schauen, der Stille und der Bewegung dessen, was ist. Durch das Erleben des Unmittelbaren offenbart sich DAS, was unvermittelbar ist. Alles geschieht immer natürlich und spontan. ALLES ist immer gegeben.

Das ist der entscheidende Punkt, den es zu erfassen gilt. Unsere wahre Natur ist die Wurzel, unsere Basis. Wenn wir sie nicht durch Wünsche und Absichten, gleich ob durch gute oder schlechte, verdecken, dann wirkt diese in ihrer Offensichtlichkeit in unbestechlicher Klarheit und ursprünglichem Mitgefühl spontan durch uns hindurch, wirkt durch den alles in sich tragenden RAUM der Möglichkeiten. Das, was HERZ ist, berührt das Herz und alles Lebendige in seinem Tanz – und bleibt doch in allem unberührt.

Wolken verdecken aus ihrer Bewegung heraus die Sonne, und aus dieser natürlichen Bewegung heraus geben sie den Blick auf die Sonne auch wieder frei. Doch dynamisch mit den Armen zu wedeln, damit die Wolken verschwinden, ist ausgedachter Irrsinn.
Wolken verdecken zwar von Zeit zu Zeit die Sicht auf die Sonne, bedingen aber die Sonne nicht – und genau so,
sei einfach DAS-was-du-bist.

Selbsterforschung ist ganz praktisch: Tun, was zu tun ist, ohne einen Gewinn für sich festzumachen. Still Sein, im Unmittelbaren, Sehen und Erleben, was ist. Ich-bedingte Ursachen und Bindungen erkennen und beseitigen. Beseitigen heißt leben, lieben, lassen – dass ALLES so sein kann, wie es ist.

So, wie wir niemals verhindern können, dass Wolken in ihrem Kommen und Gehen Dunkelheit und Regen bringen, genauso können wir nicht verhindern, dass Vögel über unsere Köpfe fliegen. Aber wir können wachsam dafür sein, dass sie uns nicht auf den Kopf scheißen oder gar ihre Nester in unseren Köpfen bauen. Das ist einfach ein pragmatischer Wert direkter Erforschung, ohne dass man ein Ding daraus machen muss.

Leben lebt sich, in allem. Es ist das Selbst, was sich erforscht und im Erkennen substanziell kein Selbst darin findet.
Diese Selbst-losigkeit von Leben zu entdecken und ES zu sein
ist die totale Freiheit – deiner Natur, die du in allem bist.

Selbsterkenntnis ist der Wind in deinen Haaren, der alles berührt, darin bist du nicht vorhanden. Dieser Moment HIER, die Vibration des Gegenwärtigen, ist Frieden an sich. Hierin offenbart sich die Schönheit jenseits der Worte, greif zu...

Erwachen hat keinen Anfang, Erforschung kein Ende

Das Erkennen DESSEN, was du bist geschieht spontan, in einem Moment. Das Erforschen davon ist ohne Ende. Ohne Ende heißt endlos! Dies zu erfassen, setzt dem suchenden „Ich“ ein Ende und offenbart, dass du vor und in ALLEM das bist, was du bist. Hier beginnt der weglose Weg, zu SEIN-was-du-bist und in dieser Freiheit ergibt sich die Möglichkeit, die „Ich-hafte Idee“, die sich aus Gefühlen und Gedanken eine geglaubte Realität schaffen möchte, im Unmittelbaren zu durchdringen und SO das Unvermittelbare zu sein, in dem du einfach bist, was du bist.

Alle Theorien, Vorstellungen und Konzepte zerrinnen wie Sand zwischen den Fingern, wenn DAS in den Vordergrund tritt, DIES-zu-sein, ist die Gnade, die die Freiheit des GANZEN offenbart. Wenn erfasst wurde, das Freiheit nicht erreicht werden kann, weil dies hier Freiheit ist, endet der Weg des „Ich“, und die endlose Reise auf dem Weglosen Weg, in Hingabe an DAS was du bist, kann geschehen, in diesem MOMENT, der Erste und Letzte Schritt, auf der endlosen Reise durch dich selbst.

Bist du an der totalen Freiheit, - deiner Wurzel - interessiert, grabe tief in deinem eigenen Inneren, ohne einen Stein zu heben, intim mit dem, was ist. Sei mit der Stille, versinke in DIR, tanze mit IHR. SEI ES... Lass dich erfassen, total.

„Im Tao gibt es nichts, worum man sich bemühen müsste. Gäbe es im Tao irgendeine Disziplin, würde deren Ausübung die Vernichtung des Tao bedeuten. Doch wenn es im Tao keine Disziplin irgendeiner Art gibt, bleibt man ein Unwissender" (Ma Tzu)

Die Schwingen der Befreiung

Die Freiheit der Selbsterkenntnis hat zwei Flügel, das ist wichtig zu erfassen, dass sie sich ganz IN DIR ausbreiten und dich tragen kann.Der eine ist die Weisheit, die sich in der Freude frei zu sein und dem reinen Wissen der klaren direkten Einsicht dessen, was du bist, ausdrückt. Der andere Flügel ist das Mitgefühl, welches sich in Akzeptanz, Dankbarkeit und Hingabe an DAS zum Ausdruck bringt.

Wenn dir diese Freiheit wichtig ist, du deine Natur liebst, du dafür gehst, verwandelt sich alles in dir. Nicht, um besser oder anders zu sein... , es geschieht aus sich heraus. Einfach weil du ES in allem bist. Es geschieht ohne Ziel, einfach nur weil die Freude an der Freude unendliche Freude hat. Die Freiheit die Freiheit liebt. Die Liebe es liebt, zu lieben. Es Selbst-Genuss ist, zu SEIN-was-du-bist.

Es setzt sich um, wenn du immer wieder anhältst, ohne an etwas zu halten und alles passieren lässt, dem Beobachten Raum gibst und dies Beobachten im Unmittelbaren mündet, das Sehen mit der Vibration des Erfahrbaren verschmilzt. Das geschieht einfach so, wenn du die Finger raus lässt, und dich der direkten Erfahrung anvertraust. Nichts, was du dazu tun musst, es geschieht einfach, im Schauen, Lauschen und SEIN mit dem, was ist. Immer wieder frisch, zum ersten Mal die Einzigartigkeit von SEIN erleben...

Wenn du wirklich wissen willst

Wenn du wirklich wissen willst, was du bist,

entdecke zuerst in Stille, was du nicht bist.
All das, was du wahrnehmen kannst, kann nicht sein, was du bist.

Halt an!

Durchdringe zärtlich ALL DAS,
indem du dich durchdringen lässt,

so dass der große Zweifel durchbrochen wird
und du in ALLEM entdeckst, was du bist.

Der Körper kann gesehen werden, und die wahrnehmende Präsenz
IN-ALL-DEM, ist auch schon etwas Gesehenes.

Du bist es,

der dich wahrnimmt.

Auch wenn es keine Antwort gibt auf die Frage „Wer sieht?",
ist darin die Freude, über sich selbst zu lachen
und die Freiheit, zu sein was du bist.

ALLES verstanden

„Hmmm... manchmal habe ich das Gefühl, ich verstehe, doch ich begreife nicht wirklich... es ist die Urangst, zu sterben – was ist man ohne dieses Ich, das in Wirklichkeit eh nichts zu sagen hat? Es ist diese Angst, verrückt zu werden, die mich abhält... vermutlich ist es aber auch eine absolute Gewohnheit, nach diesem Ich als Bezugspunkt zu greifen. Und da ist diese Angst, die Kontrolle zu verlieren. All dies bekomme ich interessanterweise in meinen Job gespiegelt, vielleicht auf einer anderen Ebene. Diese Ängste scheinen etwas menschliches zu sein...hmm... Ich habe gelesen, es geht auch darum, diese Koppelung von Gedanken und Gefühlen zu lösen, d.h. Gefühle zu fühlen, ohne sie mit Geschichten zu umklammern und festzuhalten. „Wenn das geschieht, findet man hinter jedem Gefühl Frieden und Stille.“ Was meinst Du dazu? Wie ist das bei Dir?“

„Ich“ ist nichts Persönliches! Im Erleben kam das „Ich“ spontan und genauso geht es auch wieder, ein endloses Kommen und Gehen, und für all dies musst DU erst da SEIN. Das, was den Ich-Gedanken zum „Gefängnis“ macht, ist die Idee, dass er weg müsste. Wenn du dich nicht gegen das wehrst, was ist, und in dieser grundlosen MITTE verweilst, tritt der natürliche Frieden in den Mittelpunkt des Erlebens und du kannst einfach HIER ankommen, Zufriedenheit, Grundlosigkeit schmecken. Das Kleben an der Bedeutung der Erfahrung macht es eng. Selbst das Konzept von Frieden kann es eng machen. Hier, so, wie es ist, das ist LEBEN, und das ist in Bewegung und Veränderung. Einfach relaxt und still zu bleiben, zu erfassen, dass die offene Weite immer gegeben ist; DEM kannst du dich anvertrauen.Wenn verstanden wurde – wunderbar; das Vertrauen und das direkte Wissen, dass du als „Ich“ nie etwas getan hast, lässt all die Vorstellungen schmelzen. Dies non-verbale Wissen-und-Erleben, dass DU BIST, lass das deine BASIS sein. Fasse das „Ich“ mit all seinen Gebilden nicht an, und entdecke in Stille, dass du bist – dass dies SEIN

unbedingt ALLES in sich trägt. Wenn verstanden wurde, dann wirst du auch einsehen können, dass ein Sterben stattfinden kann, DU aber dabei nicht stirbst.
Es ist dein Tod, du wirst absolut ver-rückt, es ist eine Art Re-integration in die Absolutheit deiner Natur von BEWUSSTSEIN, in das was Totalität IST. Wenn das Erleben von SEIN im Mittelpunkt ist, kannst DU nah sein mit den Stürmen, dem CHAOS, der Enge, Glückseligkeit, Friede... was auch immer. All das verliert seine Kraft über dich, weil es einfach sein darf wie es ist und das ist Friede. Und für das, was du in deiner wahren Natur bist, passiert nichts.

Wenn du das Erleben, einfach anwesend zu sein, erforschst, 24 Stunden am Tag – das geschieht ganz anstrengungslos – dann weißt du, wie es bei mir ist. Es ist deine Natur und da sind wir uns nicht verschieden.

Da die Essenz ohne Krücken und immer gegeben ist, liegt die Kraft darin, ohne Stützen, immer anstrengungslos darin-zu-sein.

Lass die Suche zum Ende kommen

Versuche nicht, mit dem analytischen Verstand zu verstehen, damit das Verstandes-Ich ein wenig Bestätigung findet und sich mit Antworten beschmückt, statt wirklich in die Freiheit aufzubrechen, die du in deiner Natur bist. Wenn es dir am Herzen liegt: Erforsche still das Gefühl von Anwesenheit, das unmittelbare, direkte Wissen und Erleben, dass du bist. Die Erforschung ist so simpel – wie dem Sommerregen zu lauschen und darin zu verschwinden. Nutze all deine freie Zeit, in dies Sein hineinzuschmelzen, still zu sein, bis das übrig bleibt, was das SEIN ermöglicht und die relative Idee von dir im Absoluten erloschen ist. Lass es in Ruhe zum Ende kommen. Die Leichtigkeit, mit dem zu sein, was ist, die Zärtlichkeit und der natürliche Frieden werden deine Begleiter – in diesem zustandslosen SEIN.

Vergiss dich und die Welt. Kümmere dich um die praktischen Dinge, die anstehen und sei still und intim mit dem, was an unmittelbarem Erleben da ist. All dies, was du erfahren kannst, lass in liebevoller Berührung hier sein. Sei mit dem unbedingten Erleben, dass du bist, das ist das Maximale, das du tun kannst, dass das HÖCHSTE sich in DIR erkennt. Der Sucher ist das Gesuchte,
und es ist DAS was du bist...

LEBEN zeigt sich in allen möglichen Aspekten,
es beweist sich einfach seine eigene Existenz mit
Akzeptanz, Nichtakzeptanz, Frieden und Unfrieden,
Finden und Verlieren, DEM, WAS IST – fließ einfach mit.

Die Anwesenheit ist still mit den Dingen, wie sie kommen und gehen.
In dem, was bereits still ist, wirst du tiefe Befreiung erleben,
weil es frei ist.

Das bezeugende Prinzip, DAS, was das Ich Bin und die Welt sieht, wurde selbst nie gesehen; da DAS Auge sich nicht sehen kann, verliert es sich scheinbar in seinem Spiegelbild und erwacht darin scheinbar wieder zu sich selbst. Sei Still – SEI DAS, Ende...

Impulse

Impulse kommen auf dich zu, berühren dich, bewegen dich.
Impulse gehen von dir aus, inspirieren, dann entfalten sie sich im Ganzen.

Deine Bewegung ist die Bewegung des Ganzen.
Deine Verwandlungen sind die Verwandlung des Ganzen.
Dein Stillstand geschieht in der totalen Bewegung dessen, was ist.

Du glaubst, du hast dein Leben in der Hand?
Weil du nicht siehst, dass ES sich lebt.
Weil du nicht siehst, was sieht.
Weil du nicht siehst, was nicht zu sehen ist.

So, wie du diesen Moment erlebst,
erlebt das GANZE diesen Moment durch dich.

In seiner Bewegungslosigkeit ist das LEBEN mit sich endlos in Bewegung. Wirst DU von dem erfasst, was vor Anfang und Ende ist, wird erfasst, dass es nie ein Ende haben wird.

Ausweglosigkeit, die der direkte POINTER IST, dass DU nie in deinem eigenen Spiel warst und nie drinnen sein wirst.
DAS IST frei, weil es in allem ist, was es ist....

Die Freiheit kann immer tiefer entdeckt werden;
frisch geschmeckt werden, in dem was ist.

Das Schöne – DU kannst es nur sein,
weil du es immer schon bist... SO-wie-du-bist

LEERE bewegt sich durch die LEERE

Das Pferd der Leerheit reitet durch die Leerheit.
Es ist der Raum, der sich durch den Raum bewegt,
ohne Definition von RAUM: Es ist der stille Atem des Lebens,
dessen was DU BIST, der einfach geschieht.

Halte dich einfach entspannt an den Zügeln des ICH BIN und folge DEM HERZEN und der Vibration, die sich daraus ergibt – DAS kennt den Weg. Vertraue dem was in sich GUT IST - der friedlichen warmen Dunkelheit des RAUMES, diesem Frieden, der immer und überall ist – dem zarten Lächeln in deinem Bauch und der sanften Freude in deinem Herzen. Vertraue diesem Nicht-Wissen, dass DU BIST, dass du unbedingt bist und folge deinem Herzen in dem, was HERZ IST.

Du musst nichts tun, du musst nirgendwo hin. In der Anwesenheit, dass du bist, ist das Mysterium des GANZEN zu entdecken, bleib einfach HIER. HIER ist alles, was ist. Sei still, intim mit der Vibration des Unmittelbaren. Sieh, was da ist und lass dich berühren von dem, was ist. Lass all die Vorstellungen, Theorien und Konzepte in der totalen Berührung mit dem Un(ver)mittelbaren verbrennen.

Bei all dem, was erscheint, begegnest du ausweglos Dir selbst. DIR SELBST... alles ist Antwort auf das was DU BIST. Dies wirklich aufzunehmen ohne den Projektionen des Geistes aufzusitzen – heißt in der Verantwortung DESSEN-was-du-bist zu sein. Ungeteiltes Leben, das in allem die Schönheit und Einzigartigkeit der Un(ver)mittelbarkeit der EINEN NATUR offensichtlich macht.

Bleib nirgendwo stehen – hinter der LEERE der LEERE offenbart sich der ortlose Ort, den du nie verlassen hast. Doch auch da kannst du dein Haupt nicht niederlegen. Sei einfach – ungebunden - diese stille, freudige Präsenz, die mit ihrem Raum endlos im zärtlichen Tanz ist, und verschwinde zwischen der Bewegung und der Stille, indem du-es-bist...

Du wirst alles finden auf der Suche nach DIR, außer DICH, und im absoluten Nicht-Finden deiner Selbst und der Ausweglosigkeit dir nicht entgehen zu können, kann sich die Freiheit offenbaren, in allem zu SEIN, was du bist.

Stille und Bewegung

Es gibt immer irgendetwas zu tun – das ist nicht abzuschaffen. Doch wir können wesentlich werden: Holz hacken, Wasser holen – das, was gerade ansteht. In den Momenten, wo nichts zu tun ist, besteht die Möglichkeit, dass das Unmittelbare in den Mittelpunkt des Erlebens treten kann. Das das-was-ist total geschmeckt wird, als Ausdruck der WAHRHEIT, Wahrheit selbst. Das Unmittelbare, HIER, die Füße auf dem Boden, der Hintern, auf dem du sitzt, der Atem, wie er kommt und geht. Durch die Form offenbart sich das Formlose. Das Unvermittelbare – wird im Anhalten und SEIN im Unmittelbaren offensichtlich. Nichts, was sich durch ALLES zeigt.

Für alles, was erscheint, musst du DA sein. Wenn ich das sage, spreche ich nicht von der Person, die bewusst oder unbewusst ist, sondern von dem, was du in deiner Natur bist. Leben, ein unpersönlicher Ablauf, der sich irgendwann persönlich macht und dennoch weiterhin DAS ist, was er ist, ein unpersönliches Geschehen. Das Ganze, so wie es ist, ist in sich immer frei. Das kann entdeckt werden, indem du einfach dort wo du bist, die lebendige Erfahrung, wie sie ist, reinlässt, anhältst, einfach HIER bist, ohne die Bewegung in dir anzuhalten.

Das ganze Geschehen findet in diesem ungeteilten RAUM statt, wo die Präsenz mit dem Raum in Bewegung ist und alles durchdringt, was darin erscheint. Ob du jetzt hier in Stille sitzt, Wahrnehmung nach Innen sinkt oder auf der Arbeit deinem Job machst oder ob du gerade mit jemandem in Begegnung bist, was auch immer...

...was verändert sich nicht?
Dass DU BIST. Anwesenheit und Wahrnehmung IST in jeder Erfahrung unverändert. Die wahrgenommen Objekte verändern sich, der Winkel der Wahrnehmung kann sich öffnen, weiten, eng werden, genauso wieder etwas fokussieren, doch Wahrnehmung ist unverändert. Das kann jeder für sich erforschen und entdecken.

Anwesenheit, schau sie dir an, ist in jeder Erfahrung unverändert. Sich daran zu halten als Grundlage der Erforschung, macht die Freiheit deiner Wesensnatur offensichtlich. Darin immer wieder anzuhalten, aber nicht als Kontrollmechanismus, um sich in einem scheinbar sicheren Hafen zu isolieren, sondern als lebendiges Erkennen, in dem immer wieder spontan gesehen wird, dass das, was LEBEN IST, immer, ungeteilt, ist was es ist. Hier kann dich die Quelle in ihrer Totalität erfassen. Das ist nichts, was man machen kann. Wenn das Wissen aufgenommen wurde, Erforschung stattfindet, passiert es ganz von selbst. Das Schöne daran, dass wir nichts machen können, in Hilf-losigkeit zu verschwinden und immer tiefer zu entdecken, dass ES keine Hilfe braucht.

ES kann immer tiefer entdeckt werden, und immer tiefer heißt, du erkennst frisch und in Gewissheit: „Aha“, „Wow“ – da ist RAUM, es ist LEBEN. DAS hat keinen Anfang, der hat kein Ende.

Da ist Wahrnehmung: Die Objekte verändern sich, aber Wahrnehmung bleibt, unverändert. Du bist mit dem Fluss in Bewegung, ohne dich an das Unveränderliche zu klammern, und ohne dem Veränderlichen auf den Leim zu gehen. Du rennst einfach deiner Geschichte nicht mehr hinterher, den Meinungen, den Ideen über dies und DAS. Hierin findet aus sich heraus Anhalten statt. Ganz unspektakulär wird erkannt, dass der gegenwärtige MOMENT, die Vibration des Lebendigen, in sich satt ist, dass überhaupt nichts fehlt. Darin findet menschliches Leben statt, Berührung und eine natürliche Resonanz geschieht. Man merkt, was einem gut tut, findet es immer wieder neu heraus, weil Leben in Bewegung und Veränderung ist. Wenn DU HIER anhältst, ohne etwas in dir anzuhalten, erlebst du unveränderte Anwesenheit und Vibration – die Bewegung im Inneren, die daraus hervorgeht. Still darin zu SEIN, immer wieder zum ersten Mal, und der Bewegung zu vertrauen, bringt einen TANZ DES LEBENS in seiner Schönheit und Stille hervor, der mit deinem Herzen in Einklang ist.

Dort, wo ein lebendiges Interesse geweckt ist und das Herz berührt wird in deinem Sein und Handeln, bist du in Berührung mit der Wahrheit, wie sie im Rhythmus deines Herzens schlägt. Der inneren Bewegung zu folgen, ist gar nicht so einfach, weil man immer wieder alles Mögliche erzählt bekommt von Freunden, der Familie, Therapeuten, spirituellen Lehrern. Jeder will einem sagen: Da geht's lang, das ist gut für dich, das ist nicht so gut, lass das lieber, hier geht's lang, so sollst du sein.

Wenn du für dich schaust, was dich interessiert, was du liebst, was dich wirklich im Innersten berührt, dann kannst du herausfinden, was deine Prioritäten sind und in Klarheit daraus handeln. Hier kann sich etwas verändern, aus dir heraus, im Einklang mit dem HERZEN, so wie es jetzt möglich ist. Nicht das Ideal, was der Verstand gerne erfüllt haben will, sondern DU bist einfach DU: du kennst deine Richtung, nicht-wissend von MOMENT zu MOMENT weißt du, was für dich wertvoll ist und damit bist du in Bewegung.

Und diese Bewegung geht nach innen und sie geht nach außen. Wenn offensichtlich ist, dass da der selbe RAUM des LEBENS ist, ob du nach Innen gehst oder nach Außen, ist die Bewegung frei, ist nicht mehr gebunden an die Idee von: *„Ich muss in der Welt was machen"* oder *„Ich muss mich vertiefen bis auf Nimmerwiedersehen."*

Dann bist du einfach mit deiner Bewegung, kennst die Richtung, kannst trotzdem absichtslos sein und dem LEBEN vertrauen, wie ein Steuermann auf hoher See, der weiß, wo er hin muss und darin GOTT vertrauen kann, indem er das Steuer und die Richtung hält und trotzdem absichtslos, erfüllt und leer auf seinem Kurs ist.

Höre nicht auf die Stimmen „im Innen oder im Außen."
Halte einfach an, ohne etwas in DIR anzuhalten
und vertraue dem Tanz-des-Lebens,
der Kraft, die den Weg kennt.

... von HIER schauend, was ist dieses Ich?

Wenn dieses gedankliche Gemüse, dieses Hin und Her, was im Verstand stattfindet, zurückgelassen wird, und HIER einfach schauen stattfindet: Es ist ein Körper da, der wird gesehen, Empfindung ist da, es wird als Ich bezeichnet. Und wenn du schaust, ist da einfach nur eine Erfahrung. Ich schaue auf mein Bein und schaue ein Stück weiter. Da steht ein Tisch mit einer Tasse. Dieses Bein kann ich wahrnehmen, genau wie den Tisch mit der Tasse. Beides ist nicht Ich, dies wird offensichtlich, wenn die Wahrnehmung interpretationslos bleibt. Wenn erfasst wird, dass du nicht dieser Körper bist, nichts Gesehenes bist und du still mit all dem sein kannst, wird der ungeteilte RAUM-DES-SEINS offensichtlich. Aber auch dies ist bereits etwas Gesehenes...

In der Nähe mit dem, was ist, kannst du in immer tiefere Räume eintauchen, die dich mit Glück, Dankbarkeit und Liebe beschenken. Das ist wertvoll und wichtig, aber auch da wirst du kein Ich finden, nichts, von dem du sagen kannst, das bin ich...

Wenn du schaust, kannst du feststellen, dieses erste, direkte Ich- Empfinden und alles, was darin erscheint, ist einfach nur ein Beweis, dass DU BIST. Wenn die Verwechslung mit dem Erscheinenden und die Suche nach Dir selbst geschieht, identifiziert sich der Körper-Verstand mit allem Möglichen und dies scheint endlos. Doch wenn du schaust und dich schon in diesem ersten, nackten Erleben ICH BIN nicht findest und darin entdeckst, das du bist was du bist, weil ES deine Natur ist, entschlüsselt sich das offene Geheimnis in dieser stillen, ungeteilten Einsicht immer wieder aus sich heraus...

... schau für DICH...

In diesem Sehen, Anhalten, Schauen, kann es sich erfassen. In dem Erkennen, obwohl du bist, bist du nicht und selbst, wenn du nicht bist, dich in keinster Weise erfährst, bist du, ohne Wenn und Aber DAS was du bist.

Das ist deine Natur, ohne Wenn und Aber zu SEIN was du bist. Leben findet einfach aus einer totalen Grundlosigkeit statt, Wahrnehmung taucht grundlos darin auf, identifiziert sich erst mit dem GANZEN Universum und dann mit dem Körper. Der Körper, das Universum, dieser Raum hier wird wahrgenommen. Und in diesem lebendigen Wissen, dass nicht DU das bist, fallen einfach Schichten von dir, Schichten fallen, und für das, was du bist, fällt nichts. In der Berührung mit der Vibration im Inneren verbrennen Konditionierungen, Strukturen und Bilder, Raum entsteht in dem, was RAUM IST. DU, dieser Mensch, mit dem du jeden Morgen aufwachst, der bekommt mehr Luft, mehr Raum zum Atmen, du bekommst mehr Raum, mit der Bewegung im Tanz zu sein; ungeteiltes LEBEN kann in seiner Frische durch dich tanzen.

Wenn du in dieser Grundlosigkeit gegründet bist, musst du nicht warten, dass dich die Quelle absorbiert, total erfasst, denn HIER-UND-JETZT bist du das, was die Quelle ist. Nicht als Konzept – du bist es, wortlos. Die „Quelle", das ist ein Wort. Aus DEM findet Wahrnehmung statt, aus DEM erscheint Raum,
Form und Formloses. Und das Schöne des offenen Geheimnisses: DU BIST was du bist, ohne Erfahrung, DU BIST. Ohne Erfahrung, denn wie sollte sich das Auge selbst sehen. Du hast die Möglichkeit, einfach das Nicht-Wissen und die Freiheit HIER in ihrer Schönheit zu genießen. Nicht-Wissen ist jetzt hier, als umfassende Wahrnehmung, das Natürlichste von Allem. Es ist dies Gewahrsein das DU BIST, ohne Wissen zu müssen, was du bist.
Wir müssen uns nicht anstrengen, dass es gut läuft, wir tun einfach das Möglichste und genießen die GUT-heit dessen, was IST.

Wir können nichts richtig und auch nichts falsch machen. Durch jedes Augenzwinkern, durch ALLES, wirklich alles, erlebt sich GOTT... ES IST sich in allem, in jeder Erfahrung, in jedem Erleben näher als nah. DIES hereinzulassen, beschenkt dich mit einer Dankbarkeit, für DAS WAS IST. Lasst uns einfach noch einen Moment in Stille HIER sein...

Wahrheit

Wahrheit ist dir das Wichtigste?

ES in seinem Erscheinen, das hier, Stille-in-Bewegung, du kannst es nicht fest machen – sei einfach still und fließe mit. Gib dich DEM hin, und sei DAS...

Wahrheit selbst ist nicht gegeben, doch offenbart sie sich im unmittelbaren Erleben als DAS, was unvermittelbar IST, darin ist die natürliche Stille zu schmecken, Freiheit in ihrem lebendigen Ausdruck.

...ES zeigt sich gerade so... die Erfahrung, die Bewegung, das was JETZT HIER IST, das ist alles was ist. LEBEN ist mit dem, was ist, mit dem Schmerz wie auch mit der Freude.

DAS Leben hat keinerlei Botschaft, Sommer und Winter wechseln. Tanz einfach mit, genieß es einfach. Dies hier ist die Befreiung von der Befreiung selbst.

Das, was LEBEN IST, ist von nichts abhängig; Freiheit ist, dies zu sehen und sich davon berühren zu lassen, ohne einen besonderen Zustand oder Umstand zu brauchen – sondern einfach zu schmecken: ahhh ja, das HIER, so, wie es sich jetzt zeigt, das ist der einzigartige, vollständige Geschmack des Lebens,
in diesem Moment.

Jenseits aller Schubladen

Wirst du vollständig von deiner wahren Natur erfasst, hat sie einen zutiefst befreienden Geschmack, denn es ist Freiheit, die du bist. Doch kann sie nicht vom Verstand verstanden und eingeordnet werden, das wäre im Höchstfall eine Vorstellung darüber. Genauso wenig kann ES in Stille konserviert werden, DIES-HIER ist einfach unhaltbar...

Wahrheit ist jenseits aller Schubladen. Erwachen nur ein Wort? DAS was du bist, ist „vor und in allem" immer schon wach. Wenn du bist, ist da einfach nur LEBEN in Bewegung. Sei, was du bist und tanz mit...

Ich bin einfach dabei behilflich, all deine Vorstellungen auszuräumen, in Brand zu setzten und die Schubladen zu sprengen, dass DU vollständig und zweifelsfrei mit allem, was ist, von der lebendigen Stille und der Freiheit deiner wahren Natur erfasst werden kannst; und in lebendiger Gewissheit bist, was du bist.

Keine Formel, keine Erfahrung

„Wie so viele hatte auch ich ein Erwachenserlebnis, was sich wieder verflüchtigt hat. Ich hielt daraufhin an einer Idee davon fest, durchdrang es mit dem Verstand, doch der Ärger ging von vorne los und es wurde noch schlimmer. 15 Jahre Satsang, es kommt mir gerade so vor, als hätte ich nur mit dem Kopf zugehört und der kann es nicht fassen."

Ja, der Kopf kann es nicht fassen. Erwachen hin oder her, doch was hat sich bei alldem nicht verändert, was ist im Erleben vor und nach dem Erwachen unverändert geblieben?

Dies zu entdecken, dich daran zu halten und nicht den Erfahrungen hinterher zu rennen; hier beginnt die Erforschung und Freiheit, dessen, was du bist. Hier beginnt das Erwachen, zu dem, was du in deiner Natur bist, DEM was wach ist. Hier, in DEM was ist, kann sich die Freiheit selbst erfassen.

Es scheint vielleicht viel zu unspektakulär zu sein, doch ist das HÖCHSTE darin verborgen: Du siehst einfach, für jede Erfahrung bist du da, einfach HIER und selbst dieses HIER-SEIN wird gesehen.

Du siehst, dass du bist...

weißt aber nicht, was du bist.

In der Vibration des Nicht-Wissens zu leben; dich und das GANZE dem LEBEN immer wieder hinzugeben und mit dem Fluss des LEBENS zu sein; dies was ist immer wieder frisch zu schmecken, das ist der Schlüssel. Alles ist etwas Gesehenes;
die Veränderlichkeit von Form und Erfahrung sowie das Unveränderliche, was immer HIER ist; dies alles kannst du dem LEBEN zurückgeben, still sein mit dem, was ist, ohne dich an etwas halten zu müssen. Wenn du bereit bist, dafür zu leben, weil du ES liebst, öffnet sich eine tiefe Hingabe in dir, die dich und das GANZE an das GANZE gibt.

Dich DEM immer wieder hinzugeben, darin zu verschwinden und zu leben, was du liebst, ohne etwas zu verlangen und mit der Natürlichkeit deines Menschseins nah zu sein, lässt DAS in den Mittelpunkt kommen. Darin wird die natürliche Schönheit DESSEN geschmeckt und läßt dich immer wieder ganz HIER ankommen. Darin kannst du dich dem LEBEN in seiner Bewegung anvertrauen. Aus Problemen müssen keine Probleme gemacht werden, weil du kein Glücksjäger mehr bist, weil DAS HIER Glück ist, ohne Definition. Es scheint so eine allgemeine Haltung zu geben, dass man immer wieder gerne in den Satsang geht, in der versteckten Hoffnung, irgendwo erhält man den ultimativen Glückskeks, und dann ist es FIX auf immer und ewig....
Naja, und ansonsten hatte man einen wohltuenden Abend, nette Begegnungen, ein wenig Stille; und man lebt sein Leben weiter. Es fand gerade ein 7-tägiges Retreat statt; ich beendete es mit den Worten: „Du hast alles gehört und geschmeckt, was Stille ist, wenn du hier zur Tür rausgehst, beginnt das Retreat." Selbsterkenntnis ist was ganz Einfaches...

„Was kann ich tun oder lassen, dass DAS in mir wirklich Raum bekommt?"

Einatmen und ausatmen, ganz sanft, einfach anhalten inmitten dessen, was ist. Mit dem Unmittelbaren in Berührung sein, Bewegung, die in dir geschieht, vorbehaltlos gewähren lassen, ohne einzugreifen, ohne den Bildern hinterher zu laufen und dies HIER still zu ehren, das ist alles. Weil es in so einem einfachen Gewand erscheint, einen mit Nichts lässt, wird gesucht nach dem Besonderen im Leben und dem großen Erwachen. Anstatt hier das große Erwachen zu entdecken. Die Anwesenheit HIER ist der natürliche Frieden, für jeden offensichtlich, der die Vorstellungen und Gedanken über sich und das Leben abgelegt hat und den MOMENT schmeckt, wie er ist. SO offensichtlich, weil die Abwesenheit von dir als Erscheinung in den Mittelpunkt gerückt ist, darin ist grundloses Glück zu schmecken. Sei einfach mit der Vibration des Unmittelbaren, darin halte an gar-nichts.

Du bist die Quelle, die sich gegenwärtig in Vergangenheit, Zukunft und Gegenwärtigkeit offenbart. Du bist... darin ist alles enthalten.

Was interessiert dich, LOTUS?

Was interessiert dich, LOTUS?

Der Schlamm in dem du lebst, von Erinnerungen an Geschichten, Gedanken- und Gefühls-Fetzten oder DAS-was-du-bist?

Dies non-verbale Erleben ICH, gegründet im Unmittelbaren Erleben, deiner ursprünglichen Natur, ist in sich frei, genau SO-wie-es-sich-zeigt. Wenn du die Freiheit deiner Natur liebst, halte dich daran und der Schlamm der Welt wird dir – im direkten Erleben - dienen, tiefer zu wurzeln, IN DEM, was du bist. Das was IST, ist der Nährstoff, im GANZEN aufzugehen und in deiner Einzigartigkeit zu erblühen.

Sei einfach im Unmittelbaren gegründet.

In der Vibration des Unmittelbaren befreit sich alles, augenblicklich, in dem, was ist und offenbart die Unvermittelbarkeit deiner wahren Natur, die du ohne Wenn und Aber bist.

Alles geschieht spontan aus sich heraus, alles ist seine eigene Quelle. Alles ist, aus sich selbst erscheinend, in sich frei. Alles was ist, ist HIER, grenzenloser RAUM, der in seiner Un-begrenztheit immer alles in sich trägt. DIES wird nicht in Geschichten,Gedanken und Vorstellungen gefunden, nur dort wo DU BIST, an der Quelle allen SẸINS.

Meditation ist keine Übung, setzt dich einfach hin

Anstrengungslose Meditation wird oft mit irgendeiner Art von Meditationsübung gleichgesetzt, oder als Ziel der Übung gesehen, in dem Glauben, dass man durch Übung in einen natürlichen, anstrengungs-losen Zustand gelangen könnte.

Doch der natürliche Zustand ist einfach HIER. Es bedarf einfach des Mutes anzuhalten, zu SEIN mit dem was ist und all die Vorstellungen über dich, die Welt und was in dir auftaucht, ganz aus sich selbst heraus, gehen zu lassen...Die Idee der Übung, des Weges und des Zieles transportiert die subtile und doch tiefgreifende Vorstellung des trennenden Geistes, dass es etwas zu verbessern oder zu erreichen gäbe.

Wenn einfach angehalten und geschaut wird, kann immer wieder zum ersten Mal entdeckt werden: „ahhh, das ist LEBEN, dieser MOMENT, vollständig, so wie es ist“ ... und es einfach passieren zu lassen, weil LEBEN in Bewegung ist. Damit in Bewegung zu sein, löscht die Idee aus, dass du dich verbessern und verändern müsstest. DU BIST in permanenter Veränderung mit dem LEBEN und bist DAS, was Leben ist. Dies geschieht ganz natürlich und leicht aus sich heraus, wenn du bereit bist, in den Fluss zu steigen, bereit, dich von den Wellen und der Bewegung des Flusses tragen zu lassen ...es einfach bist. Du meinst, diese Ideen des trennenden Geistes sind bei „dir“ noch nicht erloschen? Diese gibt es nur in Meinungen; es sind Gedanken über Gedanken – die Bezugspunkt „ich“ und „du“ sind Trennung und Mangel; fließe einfach mit, leb in dieser Vollständigkeit von dem, was LEBEN IST, ganz natürlich und spontan. Ohhh, und der Glaube, es gäbe Meister, die erleuchtet sind; du hast bestimmt schon gehört von „Erleuchteten“, die immer in Frieden sind, immer in Akzeptanz – das torlose Tor steht ihnen immer offen, sie haben den direkten Zugang zu ihrer wahren Natur und sie leben in tanzender, tiefer Glückseligkeit. Und so beginnen viele, sich auf den Weg zu machen, raus aus dem Schmerz und Leid, um Glück, Freiheit und Erleuchtung zu finden.

Doch das Verrückte ist, anstatt ganz unmittelbar zu SEIN-was-du-bist, wird in Vergleichen gesucht. Versucht, sich DEM Ideal-Bild anzugleichen. DIES HIER ist ohne Gleichen, alles was erfahren wird ist einmalig, einzigartig und unvergleichlich. Vollkommenheit, Einzigartigkeit kann in jedem Moment erfahren werden!
Schau, lass dich davon berühren...
Einem Meister hinterherzulaufen, in der Hoffnung auf Rettung und den goldenen Glückskeks, ist nichts anderes, als einem weiteren Bild hinterherzurennen – ein bisschen Entertainment, das inspirierend sein kann und an einem Punkt sehr wertvoll und wichtig, keine Frage. Doch wenn es dich wirklich, wirklich interessiert, finde heraus – ganz im Unmittelbaren – was im Meister dasselbe ist wie in DIR, dort LEBE... und Sei einfach DAS-was-du-bist. Dann bist du Meister, ohne irgendwo einen Meister finden zu können, ungeboren, frei, so wie du bist... Alles andere lasse gehen.

Doch aus dem Glauben an die Idee, etwas Geborenes zu sein, aus dem Wunsch nach Anerkennung und Sicherheit, wurden die Regeln der Eltern und des Umfeldes übernommen, anstatt die eigene innere Bewegung – der Herzschlag, der in Resonanz ist mit DEM, was HERZ IST – wirklich zu entdecken und in dieser zu leben. So nimmt man Bilder in sich auf, wie es zu sein hat, was man will und was man nicht will.

Später werden die Regeln aus zweiter Hand ausgetauscht gegen die von Freunden, Therapeuten, den spirituellen Lehrern. Immer wieder: „Zeig du mir, wie es geht! Gib du mir die Antwort auf das Leben, ich wünsche mir Sicherheit, Anerkennung und Liebe."

Doch das Verrückte: Wird der Mechanismus, in Gedanken-Bildern und Meinungen zu suchen, für einen Moment unterbrochen und einfach HIER geschaut, in dieser Erfahrung, kann gesehen werden: DAS HIER IST ALLES und in sich satt. Das SEIN, so wie es ist, ist sicher, denn es ist grundlegend für jede Erfahrung da, DEM können wir uns anvertrauen.

Sind wir mit dem, was ist zärtlich, können wir hier diese unbedingte Liebe entdecken, die einfach ist.

Schau für dich. DIES kann durchdrungen werden, die totale Freiheit entdeckt werden, die sich immer HIER in der Bewegung des Unmittelbaren zeigt.

Anstrengungslos meditiert das LEBEN über sich selbst und das bist DU, DAS IST ALLES. Schau für dich, im unmittelbaren Erleben! Schau einfach! Gibt es jetzt eine andere Erfahrung als diese hier, so wie sie ist? Und wann hat diese Erfahrung angefangen? Alles geschieht spontan aus sich selbst heraus, ohne wirklichen Anfang, ohne wirkliches Ende. Das ist Meditation und Selbsterforschung – ohne Ende, ohne Regeln, ohne Lehre, getragen im Ungeborenen. Schon jetzt dein direktes Erleben: Du siehst, dass du siehst, erlebst einfach so…

Meditation ist nichts, was geübt werden muss; es bedarf des Mutes und der Bereitschaft anzuhalten, und darin zu verweilen, immer wieder zum ersten Mal. In Sanftheit dem Leben zu lauschen, und mit dem zu sein was IST...

...ganz simpel,

setz dich einfach hin,

mitten in dies unmittelbare Erleben,

und sei still...

Stilles Sitzen

Absichtslose, ansichtslose Meditation, ist das einfache HIER-SEIN. Leben selbst, das sich berührt, erlebt und sich aus sich heraus erfährt. Stilles Sitzen - einfach dies hier, die Füße auf dem Boden, der Hintern, auf dem du sitzt, die Intimität mit dem Unmittelbaren, die nirgendwo hin will und darin der Bewegung der Stille Raum gibt, die in dir geschehen möchte, ohne DIES HIER zu verlassen.

Meditation, die nichts will, keinen Grund braucht, offenbart die Grundlosigkeit von DEM, was ist. Du sitzt, bist einfach da, mit dem, was ist. Irgendwann kommt sicherlich ein Gedanke. Okay – lass ihn da sein. Also hältst du dich nicht weiter an dem Gedanken auf, sondern du bist einfach da, gibst dem Unmittelbaren Erleben Raum, spürst deinen Hintern, die Sitzunterlage, die Füße auf dem Boden, bist nah und intim mit dem Atem. Leben, Bewegung geschieht, du bezeugst und bist dennoch mittendrin, entspannst dich einfach in dem, was ist, einfach so.

Stilles Sitzen ist das Umfassendste, denn darin ist alles umarmt. Die größte Befreiung, die du dadurch erfährst: Du bist, unbedingt, immer HIER; und das ist frei.Selbstrealisation heißt zu erfassen, dass du bist, was du bist,   auch wenn du nicht sagen kannst, was es ist. Du bist, in deiner Natur absolut unbedingt, immer hier. So ist das stille Sitzen ein unfassbares Geschenk, denn du erlebst, ganz frisch, „du bist" mit allem unbedingt und immer einfach so hier. Darin ist die Freiheit, in allem zu sein, was du bist. DU BIST...

In Stille zu sein,
ist wie der Finger zum Mond.
Der Hinweis auf das, was DU BIST.
Einfach der stille Genuss, zu SEIN-was-du-bist.

Du bist DAS, was du suchst

Niemals hat ein Meister auf einem Stuhl gesessen und gesprochen, genauso wenig gab es jemals auch nur einen Suchenden, der sich verloren hat. Finden und DAS SEIN, suchen und endlose Verwirrung, tun und nicht tun. ALLES endlose Phänomene, die sich endlos wandeln. In allem IST ES DAS, was es ist.

Wenn du Freiheit und Erwachen suchst, dann sieh', dass der Stuhl leer ist, Sitzen geschieht, die Füße stehen auf dem Boden, der Hintern ist auf dem Stuhl. Unmittelbare Erfahrung, so wie es sich zeigt; DAS ist in Bewegung. Das ist ALLES; Ein Körper, der auf einem Stuhl sitzt, Hören findet statt, Empfindung, die passiert, Fühlen, Riechen, Schmecken, Gedanken – Vorlieben und Abneigungen, ohne einen Denkenden. „Das Höchste der Gefühle", Denken, geschieht. LEBEN tanzt mit sich.

Wahrnehmung findet statt, doch wer ist der Wahrnehmende? Ganz unmittelbar, gibt es keinen Abnehmer dessen, was ist. Das ist unvermittelbar. ES zeigt sich sich selbst.

Freiheit und Erlösung heißt, dass die Idee von Freiheit und Erlösung, wie alles, bei dir beginnt und endet, weil du das Gesuchte bist. Der Sucher ist das Gesuchte.Du bist DAS, was der Sucher ist; das, was der Meister ist; das, was der Mensch ist.

Einen Meister hat es nie gegeben, wie es auch nie einen Suchenden gab. Nie gab es Menschen, immer nur das, was der Mensch ist und dies zeigt sich zutiefst menschlich, in seinem Menschsein. Das kann nicht realisiert werden, da es immer vollständig realisiert ist. Das ist die Einladung, sich selbst zu entdecken, ganz unmittelbar. HIER realisiert es sich, in seiner endlosen Verwandlung, die IN DIR passiert. Denken geschieht, ohne Denkenden. Handlung geschieht, ohne Handelnden.

ES offenbart sich im GANZEN, in der Abwesenheit der Idee von „dir" als DAS, was immer war und sein wird, was es ist...

Ohne „Wenn und Aber“

„Ja, ES ist schon immer der Fall. Und trotzdem erscheint das Wieder-Erkennen manchmal wie ein Weg, wie eine Reise. Und dies, obwohl „ich“ nie wirklich weg war, es keinen Raum für einen Weg zurück geben könnte.“

...na, dann ist doch alles klar! *Lächeln*

Das SELBST scheint jedem Trotz zu trotzen, denn es ist ohne „Wenn und Aber“ das, was du bist.

Es kann interessant sein, zu schauen, was dein Herz liebt, wofür du lebst, welchen Standpunkt du eingenommen hast - für was du dich hältst. Für die Grundlosigkeit, die nie kommt oder geht und sich durch alles erlebt? Oder der Glaube an das Schatten-Ich besteht, welches sich in Phänomenen bewegt und seinen Weg von A nach B zurücklegt?

Was liebst du und für was lebst du? Das könnte interessant sein, sich anzuschauen, nur in diesem Moment, ohne es wissen zu müssen, denn es ist ein direkter Eindruck, ein direktes Erfassen mitten in diesem Nicht-Wissen und einfach für das zu gehen, was du liebst, in DEM, was HERZ IST. Das, was deine Natur ist.
In diesem Schauen kann man schon schauen, dass sich das Schauen in all den Anschauungen nicht verändert, allein darin liegt bereits endlose Freiheit.

Und du-bist-DAS, was sich alles anschaut, vor dem Veränderlichen und Unveränderlichen. Freiheit in seiner Natur.

„Kannst Du was zu der Atomkatastrophe in Japan sagen. Ist das gut oder schlecht aus deiner Sicht?“

Für mich ist interessant zu schauen, was bewegt es in mir. Dann kümmere ich mich um das Unmittelbare, das Wesentliche, was hier ist. Ideen von gut oder schlecht kommen mir da nicht wirklich;

auch wenn Betroffenheit, ein Empfinden dazu da ist, doch liegt es mir fern, Gedankenbilder und Kategorien zu kreieren. Ein wacher und liebender Umgang mit dem, was konkret da ist, ist sehr wertvoll, aber über eine Sache zu sprechen, die nicht hier ist, ist eine Ausflucht in Gedanken und mentale Konstrukte, weg von DEM HIER. Ich weiß nicht, wie das Leben in seinem GANZEN Zusammenhang wirkt, das ist nicht zu erfassen, wir können immer nur Ausschnitte sehen. Ein Ausschnitt sagt letztlich nichts. Ich vertraue dem Lebensprinzip von Bewusstsein und bin mit ihm in Bewegung, da gibt es keine großen Fragen, weil es letztlich keine Antworten gibt. LEBEN geschieht, einfach so.

„Ich fühle mich so hilflos, das Weltgeschehen, ich, was soll ich tun, was soll ich in meinem Leben tun, ich weiß nicht wohin mit mir?"

DA, wo du bist, kannst du das erleben, was sich ganz unmittelbar zeigt, da ist unendlich viel Erfüllung drin, und sei mit der Bewegung, die daraus entsteht; das ist alles. Bleib einfach nicht-wissend und gehe einen Schritt nach dem anderen. Der Verstand kann damit nix anfangen, doch wenn du dich dem anvertraust, dich auf DAS HIER einlässt wirst du von SATTHEIT empfangen.

Lass es sich leben!

„Einen Schritt nach dem anderen? Aber wohin?"

Vertrau einfach DEM, was still ist. Das hier führt nirgendwo hin. Der Tanz hat keine Richtung; ER will einfach getanzt werden, in Leidenschaft, in Freude und Liebe, so wie es dein Herz berührt. Das ist alles. Du bist hier eingeladen, zu sein, was du bist, genau so, wie du bist und dann rauszugehen und zu leben, was du liebst, wie es in diesem Moment in deinen Möglichkeiten liegt – zu leben, so, wie es sich lebt.

„Geht es hier um Erwachen?“

JA, es geht um DICH, das, was du in deiner Natur bist. Es gibt ein phänomenales Erwachen. Doch du selbst bist kein Phänomen. Wer ist derjenige, der glaubt, auf der Suche zu sein oder erwachen zu können? Wer...? Geschieht „Erwachen“, wird gesehen, dass das, was du bist, nie geschlafen hat und das, was scheinbar aufgewacht ist, nicht das ist, was du bist. Darin liegt das Paradox der Befreiung; die endlose Freiheit zu sehen und zu sein, dass du immer und in allem frei bist.

HIER in diesem Moment ist alles passiert !

Wenn das, was du in deiner Natur bist, dich wirklich gepackt hat, ist da die unbedingte Stille offensichtlich, eine Dankbarkeit und eine spontane Liebe, die sich DEM hinwendet, was frei ist, um tiefer in die Weite des Raumes-von-BEWUSSTSEIN einzudringen, sich davon immer wieder ganz erfassen zu lassen. Dann lebst du für DIES in Stille und in Bewegung, weil du es bist.

„...was ist die absolute Wahrheit?“

DU...

„Wer bin ich? ... und Wer bist DU?“

Ich bin DAS, was du bist.

„Kennst DU die absolute Wahrheit?“

Um sie zu kennen, müsste es etwas Zweites dazu geben.
ICH kann SIE nur sein. DU kannst es nur sein,
weil du es unbedingt bist.

„Hast DU die absolute Wahrheit erfahren?"

Ich bin das, was erfährt, das, worin ALLES Erfahrbare kommt und geht. ES ist das, was jede Erfahrung und Nicht-Erfahrung ermöglicht und darin nie getrennt ist vom unmittelbaren Erleben, DEM, was hier ist. Du siehst: Jede Antwort kann dich nur an den Rand des Verstehens, des Erkennens führen.

Der Sprung ins Unbekannte geschieht, wenn die Bereitschaft da ist und es geschehen soll, alles weitere offenbart sich aus sich. Absolutes Nicht-Wissen ist deine Natur, die mitten im Menschsein zeigt, zutiefst menschlich mit allem, was dazugehört. Das Absolute und das Relative sind nicht zu trennen, es ist in allem absolut was ist, das kann entdeckt werden. Es kann eine innere Bewegung stattfinden, so dass alle Bezugspunkte sich „im RAUM des Absoluten" verlieren – LEBEN still in der sanften Dunkelheit des Nicht-Wissens geschieht. Im Nichtwissen still zu sein, dorthin immer wieder zurückzukehren, ist das torlose Tor. Im Unveränderlichen, dass du bist, zu bleiben und in seiner Intimität die Veränderungen des Lebens zu schmecken, DEM gib Raum; damit es sich zweifelsfrei, vollständig erfassen kann.

Wenn dir die Frage unter den Fingernägeln brennt, lass es dein Wichtigstes sein, sei still damit, es holt sich nach Hause.

Der Sucher ist das Gesuchte.

Du bist DAS - sei einfach, intim mit diesem DU, das dir so nah ist, finde es als deine Quelle und gehe darüber hinaus, in das, was nicht gefunden oder verloren werden kann. DEM bleib treu, das ist alles.

Die außergewöhnliche Entdeckung des Gewöhnlichen

Das Schöne ist, wenn DU einfach DA bist, bist du nicht dabei. Die offene Präsenz von DEM-WAS-IST ist die Abwesenheit des Ich – desjenigen, der Ärger macht, immer etwas will oder nicht will. Ich spreche von diesem Ich, welches es letztlich nur in Gedankengängen und Gefühlswindungen gibt. Was macht man dann nur mit diesem Ich-Gedanken, der sich doch überall reinhängt, und sich als Wirklichkeit aufspielt?

Ganz einfach nichts.
Denn der Ich-Gedanke begibt sich sogar in sein eigenes Fegefeuer mit seinem Wollen und nicht Wollen – um weiter zu existieren. Sozusagen der letzte Wille, der kein Ende findet.

Lass einfach, vom Wollen und nicht Wollen; lass vom Lassen und genieße DAS HIER. In der Berührung mit dem Unmittelbaren, dem, was jetzt da ist, ist unendlich viel Schönheit, Zärtlichkeit und Frieden. Selbst wenn Chaos und Schmerz da sind, Frieden ist einfach HIER und in der Intimität mit dem, was ist, fließt zärtliche Liebe durch DAS GANZE und nimmt dich immer tiefer in ihre Schönheit und diese (außer-)gewöhnliche STILLE auf.

DAS HIER ist einfach die außergewöhnliche Entdeckung
der Schönheit dessen, was ist.

Lebe, was du liebst und sei das, was HERZ IST

„Ich würde gern regelmäßig zum Satsang kommen, wirklich gern und auch für mich daheim einfach in Stille SEIN können. Doch alle möglichen Verpflichtungen scheinen gerade mein Leben zu beherrschen. Nicht schön, dies macht ein richtiges Chaos, weil ich manchmal kaum noch Luft zum Durchatmen habe und das Rad sich unaufhörlich weiterdreht. Das stimmt so für mich gar nicht mehr. Ich möchte anhalten dürfen, SEIN und lieben in Stille. Ich wünsche mir, gestoppt zu werden."

STOP...
Die Sache ist relativ einfach: Schau, was dir am HERZEN liegt, was deine erste Priorität ist und lebe dafür, total! Sei damit aus deinem Innersten in Bewegung. Diese Bewegung wird das Zeit-CHAOS in dir auf den Kopf stellen und dir Raum schaffen für das, was du wirklich liebst, weil das Überflüssige rausfällt.

Vorsicht! Das kann gefährlich werden *Lächeln*, denn die Konditionierungen, all das, was du glaubst, tun zu müssen, wo du glaubst, verpflichtet zu sein, werden über kurz oder lang gesprengt und verbrannt. Bis du immer tiefer in dem wurzelst, was HERZ IST... und sich die Frage nach Zeit und Sein gar nicht mehr stellt. Zeit ist eine Lüge des „Ich" – Lebe, was du liebst und SEI das was HERZ IST. Schmecke einfach DAS HIER – that´s all...

Ich bin Bewegung, ganz, immer jetzt, total seiend, in Zeit, zeitlos. Zukunft, Vergangenheit und Gegenwart sind in mir, da das Unbewegte in Bewegung alles enthält. Es tanzt mit sich, endlos, kennt sich in einem totalen Nichtwissen, weil es immer in allem ist, was es ist.

Aus der Bewegung des GANZEN leben

„In mir taucht die Frage auf, ob ich einer Bewegung auch dann vertrauen kann, wenn sie jeder Vernunft zu widersprechen scheint. Und zwar genau in dem Moment, wo die Bewegung eine Handlung generiert und zum Ausdruck bringt, ohne dass dieses Geschehen beeinflusst werden kann.
Das Wesentliche dabei ist: Ein Verhaltensmuster läuft, im totalen Alleingang, von selbst ab, ohne dass ich eine Wahl habe. Mir scheint es mit solchen Mustern so zu sein, dass sich darin alte Verstrickungen und Strukturen zeigen, die sich aufgrund einer aktuellen Situation entzünden und tiefer sitzende Ablagerungen und teilweise ein enormes Chaos zum Vorschein bringen.

Es geht mir um das Ausräumen des Zweifels, ob ich mir möglicherweise nur einbilde, aus DEM GANZEN zu leben und darin DEM zu dienen, während ich weiterhin an einer Ich-Idee hafte, an meinem eigenen Geruch klebe und von Vorstellungen getäuscht werde, die mich in die Irre führen, ohne es zu bemerken. Ich kapier einfach nicht, warum ich überhaupt noch zweifle, also häng ich doch im Verstand rum und dreh endlose Kreise..., verdammter Mist.

Meine Frage ist also: Kann ich einer Bewegung, auch wenn sie sich falsch, verrückt, beschämend oder absurd anfühlt, trotzdem bedingungslos vertrauen, auch wenn ich nicht verstehe, was da gerade passiert?“

Du, wenn es keine Möglichkeit der Beeinflussung gibt, gibt es auch keine Frage. Die Dynamik der Bewegung selbst hat alles total an sich genommen! LEBEN geschieht. Merkst du, dass es für dich nicht stimmt, ist der Moment des Merkens die Möglichkeit, auszusteigen. Tauchen Fragen und Zweifel später nach dem Geschehenen auf und drehen sich im Geist, will der Verstand eine Geschichte basteln. Dann halte an! Nimm das Gefühl, die unmittelbare Erfahrung wahr, sei einfach still damit erleb es ganz und vertraue der Stille der Bewegung, gleich, was sie hervorbringt.

Taucht eine Gewohnheit auf, die eine sehr tiefe Spurrille hat, gibt es eine Möglichkeit, auszusteigen. Immer wieder zum ersten Mal anhalten, so kann das Muster zur Ruhe kommen. Es braucht seine Zeit, keine Frage, aber verurteile dich nicht, wenn du wieder drin hängst. Erfahre einfach PUR, gib dir Raum und Möglichkeit der Veränderung! Es gibt Konditionierungen, die sind so verstrickt, du kommst scheinbar nicht raus, steckst so tief in der Scheiße. Du erlebst die Erfahrung als demütigend, verletzend oder einfach stumpf immer wieder dieselbe Nummer. Lass es in dem Vertrauen, dass das GANZE sich lebt. Gib die ganze Erfahrung an den RAUM. Sei still, mit all DEM was ist da, total! Halt an, steig aus, ohne die Bewegung in dir oder im RAUM anhalten zu wollen. So können die gebundenen Objekte und Schubladen im GANZEN gesprengt werden und du findest, was frei ist – DAS, was kein Objekt IST. Es findet sich, ohne dass etwas gefunden wird. Frei inmitten von ALLEM, was ist, weil jede Vorstellung, jedes Greifen sich in Nichts verliert, so bekommt auch die Bewegung wieder RAUM, mit sich im Tanz zu sein.

Ob eine Erfahrung DEM LEBEN als GANZES dienlich ist, können wir nie wirklich wissen. Wir können immer wieder nur von Neuem anhalten und schauen...

Nicht-Wissen und Klarheit findest du immer nur in diesem MOMENT, ES kann immer nur frisch entdeckt werden. Wenn es dir möglich ist anzuhalten, all die Schubladen zu durchdringen, von all den Schubladen zu lassen – dann gibt es keine Fragen mehr.

Ob du einer Bewegung vertrauen kannst, auch wenn sie sich falsch, verrückt, beschämend oder absurd anfühlt, ob darin Befreiung liegt oder du dich um die eigenen Vorstellungen drehst und verwickelst, kann ich dir hier nicht sagen, denn Bewegung ist in jedem Moment einzigartig.

Doch du kannst für dich schauen, wenn da Raum zum Schauen ist, so, als wenn du im Straßenverkehr in einer fremden Stadt unterwegs bist: Du hältst an einer Kreuzung an, schaust, nimmst wahr und es geht weiter. Manchmal kannst du schon von weitem die Bewegung überschauen und du legst dich leicht in die Kurve, du gehst einfach mit.

Manchmal weißt du nicht, wohin es geht und dennoch wirst du dich bewegen und sehen, was geschieht. Nichts, was du falsch oder richtig machen kannst, bleib einfach in Bewegung. Es zeigt sich immer wieder frisch.

Es ist wichtig, dass du die Bewegung liebst, die Liebe für den Tanz immer wieder frisch IN DIR entdeckst. Dass du in Stille bist, was die Bewegung ist – so kann sich die Freiheit der Bewegung in Liebe entfalten, den RAUM nähren und dich in Liebe weitertragen.

Es könnte interessant sein, sich RAUM zu nehmen und in die Bewegung hineinzuschauen, es könnte mehr als offensichtlich werden, das weder RAUM noch Zeit

– was Bewegung ist –

wirklich existiert.

In DEM, was du bist, kommt nichts, geht nichts und ist nie etwas geschehen, auch wenn es immer wieder so scheint, das scheinbar etwas passiert ...lass es passieren.

DAS ist größer als du

„Mich haut´s immer wieder um, wenn ich mich DEM hingebe und spüre, dass da absolut nichts ist, an das ich mich halten kann. Gestern ging ich nachts im Park spazieren und es fühlte sich seltsam an. Da gibt es diese materielle Welt, alles Physische, das wir sehen und fühlen können. Dann sind da die Gedanken, die ganzen Millionen Konzepte, die daraus entstehenden Konflikte, der Verstand, der bei allem versucht, die Fäden in der Hand zu halten. Dann ist da die feinstoffliche Welt, die Energie, die in und zwischen all dem existiert. Aber nichts von dem ist wahr. Es scheint mir, dass alles – jedes Wort, jeder Heilungsversuch in einem der Bereiche, jedes Problembewusstsein, jede Blockade und jeder Mangel, jede Idee von Entwicklung und Wachstum – einfach alles Illusionen sind...“

Ja das haut um, GOTT gegenüber zu stehen und ganz in IHM zu SEIN. Kein Bild kann DEM standhalten. Es ist immer wieder ein Tod für das, was sterblich ist und ein Genuss für das Unsterbliche, was deine Natur IST. Jeder Moment für den nächsten, ein Freudenfest.

Das ist das Schöne: Diese Freude passt in keine Schublade, weil deine Natur nichts mit der Person zu tun hat, es ist einfach so, IN ALLEM. Wenn du bei dem bleibst, was du in deiner Natur bist, gleich, was auftauchen mag, zeigt sich das LEBEN aus einer anderen Perspektive. Du wurzelst immer tiefer in DEM – wo du warst, bevor du wurdest. Der Verstand, der voller Vorstellungen ist, verliert an Substanz, wenn alles immer wieder ganz HIER SEIN kann, bildlos sich im Unmittelbaren ausschwingen kann, ALLES mit allem im Tanz sein kann.

DAS-WAS-IST, ist wahr – sonst wäre es nicht. Konflikte, Liebe, ALLES ist wahr... wenn wir nichts aus dem, was ist, machen und es unmittelbar erleben, offenbart es Wahrheit in dem, was IST.

Es ist ein Trick des trennenden Verstandes, dich in deiner Bewegung auszubremsen, indem er von Illusionen erzählt, um sich DEM LEBENDIGEN, dem Leben in seiner Bewegung, zu entziehen und sich in vorgestellte Ideale zurückzuziehen.

Mutig, einfach mit dem Leben zu TANZEN und das zu SEIN, was das Leben ist, hat der trennende, analytische Verstand KEINE CHANCE.

An Verstrickungen ist nichts falsch. Wenn du dich nicht abschneidest vom direkten Erleben und du es ganz bist, zeigt sich darin die totale Freiheit des EINEN.

Bleib bei der Vibration des Bewusstseins, die im unmittelbaren Erleben offensichtlich ist. Und lass es sich leben, tu einfach, was dir Freude macht, was dir am Herzen liegt, ohne dem zweifelnden Verstand auf den Leim zu gehen. ES erfüllt sich aus sich heraus!
Die Freude entsteht, indem du dich der Herausforderung stellst, einfach handelst, innerhalb deiner Möglichkeiten in Bewegung bist mit dem LEBEN und es genießt, immer wieder anhalten zu können, in Einfachheit und Stille zu SEIN, den MOMENT erlebend, wie er IST...

DAS Unbedingte offenbart sich einzig durch Bedingungen – kein Entrinnen

Es gibt so einen subtilen und weitverbreiteten Glauben: „Wenn ich dies und das geschafft habe, wenn ich mich als DAS erkannt habe, wenn ich erwacht bin, dann hat der Troubel ein Ende, dann ist nur noch FRIEDEN."
Doch tatsächlich kannst du dem Bedingten, Prozesshaften niemals ein Ende setzen, denn man lebt immer im Raum der Bedingungen.
Das UNBEDINGTE offenbart sich einzig durch Bedingungen.
„Der Raum der Gegebenheiten" ist immer da und zeigt sich durch den kollektiven Raum der Menschen und ihr Sein; NICHTS zeigt sich durch ALLES. ALLES ist mit allem in Bewegung...

Die Flucht in die REALITÄT dessen, was du bist, entbindet dich nicht vom Raum der Gegebenheiten, LEBEN bleibt Herausforderung, braucht Bewegung, um den lebendigen Geschmack der Schönheit zu erhalten, sonst fault und verfällt die Form in ihrem DASEIN. So ist es interessant zu schauen und zu handeln, wie du um dich herum ein Umfeld schaffen kannst, das keinen Zwang auf DICH ausübt, sondern, im Gegenteil, das die offene Weite und die Schönheit durch DICH immer weiter öffnet und du dich mit dem, was du liebst, darin bewegen kannst.
Gleich, was dein Anliegen ist, LEBEN IST Arbeit. Das Schöne ist, wenn du tust, was du liebst, lässt es dich sein, was du bist, kannst du von MOMENT zu MOMENT das Leben mit allem Für und Wider einfach SO genießen.
Ein praktisches Beispiel, du baust ein Haus. Du hast ein Grundstück gefunden, was für dich passt, die Pläne sind fertig, das Fundament ist gegraben, die Mauern hochgezogen, das Dach kommt drauf. Dann wird der Innenausbau fertig gestellt, Fenster und Türen rein, alles an Installation, Heizung, Elektro, Tapeten, Fliesen, Teppiche.

Dann richtest du dich mit all den Möbeln und deinem Gut, mit dem du gerne lebst und dem, was du für die praktischen Dinge brauchst, ein. Das Haus ist gebaut, DU kommst an, du lehnst dich zurück, genießt dein neues Heim und gleich schon darfst du die nächste Ecke renovieren. Es ist endlos. Leidvoll, wenn du nie ein Haus haben wolltest, es nicht dem Rhythmus deines Herzschlages entspricht, du einer Idee aus zweiter Hand hinterher gerannt bist, und es ist eine Freude dafür zu leben, wenn das, was du tust, das ist, was du liebst. Dann stellt sich die Frage nach einem Vorteil, einem Gewinn nicht mehr. Du lebst, was du liebst, im Raum der Möglichkeiten, so, wie es möglich ist.
Das Leben zu seinen Bedingungen zu leben, wie es jetzt im Raum der Möglichkeiten ist und DEM zu vertrauen, ohne in blinden Glauben oder Konzepte zu verfallen.

Das heißt für mich, ein waches Leben zu leben, in Hingabe an DAS. Wenn du für DAS lebst, dich DEM wirklich in Stille und Bewegung hingibst, schluckt ES dich, immer tiefer, ohne dich rauszunehmen und darin verschwindet der, der einen Vorteil von irgendetwas haben könnte. DU erfährst dich, mich und die Welt, tust das, was zu tun ist und im Rahmen der Möglichkeiten liegt. Das ist alles und das ist ganz pragmatisch. Wenn du müde bist, legst du dich hin und genießt es, wie eine Katze zu schnurren. Hast du Hunger, schaust du, dass etwas in den Bauch kommt, was dir gut tut – ein endloser Fluss, der aus sich heraus geschieht.
Ist der Traum aus, dass er jemals enden würde, lässt du einfach alle Konzepte und Theorien fallen und lebst, wie es sich lebt, lebst das, was du liebst und bist still mit dem Fluss der Dinge. Leben selbst hat kein Konzept über sich, es erfüllt sich aus sich heraus. DAS ist es, das hier. Keine Philosophie, kein Konzept, das halten würde, was es verspricht. Vom „natürlichen Zustand“ erfasst, verlieren die Benennungen ihre Kraft, keine Frage nach Wirklichkeit oder Unwirklichkeit, keine Frage nach Erwachen oder Traum.
LEBEN zeigt sich genau so, wie es sich zeigt. Darin sind Möglichkeiten und hier ist es interessant, für sich zu schauen und die Bewegung mitzubekommen, sie zu sein.

Die Frage: Worum geht es mir? Was liebe ich? Was ist mein Interesse? Was berührt die Sehnsucht in meinem Herzen, was lässt sie in mir brennen?
Dem in der lebendigen Präsenz nah zu sein. Das, was du liebst, in Zärtlichkeit zu durchdringen, damit im Tanz zu sein, das ist ein erfülltes, gelebtes Leben. In dieser inneren Ausrichtung machst du dich von keinem Guru, Therapeuten, deinem Papa, deiner Mama oder der sozialen Welt, wie sie zu sein hat, abhängig. Du bist DU und lebst dich so, wie DU BIST. Du bist weder allein noch ist da jemand anderes. ES fragt nach nichts anderem, ist in Bewegung und schaut entspannt nach dem SCHÖNEN, in dem es sich total verlieren kann. Das ist die Schönheit und die lebendige Stille des Außer-Gewöhnlichen, die sich in DEM HIER zeigt.

Es ist, als wenn du mit einem geliebtem Menschen im Tanz bist. Ihr tanzt, und darin ist alles enthalten. In der Abwesenheit der Schritte stellt sich die Frage nach dem Tänzer nicht. In der totalen Bewegung offenbart es sich in seiner Un-Wirklichkeit, aber es gibt kein Wort dafür, weil es weder unwirklich noch wirklich ist.
ES IST, das Absolute in seiner Entfaltung, jenseits aller Worte und wenn es sich in seinem Aspekt relativer Wirklichkeit darstellt, kümmert man sich um das, was ansteht. Sehr einfach: tun, was zu tun ist und die Dinge zu nehmen, wie sie sind. Es ist wie eine Liebesbeziehung, in der man sich schon lange kennt und immer wieder wachen, schauen muss: „Hey, was passiert hier?“ Und dann ist es wieder, wie der erste KUSS, ein leidenschaftlicher, zärtlicher Kuss, der in Dankbarkeit und Liebe das Herz berührt. Es ist dieses spontane „Ich liebe dich, LEBEN“, das still und demütig die Kraft der Schönheit des Lebens empfängt.

Im RAUM der Möglichkeiten wird in den gegebenen Möglichkeiten getan, was zu tun ist, in einem stillen Getragen-Sein
von DEM, was ist. Ganz simpel, wie es sich zeigt

Kommt der Schüler zu seinem Meister und sagt: „ Ich hab's nun endlich – den ganzen Winter über war ich in unbedingtem Frieden und einheitlicher Seligkeit. Ich weiß nun, was es ist, von dem Ihr immer spracht!“

Der Meister schmunzelt und sagt: „Trag den Müll raus! “

Darauf erwiderte der junge Mann: „Ich kenne die offene Weite, von der Ihr spracht, nichts mehr, was darin erscheint.

Es ist immer HIER...“

„Na gut, dann schlepp den Müll halt weiter mit dir rum!“

ALLES IST absolut relativ

An einem Punkt eröffnet einem das Leben die Möglichkeit, zu erfassen, dass wir das Leben einfach nur nach unserem inneren Daseinszustand wahrnehmen. Wer das für sich erfasst, relativiert sich selbst in Bezug auf seine Wahrnehmung und die Frage *„Wer Bin Ich?“* taucht ganz natürlich auf und kann zum Mittelpunkt der Erforschung werden und das offenbaren, was Quelle ist. Die Frage braucht keine Antwort. Sie einfach zu stellen, zu schauen, mit dem Unmittelbaren zu sein – daraus ergibt sich alles. Die Frage wird sich aus sich heraus beantworten. Inmitten dieser bewegungslosen Stille geschieht alles aus sich heraus. Lass dich einfach da-rein-fallen. Wirkliche Selbsterforschung geschieht anstrengungslos, denn sie geschieht aus sich heraus und ist in sich absolut frei – das ist das Schöne. ES ruft sich. ES holt sich nach Hause, in das, was endlose Heimat ist. Ein weg-loser Weg, der letztlich nichts verlangt, weil er NICHTS bietet, außer dich, so wie du immer schon bist – frei. Du bist einfach DU, in allem so, wie du bist – dies ist sehr klar und direkt. An einem Punkt der Erforschung offenbart sich dies zweifelsfrei, in dem Einsehen, dass ES immer ist, was es ist – frei, SO, wie es jetzt ist. Sich selbst und seine Wahrnehmung zu relativieren geschieht aus sich selbst heraus. Selbsterforschung und die Frage „Wer bin ich?“ taucht von selbst auf und beantwortet sich selbst. Der erste Schritt auf dem weglosen Weg geschieht durch die intuitive Intelligenz. Man stellt fest, dass etwas existiert, was über die persönliche Welt hinausgeht. Es ist ein intuitives Erfassen, das weder mit einer großen Erfahrung zu tun haben muss, noch belegt werden könnte. Doch man weiß, dass etwas Größeres existiert, das über „mich selbst“ hinausgeht, aber man weiß nicht, warum man das weiß. Berührung mit dem Nicht-fassbaren geschah einfach so. Interesse ist geweckt, Erforschung geschieht...

Die Relativierung der Wahrnehmung von sich selbst, den anderen und der Welt, macht das Leben sehr viel leichter, denn man muss den Gedanken keinen Glauben mehr schenken. Man muss dem, was da auftaucht, keine Bedeutung mehr geben. Man sieht es so, wie man es sieht und kann es so sein lassen, ohne es zu verändern und daran festhalten zu müssen. Auch ein Verändern, Festhalten, Festhängen kann in seiner Relativität erlebt werden. Veränderung ist der natürliche Lauf der Dinge. Leben ist Bewegung. Ein stilles Lächeln für das, was ist. Das Absolute und das Relative sind nicht zu trennen. Alles ist absolut relativ. Das Absolute ist das Einzige, was ist; in seinem Tanz mit dem, was IST; endlos von Moment zu Moment. Es ist niemals möglich, WAHRHEIT zu sprechen, denn Wahrheit scheint zu schwinden, wenn man über sie spricht. Wenn man an Konzepten hängt, kann es so scheinen, als würde hier immer weder etwas anderes gesagt werden, zu DEM, was Wahrheit ist. Doch zeigt es sich SO und trägt lebendige Wahrheit in sich, in Bezug zu diesem MOMENT und dem Standpunkt Jetzt Hier – den energetischen Umständen, dem Raum der Gegebenheiten und dem, was RAUM IST.

Freiheit, nicht an den Dingen und auch nicht an absoluter Wahrheit zu kleben. Beides ist konzept-haft in dem Moment, in dem es erfahren und beschrieben wird. Erfahrung, Beschreibung ist der Ausdruck DESSEN, ansichtslos, absichtslos aus sich heraus.

Kein Entkommen, denn du bist DAS. ALLES wickelt sich unmittelbar ab. Du-bist, ungeteilt, und nur so wird ES erfahren und spricht zu sich selbst, in dem, was jetzt ist...

Dies HIER, ist ein mit-dem-Leben-im-Tanz-sein; Schauen-was-jetzt-ist, in Berührung sein mit dem Ganzen. Ein Tanz, in dem der Tänzer total in seiner Bewegung ist, weil es nichts Verschiedenes zu DEM HIER gibt. Daraus, in der totalen Bewegungslosigkeit, versinkt Stille, ohne ein Zweites. Nichts ist und daraus erscheint Leben in Bewegung mit ALLEM – sich-selbst-erfüllend, in der einzigartigen Qualität dieses Momentes, ungeteilt sich zum Ausdruck bringend mit dem, was jetzt möglich ist im Raum der Möglichkeiten.

Ohne je etwas über sich selbst wissen oder erfahren zu können und doch sich SELBST gewiss.

Den lebendigen Ausdruck der Wahrheit zu leben – nicht handhabbar. Dies ist wundervoller als ich und ich weiß, dass das, was ich da sage, immer nur falsch ist, aber aus diesem Falschen entsteht von MOMENT zu MOMENT Wahres und nie etwas anderes, da ICH-BIN, was ist, absolut-in-Bewegung mit dem, was ist und nicht verschieden von dir, unbewegtes, nicht-phänomenales Noumenon in seinem Aspekt des Mensch-Seins.

Reine Freude, m-ich selbst nicht zu kennen und mir genauso nicht zu entgehen. Wie ein Apfel, der den Geschmack des Apfels nie schmecken kann, dennoch in jeder (Phase) Faser vollkommen das ist, was er IST.

HIER, am Ende vom Anfang: Gehe einfach davon aus, dass nichts, was du hier an Worten findest, die Wahrheit ist! Nutze alles, dass DICH das direkte Erkennen ganz in sich aufnehmen kann. Glaube keinem Gedanken und vor allem nicht „demjenigen", der scheinbar denkt, der auch nur ein Gedanke ist – DANKE.

Genieße einfach das LEBEN-wie-es sich-lebt und
SEI-was-du-bist. Oder, lass alles sterben,
und SEI DAS, was das Leben ist.
Das kommt wohl aufs selbe raus, du wirst enttäuscht, im besten Sinne; das macht frei, vollkommen und vollständig. ABSOLUTE VOLLKOMMENHEIT, ungeborenes SEIN wird entdeckt – im Erscheinen scheinbar immer un-vollkommen und un-vollständig, ...doch die Freude, zu SEIN-was-du-bist, hält sich nicht am „Schein“ auf; es ist deine Natur, in allem zu SEIN-was-du-bist, da gibt es nichts zu drehen oder zu basteln, DAS HIER ist frei...

Das ganze Leben ist Vorbereitung,
bis du bereit bist, für dies EINE, was nie kommt und geht,
näher geht nicht, es ist frei.

Zwanghaft verändern wollen

„...Ich kann einfach nicht anhalten. Mir erscheint es so, dass ich zwanghaft Veränderung im Relativen suche. Ich kann das nicht lassen, doch ich will es auch nicht mehr. Was ich mir immer gewünscht habe, dass es mal einen Schub gibt, dass ich zum Kern meines Schmerzes komme und dahinter die Essenz entdecke. Gerade hab ich das Gefühl durch die Frage „Wer bin ich?" immer mehr zurückzutreten und nicht das zu sein, was sich da abspielt. Anders kann ich es nicht beschreiben. Klar bin ich auch misstrauisch, aber wenn sich jetzt nach Jahren mal was bewegt, ohne dass ich massiv selbst schieben muss, ist das für mich ein Wunder – nach all dem Kämpfen, Durchhalten und dem vergeblichen Bemühen. Ich weiß es nicht, darin ist immer noch soviel verändern wollen, so eine Art Wunsch nach dem absoluten Glück."

Die Essenz von ALLEM ist immer Hier...
Einen Schritt zurück zu treten - indem du einfach anhältst - und einfach zu sehen, was wirklich da ist, ist so wertvoll und dieses Misstrauen ist auch etwas Gesehenes, etwas was kommt und geht, fass es einfach nicht an. Darin kommt das GANZE in dir zur Ruhe, du verschwindest darin...
JA, es gibt nichts anderes als das Relative. Es gibt nichts Absolutes, es gibt nur das Absolute und das zeigt sich nur durch die Relativität dessen, was ist. Dieses HIER trägt den einzigartigen Geschmack des Absoluten in sich. Halt einfach an, ohne an etwas zu halten, immer wieder, nah mit dem Unmittelbaren.
Das zwanghafte Verändern wollen kommt zur Ruhe, wenn gesehen und immer wieder geschmeckt wird, dass das LEBEN HIER in sich vollständig ist. Dann offenbart sich das Absolute durch die kleinen Dinge, in der Abwesenheit von dir... Wenn die Frage „Wer Bin Ich?" ernsthaft und aufrichtig gestellt wird, frisst sie dich auf und öffnet den Blick für das, was du in deiner Natur bist.

Wer bin ich?

Es scheint so als wird die Frage: „Wer bin ich?" von den wenigsten wirklich erforscht. Wirklich erforschen heißt, mit der Frage still zu werden und zu schauen, was ist Ich und sich von der Vibration, dem Sog in die eigene Quelle absorbieren zu lassen.
Sich von dieser Frage ganz erfassen zu lassen, ist wesentlich, da diese Frage das Potential der „Verwirklichung“ in sich trägt.
Offenbart sich das offene Geheimnis dieser Frage, wird zweifelsfrei klar, dass das, was du in deiner wahren Natur bist, immer schon frei ist. Für das in Ideen und Vorstellungen verfangene Bewusstsein ist es tragisch, da Befreiung dort gesucht wird, wo keine Freiheit zu finden ist. Dass sich Bewusstsein, auch in der verwickelten Vorstellung ICH, in der totalen Verwirklichung befindet, kann einfach nicht gesehen werden. Sicherlich geht es hier nicht um ein intellektuelles Wissen, einem Wissen aus zweiter Hand, sondern um die eigene zweifelsfreie Erfahrung und Einsicht, die zur unumstößlichem Gewissheit wird.

Sobald der Suchende aufhört, dem Ich-Gedanken zu glauben, ihm nicht mehr hinterher läuft und Anhält, die Verwirklichung anerkennt, wie sie ist, wird alles langsam aus sich heraus klar.
Das direkte Erleben, dass unbedingt DU – anwesend - BIST, ist entscheidend, es ist wie das torlose Tor zwischen dem Absoluten und dem Relativen, dort halte an, immer wieder zum ersten Mal.
Es ist nicht nötig, die Frage „Wer Bin Ich?“ ständig wie ein Mantra zu wiederholen, sondern mit dieser Frage in Stille intim zu sein, wie mit einem Geliebten und in Sanftheit alles in Frage zu stellen, was sich auf die scheinbare Person, auf dies scheinbare „ich“ bezieht.
Zu sehen, was da ist, es grundlos hereinzulassen und es nicht anzufassen, genügt. Durch den Prozess des intimen Bezeugens von allem, was auftaucht, kann sich in einem Moment spontan offenbaren, dass du vor allem bist, was gesehen werden kann und dass selbst das Sehen schon etwas Gesehenes ist und DU in jeder Erfahrung das bist, was du bist. Hier können das Sehen und das Gesehene miteinander verschmelzen.

Die Frage „WER?“ wird keine Antwort hervorbringen. Keine Antwort in einem intellektuellen Sinne. Es ist ein intuitives, wortloses Verstehen, das sich auf diese Frage einstellt, und darin alle Ideen und Vorstellungen löst, wer oder was du sein könntest, SO wird offensichtlich, wer du bist und nie nicht sein kannst.

In der Stille kannst du fragen „Wer bin Ich?“
und dieser stillen Bewegung nachspüren, ganz damit sein.

Zu wem kommt die Stille?

Zu wem kommt alle Erfahrung? Zu mir.

Wer bin Ich? Ich Bin.

Zu wem kommt das Erleben Ich Bin? Zu mir.

Wer bin ich? ...

Damit ... ... sei einfach, still ...

Forsche DEM EINEN nach, bis das übrig bleibt, was unbedingt die Grundlage jeder Erfahrung ist: sich selbst nie erfahrend, weil es in seiner Natur ohne Zweites ist.

Wer seiner wahren Natur wirklich auf den Grund geht und sich von dieser unbedingten Zweifelsfreiheit erfassen läßt, ist absolut frei. Das, was du in deiner Natur bist, ist nicht durch Erfahrung zu bedingen – doch DU erlebst durch Erfahrung von Form und Formlosem. Doch dieser RAUM von Erfahrung ist leer von dir und DU BIST ES. Schau es dir an, erforsche es für dich, was deine Natur ist und lass dies deine unumstößliche Überzeugung sein und ES wird sich zweifelsfrei und tief erkennen.

Deine wahre Natur kann dir keiner nehmen und keiner geben, weder ist sie zu finden noch zu verlieren; das ist das Schöne, du bist frei, SO wie du bist.

Es sind diese großen Vorstellungen, die mit der Verwirklichung und dem Erwachen verknüpft sind. Die Idee, dass das Erwachen wie ein großer Blitz hereinzubrechen hat, gefolgt von grundloser Glückseligkeit und endlosem Frieden.

Doch wer hat die Vorstellungen über Erwachen?

Wer glaubt, es brauche den Blitz des Erwachens,
um zu erkennen, und zu sein, was du bist?

Wer erfährt die Seligkeit und den Frieden des Seins?

Wer erfährt? „Ich" und „SEIN"?

Wer erfährt den Zeugen des JETZT?

Wer bezeugt die Abwesenheit aller Phänomene?

Wer bezeugt all dies?

WER?

Die Suche nach Glück

Wer ist es, der nach Glück sucht?

Wer ist dieses Ich, das meint, durch dieses und jenes glücklicher zu werden, durch dieses oder jenes endlich glücklich zu sein?

Wer ist dieses Ich, das letztlich nach sich selbst sucht?

Wer sieht diese Präsenz? Erforsche es für dich!

In diesem persönlichen Raum ist es einfach nur ein Gedanke, der einen anderen Gedanken verfolgt und etwas für sich erlangen und es festmachen will. Dies reduziert DICH und das LEBEN auf „etwas" und verschleiert DARIN die Schönheit der Vibration des EWIGEN. Wenn du genug davon hast, steig aus!

Du steigst aus, indem du bei der Präsenz des unmittelbaren, unausgesprochenen Erlebens von ICH verweilst, mit der direkten Erfahrung still in Bewegung bist. Indem du immer wieder sanft dort hin zurückkehrst, ist die Möglichkeit gegeben, dich als die Quelle all dessen wiederzuentdecken.

Wenn es dich wirklich interessiert, wird dich die Antwort verschlingen. Du wirst die Antwort erhalten, weil DU die Antwort bist, erforsche aufrichtig und entschlossen: „Wer bin Ich?"

Wer dieses ICH bis in seine Quelle erforscht hat, dieses selbst ist, lässt von „seiner" Suche ab, weil er weiß, dass er nicht ist und darin ist er das, was unbedingtes, stilles Glück ist.

Erforschung mitten in DEM, was frei ist

Wenn du wirklich interessiert bist, an der Freiheit deiner Natur, an dem, was du bist, dann schau...

Du bist HIER. Für alles musst du da sein. Unbedingte Anwesenheit kann hier entdeckt werden. Anwesenheit, in der alles kommt und geht; darin ist der natürliche Frieden, in dem sich Frieden und Unfrieden die Hand geben – hier kann sich das LEBEN von der Bindung an die Umstände befreien.

Dass du anwesend bist ist die Grundlage jeder Erfahrung. Das nackte Erleben, dass du bist, ist der Punkt der Erforschung, in dem die Freiheit deiner Natur sich selbst entdecken kann.
Betrachten wir dieses Erleben ICH BIN...

Ich bin Otto

Ich bin Elke

Ich bin Gärtner

Ich bin frei

Ich bin ärgerlich

Ich bin glücklich

Ich bin zufrieden

Ich bin in müde

Ich bin identifiziert

Ich bin nicht mehr identifiziert

Ich bin erwacht

Ich bin HIER

Ich bin nicht

Du bist mit und ohne „Anhängsel", *unbedingt HIER.* Selbst für deine Abwesenheit musst du anwesend sein, schmecke das einmal...

Es ist offensichtlich, wenn du wirklich schaust, dass dieses erste Ich Bin schon etwas Gesehenes ist und für ALLES, was ist, DU bereits da sein musst. Um zu erfassen, was du in deiner wahren Natur bist, stellt sich die Frage: „Wer sieht?"

Wer sieht Form und Leere?
Wer sieht dieses Ich Bin und die Welt, in ihrem Wandel?

Wer glaubt, darauf eine Antwort zu haben, irrt.
Wer glaubt, es nicht zu kennen, irrt genauso.

DU BIST nur nicht das, wofür du dich hältst.

Der Mensch ist es gewohnt, mit physischen, emotionalen und mentalen „Dingen" umzugehen und so fällt es scheinbar schwer, darüber hinaus zu schauen. Zu schauen, wer schaut.

Wenn da eine Ahnung von deinem wahren SEIN ist, kann es von Interesse sein, zu sehen, wo das Interesse hingeht – zu den Dingen der alltäglichen oder der spirituellen Welt?

Oder zu dem Nicht-Kennbaren,
was uns ahnungslos, nicht-wissend,
mit all dem da sein lässt?

Wenn deine wahre Natur dich nicht loslässt, sei einfach zärtlich in diesem unbedingten Nicht-Wissen, das dir alles nimmt. Es ist die Berührung mit dem Unmittelbaren. Bleibe dabei, immer wieder HIER, relaxt, so wie du bist, mit den Dingen im Wandel, wie sie kommen und gehen. DEM kannst DU dein ganzes SEIN hingeben, HIER ist alles gefunden.

In der Hingabe an DAS
offenbart sich die Süße zu SEIN, was du bist.

Das torlose Tor steht immer weit offen...
wie Mumon einst sagte: „Es ist zu klar und daher zu schwer zu erkennen. Ein Narr suchte einmal mit einer brennenden Laterne nach Feuer. Hätte er gewusst, was Feuer ist, er würde seinen Reis viel früher gekocht haben"

Der Sucher ist das Gesuchte – halte an – HIER IST ALLES gefunden, im Erleben der Freiheit des Unmittelbaren offenbart sich DAS, was unvermittelbar ist.

Das „Köcheln von Reis“ geschieht durch ungezwungenes, permanentes Schauen-dessen-was-ist; schau einfach nur und sei mit dem, was ist still. Die Beobachtung ist wesentlich, so dass das Fremdwissen gesehen und von dir fallen kann und DU in der Offensichtlichkeit SEIN kannst, was du in deiner Natur bist.

Sei dir einfach jenes Zustandes gewahr, der einfach nur SEIN ist, ohne dieses oder jenes zu sein und alles ist offensichtlich und diese Offensichtlichkeit nimmt kein Ende.

Einige Anschauungen: Es kann interessant und sehr wertvoll sein, zu sehen, wo deine Priorität liegt und entsprechend zu handeln und eben nicht zu träumen, in Theorien und Hoffnungen auf DAS LEBEN zu warten.

Also, was ist dir am wichtigsten?

Was liebst du?

Und was tust du?

Und aus welcher Dynamik handelst du? Aus Angst, Schuld, Mangel und Begierden, aus kleinen spontanen Impulsen, wie sie 100fach am Tag auftauchen und Gedanken und Gefühle erzeugen, die sich um deine Geschichte und die Welt winden? Oder aus dem sanften Impuls der Freude, der aus der Bewegung der Stille kommt, spontan, nicht-wissend, in Bewegung zu sein? Getragen von dem unmittelbaren Erleben ICH BIN, VOR DEM ICH BIN –
DAS, WAS DAS ICH BIN IST. Dort sei einfach, das was du bist.

Alles andere ist die Projektion des trennenden Geistes, dessen Job es ist, DIR Bilder „über dich und die Welt“ aufzuladen und dich auf den Trip zu schicken...

Woraus geschieht die Handlung und Bewegung, die dir immer wieder passiert? Aus Wut, Zorn, Rache und Hass gegen diesen und jenen, der dich oder die Welt verletzt hat?
Oder bist du erstarrt in Angst?

Was auch immer: Es geschieht letztlich alles einfach so, es ist kein Problem, was gelöst werden müsste. Sieh einfach, was geschieht erlebe es total und SEI-was-du-bist. Sei total nah damit, ohne es anzufassen, ohne es zu deinem Eigenen zu machen und schau, wie alle Bewegung grundlos geschieht, alles durchdringt und in Sanftheit vor nichts halt macht; dem vertrau dich an.

In Sanftheit, das heißt natürlich nicht, dass man zu einem Schaf wird, das sich von jedem scheren und schlachten lässt und zu allem lieb AMEN und OM sagt. Doch ist es einfach so, dass der Ich-Gedanke in der Grundlosigkeit von SEIN alle Macht verliert und er es dann sogar mit Machtlosigkeit versucht, weiter am Steuer zu bleiben. Der Ich-Gedanke bewegt sich zwischen Stolz und Hochmut und der Machtlosigkeit, der Kleinheit des Zweifels und dem Verletztsein, um so den Raum-des-Lebens, in Ich-haftigkeit immer kleiner zu machen, in Gefängniszellen zu teilen, sich abzutrennen und zu isolieren – das ist sein Job. Jedes dagegen-arbeiten, jedes therapieren dieses Mechanismus’ nutzt der Ich-Gedanke für sich.

Bleib einfach HIER und lass dich atmen vom RAUM des Geschehens, erlebe, was ist und der Atem GOTTES bekommt mehr und mehr RAUM IN DIR...

Aus der LEERE entsteht immer wieder der Impuls des Lebens und hier ist es interessant zu schauen, wofür dein Herz brennt – dafür lebe! Die Begierden – dein Kampf, das Wollen und Nicht Wollen und all die toten Gewohnheiten – überdecken die lebendige LEERE, lassen die Flamme der Sehnsucht erlöschen, so wie wenn du Sand auf ein wärmendes, DICH nährendes Feuer wirfst. Die Sehnsucht ist der Same, dich ganz in DEM zu finden, was du bist. Sei einfach HIER mit allem, was ist und das Feuer wird in Schönheit und Sanftheit brennen. Es ist die Liebe zu dem, was du bist, die sich selbst erfüllt. Die Leere des Nicht-Wissens, Frieden, Mitgefühl, zärtliche Stille und die Süße der Hingabe sind ihr Geschmack, wenn die Sehnsucht nicht mehr auf ein Objekt gerichtet ist; und Objekt wird oft gleichgesetzt mit „meinem Swimmingpool", „meinem Haus", „meinem Auto"

… all diese kleinen Aushängeschilder der Anerkennung und Sicherheiten. Doch es ist auch „mein Wissen", „mein Diplom" und zu guter Letzt „mein Erwachen", „meine Erleuchtung". All diese Verrücktheiten des trennenden Geistes, der sich einredet, mit diesem und jenem endlich vollständig zu SEIN. Der trennende Verstand ist ein Teufel, der dir sogar „Erleuchtung" und „DAS EINE" anbietet, um dich am Laufen zu halten. Wenn man sich Erwachen oder Erleuchtung wünscht und sich auf den Weg macht und denkt, dieses „ich" zu sein, welches glaubt, mit Erleuchtung die totale Befreiung zu erlangen, dann ist es ein Trip ins nächste Gefängnis der Ideale und Vorstellungen. Erforschung und Erwachen hat erst dann wirklich begonnen, wenn die Suche bei DIR ihr Ende gefunden hat, ohne ein DU ausfindig machen zu können und DU tief in dir weißt – ohne wissen zu müßen – dass das HIER die ersehnte Erleuchtung ist, dass das, was ist, Erwachen ist. Weil DU durch ALLES, WAS IST zu dir selbst erwacht bist. DEM wende dich immer wieder zu, es geschieht, einfach so, still mit dem, was immer still ist.

Diese Idee „wenn ich nur *erwacht* bin, dann ..." HALT!!!
Deine Natur ist zu sich erwacht, und nichts anderes kann in WIRKLICHKEIT erwachen.

Dieser Moment ist Frieden und in sich frei, immer, halt einfach an und sei still mit dem, was ist. Darin ist die Freiheit die du bist, die immer „woanders" gesucht wurde. Ganzheit kann entdeckt werden, wenn die Vorstellungen darüber, wie du oder das Leben zu sein hat, nicht mehr greifen und du in dieser Lebendigkeit, die immer HIER IST, einfach bist, ohne wissen zu müssen. Sich vorbehaltlos an DAS HIER hinzugeben und mit-zufließen, lässt Ganzheit aus sich heraus in GANZHEIT erblühen, SO, wie es dem GANZEN dient. HIER gibt es nichts, was richtig oder falsch wäre. Richtig oder falsch kann erscheinen im Menschenspiel, doch wer weiß schon, ob richtig richtig und falsch überhaupt falsch ist. Weiter... wenn dir die Freiheit deiner wahren Natur am Herzen liegt, kann es von Interesse sein, zu schauen, wo du glaubst zu stehen: Glaubst du, die Person, der Körper zu sein? Glaubst du, ein geistiges Wesen zu sein – auf einem guten Weg in eine bessere Welt? Das, was ist, aufrichtig zu sehen und im Lassen zu durchdringen, öffnet die Möglichkeit der Veränderung – öffnet dafür, die Veränderung im Unveränderlichen zu entdecken, dass DU selbst nicht in Veränderung bist. All das geschieht in dem, was frei ist – das ist der Punkt, an dem ein wirklicher Paradigmenwechsel geschieht. Der Frage „Wer bin ich?" auf den Grund zu gehen, wird dich von all diesen bedingten Vorstellungen, Ideen und Bindungen befreien. Und inmitten der Erforschung findest du dich dort wieder, wo es kein Kommen, kein Gehen, weder Geist noch Welt gibt.

Gibt es kein Finden von dem, was du substanziell Selbst nennen könntest, dann ist dass das Ende der Suche und im Erscheinen ist der SUCHER selbst zum Gesuchten geworden in einer lebendigen Erforschung, die weder Anfang noch Ende kennt.

DAS LEBEN IST zu dem geworden, was es in seiner Natur immer schon ist: DAS EINE in Kontemplation über sich selbst.

Anhalten und ganz bei dir ankommen geschieht immer wieder spontan aus sich heraus. Du sitzt einfach mit dem, was ist – Beobachten geschieht, Atmung geschieht, Raum wird erfahren und erweitert sich in dir. Die Bewegung im Inneren wird erlebt von stiller Vibration, du wirst immer wieder erfasst, intim und nah, ohne eingreifen zu müssen. Immer wieder ein frisches Erfassen, dass LEBEN sich lebt. So mit dem Leben still zu sein macht es möglich, dass ALLES in DIR verschwindet. Alles; die Person, der Körper, die Welt, das Universum – nichts IST und aus NICHTS erscheint in Zärtlichkeit und Frieden spontan ALLES IN DIR...

Dieses unbedingte lebendige HIER-SEIN – dies non-verbale Wissen und Erleben „Ich Bin" – in Stille zu erforschen, offenbart immer tiefer die Freiheit deiner Wesensnatur und beschenkt dich mit der Süße des Nicht-Wissens, zu SEIN-WAS-DU-BIST.

Wenn du die Freiheit deiner Natur liebst, wirf jede Schublade, jedes Bild, jedes Ideal, jede Vorstellung über Bord und vertraue dich dem unmittelbaren Erleben, dass DU BIST, an. Darin ist alles willkommen. In diesem „darin ist alles willkommen" schleicht sich immer wieder der trennende Verstand ein, um Schubladen zu bauen, zu installieren und zu bedienen und DIR darin Konzepte und Theorien als Wahrheit zu verkaufen.

Wenn DU in irgendeiner Schublade landest, bleib einfach darin, still, geh da nicht weg, atme still und entspannt und sei HIER. Dieses HIER SEIN, in Stille und Sanftheit, wird so viel Energie in Bewegung setzen, dass die Schubladen gesprengt werden. In der „Schublade" SEIN, ohne einen Ausweg zu suchen, kann augenblicklich ALLES befreien, weil DU frei bist. „Der Körper" wird immer gefangen sein, dennoch musst du in dieser Gefangenschaft frei, spontan und ungebunden sein, weil es deine Natur ist. Entdecke DIES! Davon lass dich ganz aufnehmen – mehr Schönheit und Vollkommenheit als DIES HIER, das geht nicht...

Das Grundprinzip: Jetzt, nach all diesen Anschauungen, vergiss all die Meinungen, all diese Sichtweisen und sei dir jenes natürlichen Zustandes bewusst, der einfach nur Sein ist, ohne dieses oder jenes zu sein und lass alles andere gehen.

Dieses SEIN, das in der ungeteilten Nähe mit der Vibration des GANZEN in Berührung ist, ist das Erleben, deiner Natur,
die du bist.

Also, verlasse spontan den Platz des „Objektes Ich",
den du nie betreten hast und genieße,
dass du ohne Wenn und Aber bist,
was du bist.

Leben ist nichts persönliches

Kapitel 2

SO wie es ist

- Kleinod der Unterscheidung -
Alles was du unterscheiden kannst,
kann nicht DAS sein was du bist.

Wenn es heiß ist, ist es heiß.
Wenn es kalt ist, ist es kalt.

Erleuchtung ist ein Konzept, mit dem man Feuer legen kann, das dann aber selbst mit dem Suchenden im Feuer verbrennt. Nur das, was deine Natur ist, bleibt. Wenn du Erleuchtung, Befreiung, deine wahre Natur suchst, ist es wichtig, direkt zu schauen, was dies ist und es für dich zu erforschen. Denn wenn du einen Mythos jagst, wirst du bald wie ein verrücktes Huhn durch die Gegend rennen, Konzepte nachplappern, Ideale hochhalten; anstatt anzuhalten, den Punkt zu durchdringen und DIES-zu-sein.

Alle haben wir unsere Erleuchtungen: Einsichten, Inspirationen, Erwachenserlebnisse, immer wieder. Doch was ist Erleuchtung? Das Dumme, es gibt keine Wort dafür. Darum komme ich nochmal zum Anfang des letzten Satzes zurück, „das Dumme"... dies Sprichwort „du stehst wie der Ochs vor dem Scheunentor" fällt mir dazu ein. Jemand, der nicht weiß, wie er durch das Tor kann und auch keinen anderen Weg mehr findet oder sieht, steht nicht-wissend da. Dies ich-weiß-es-nicht ist sehr direkt, es verschlingt die Vorstellungen eines Wissenden oder Unwissenden, in dem was IST.

In diesem Nicht-Wissen einfach da zu sein, lässt uns die Dinge durchdringen, ohne sie verändern zu müssen, wir sehen und erleben die momentane Erfahrung so, wie sie ist, die Gedanken, Gefühle, Empfindungen, das Formlose, was sich in diesem unmittelbaren Erleben auftut; all das kann durchdrungen werden, indem wir still sind mit der Bewegung, die aus der direkten Erfahrung entsteht.

Wenn erfasst wird, dass nicht wir es sind, dass die Erfahrung leer von uns ist, ergibt sich die Möglichkeit, dass Form und Leere von uns fallen, jede Erfahrung von uns fällt und wir eben als DAS SIND, was wir bereits waren, bevor wir wurden und ES unbedingt, von dem was ist, sind. SO bist du... vor und inmitten von ALLEM, DAS WAS DU BIST, genauso wie es ist... SO, das ist jetzt die Erleuchtung.

Und nun geht's weiter, mit Wasser holen und Holz hacken, einen Tee kochen, still sein, schauen, lauschen, ein- und ausatmen.

HIER ist nun die Möglichkeit offen, zu SEIN, was du bist, oder weiter in Erfahrung des Werdens und in der Besonderheit von hochgehaltenen Bildern zu suchen, zu Suchen in der Hoffnung, dass es gut wird und „Erleuchtung“ in dir irgendwann fest und sicher ist. Oder einfach in Stille zu sein, frisch mit dem, was ist, ohne etwas suchen oder erreichen zu müssen und HIER das Höchste zu ehren, weil es deine Natur ist – wortlos zu sein, was du bist.

Diese hier bricht das Herz des Suchenden, des Wissenden, zielt auf das, was HERZ ist. In der Erleuchtung, DEM HIER, ist weder Raum für einen Erleuchteten noch Einen, der nicht erleuchtet ist. Es ist die Befreiung von der Befreiung selbst, und was im Lebenstraum geschieht, geschieht...

Wenn es heiß ist, ist es heiß. Wenn es kalt ist, ist es kalt.
Was für ein Glück, Leben erfüllt sich selbst; das hier ist die gesuchte Erleuchtung. „Ich“ kann damit nichts anfangen, ES IST EINFACH... und ich kann mir in Offenheit immer wieder nur eingestehen: „DAS HIER ist alles, was ist“ ohne wissen zu müssen oder zu können. Darin erlischt jede Vorstellung von Sein und Nicht-Sein.

Diese kleinen und großen Erleuchtungen – Satoris und Erwachenserlebnisse – sind maximal Fingerzeige auf das, was ER-LEBEN ermöglicht und die Schönheit des SO-SEINS dessen was ist und nicht etwas, was es zu erreichen gäbe. Es ist einfach der weite Raum der Möglichkeiten zu sehen, das du das bist, was Sieht. Jeder Moment ist der weite Raum der Möglichkeiten – einmal und zweifelsfrei – zu sehen, das du das bist was du bist, und es einfach zu sein...

Du bist, mit und ohne Erfahrung das, was du bist. Wenn das offensichtlich ist, kann wirkliche Vertiefung geschehen, aber die geht nirgendwo mehr hin. Denn für alles, was sich auftut, musst DU bereits da sein, vor und inmitten von Sein und Nicht-Sein, DAS-was-du-bist.

Die Frage nach Erleuchtung

Das Leben ist einfach fraglos DA, und DAS was es ist. Wenn in dir die Frage nach dem LEBEN, dem Sinn, einem Grund, nach Befreiung, Erleuchtung auftaucht, kannst du, ganz direkt, wesentlich handeln: Anhalten, ohne etwas anzuhalten – so die Gedanken und Gefühle verlassen – und im berührbaren Schauen schauen: WER ist es, der fragt?... Und in der Lebendigkeit, der direkten Erfahrung sehen, wie die Schleier fallen,...

Alles, wonach gesucht wird, und was du glaubst gefunden zu haben, ist letztlich eine illusionäre Vorstellung. Es ist das „ich", das sich selbst sucht und solange die Verwechslung mit dem „Ich(-Gedanken)" besteht, werden alle möglichen Vorstellungen erschaffen, dass das „ich" nicht als substanzloses Bild in der Grund-losigkeit von SEIN verschwindet.

Die Einsicht, die Erleuchtung ist – dass der Suchende das Gesuchte ist und nirgendwo zu finden, und im TOTALEN Nicht-Finden deiner Selbst du bist was du bist. Ganz simpel in dieser Offensichtlichkeit hier. ...und doch, sich dem hinzuwenden erfordert Mut und Entschlossenheit, gerade wenn der illusionäre Schleier durchschaut wurde – da das, was sich dir immer wieder als „ich" aufdrängt, weiterhin sein Netz aus-spinnt und dich darin fangen will, in den Spielchen die so vertraut und gewohnt erscheinen.

In der Frage WER? anzuhalten, ohne die Bewegung anzuhalten – verweilend in dem, was fraglos ist, immer HIER – sitzt du einfach an der Quelle dessen, was du bist. Dies SEIN-so-wie-es-ist, ist Fernrohr der Kontemplation über DAS-was-du-bist. Darin erlöscht jede Vorstellung über dich und was bleibt, ist das, was IST, das kann Freiheit genannt werden.

Das Befreiende, es gibt kein Gebunden-sein, noch die Befreiung von Gebunden-sein – hier fällt beides weg. DAS-was-du-bist ist unbedingt und frei, das, was nach Befreiung sucht, wird sich immer nur im Bedingten zwischen Freiheit und Gebunden-sein wiederfinden und somit gebunden sein. „Scheinbare" Probleme entstehen nur, wenn „ich" mich auf etwas Zweites beziehe – Ich und mein Leben, Ich und meine Suche – Ich und die Welt.

Mein Gott, lass es sich einfach leben, der Körper kümmert sich um sich selbst, die Welt kümmert sich um sich. Bewusstsein kümmert sich um Bewusstsein. Alles geschieht aus sich selbst heraus, alles ist seine eigene Quelle; Sei einfach, DAS-was-du-bist und verweile in diese natürlichen Stille deiner Natur, die die Sanftheit und Freude in sich trägt...

So simpel – das LEBEN wird einfach geschmeckt, wie es jetzt ist. Das, was Schaut, schaut in die Richtung, wo es keine Richtung gibt, wo es kein Ding gibt, was von irgendwoher objektiviert werden könnte – es geschieht einfach, in dem Sein, wo nicht gesucht wird und du bist, was du bist. Lebendige Erforschung einfach und ganz praktisch: Dort zu graben und immer tiefer zu wurzeln, wo sich das SELBST spontan erfasst hat. Wo in dir die Gewissheit ist, weil „du" nicht mehr wissen musst, sondern LEBEN sich in seiner Un(ver)mittelbarkeit mit allem, was HIER IST, selbst erfährt.

LEBEN kann durchdrungen werden,
indem wir die Dinge lassen,
und SO erleben,
wie sie gerade
sind.

ES Erleben

„Schon einige Zeit, dass ich zu den Talks komme, wenn es mir möglich ist. Ich lese deine Worte, ich versuche zu verstehen, versuche still zu Sein, doch weckt es einfach Sehnsucht in mir. Ich möchte Erwachen, ES so gerne Erleben. Was kann ich tun, um anzukommen, nach Hause zu kommen???“

Schön, wenn dies hier die Sehnsucht weckt, so ist die Suche etwas vitales in dir. Wenn in der Sehnsucht nichts mehr gesucht wird, an der Erfahrung nichts gedreht wird, DU das Gesuchte bist, wird eine satte Stille, eine unglaubliche Süße von Hingabe erlebbar, die dich in Dankbarkeit verschlingt. LEBEN, was sich berührt...

Du bist! Schau, den Begriff Erwachen hast du irgendwo gehört, es ist Fremdwissen. Erwachen? DU musst doch wach sein um nach Erwachen zu fragen, du sehnst dich nach dem, was bereits da ist, du musst doch SEIN um das SEIN zu suchen. Wenn du anhältst, kannst du es immer tiefer schmecken, so wie es ist... Wer ist denn da, der erwachen könnte? Wer hofft, endlich Daheim ankommen zu können? Wer glaubt, er hätte sein Zuhause verloren? Wer denkt über das Erwachen nach? Dies Denken stützt sich auf die scheinbare Person, die letztlich auch nur ein Gedanke ist: "Ich".

Doch das "Ich" ist ein gelebtes Bild, was im SEIN auftaucht – schmecke einfach, was da ist, so wie es ist - suche nicht, denke nicht darüber nach – schmecke DIES HIER und lass dich davon verspeisen, dass nur DAS übrig bleibt, was EINZIG IST.

ALLES lebt alles, das ist alles. Da ist nur SEIN, Erleuchtung oder GOTT. Und das zeigt sich jetzt so, wie es ist; und DAS, was jetzt IST, ist nicht fest. LEBEN ist in Bewegung und Veränderung und ist in allem DAS, was es ist, das ist das Schöne; es ist frei, das kann erfasst werden, lass DU dich erfassen.

Diese Freiheit immer wieder in Stille und Sanftheit zu schmecken, vernichtet jegliche Objektivierung, weil es HIER kein Objekt gibt das erreicht werden könnte, so gibt es weder Absicht noch Weg, du bist frei. Die Ideen von Erwachen und die Hoffnung auf eine Antwort und ein Ankommen verschwinden in der Zärtlichkeit, HIER zu Sein. Lass dich einfach berühren von dem, was ist. Halt an.

(Stille)

„Ich möchte dich mal was fragen. Es ist keine direkte Frage, aber vielleicht kannst du etwas dazu sagen. Egal, was sich gerade in meinem Erlebnishorizont abspielt und was ich im Moment mache oder wo ich mich gerade befinde, ich bin „Nichts". Und gleichzeitig ist da „Alles". Es ist weniger eine Wahrnehmung, als vielmehr ein Sein in allen Dingen, in dem kein Innen und Außen mehr besteht. Ist die Wahrnehmung nach „innen" gerichtet, ist da absolut Nichts. Selbst alles was an Gedanken, Gefühlen, Empfindungen etc. auftaucht, was auch immer, ist Nichts. Ist die Wahrnehmung nach „außen" gerichtet, sind da die Dinge als „Alles", so wie es ist und sich offenbart in diesem Moment - und doch ist da kein innen und außen.

Und egal wohin ich mich bewege und was sich ereignet, es bleibt konstant so und verändert sich nicht. Nichts und Alles ist ungeteilt und da ist keiner, der das wahrnimmt.

Ich kann das schwer beschreiben und habe das auch noch nie so unmittelbar durchgängig erfahren. Das Verrückte ist halt, dass da wirklich keiner ist, der das erfährt. Verstehst du...

Weißt du, was das ist?"

...eine Perspektive, wie sich Selbst-Gewahrsein, pur assimiliert! Es geht über alles Sagbare hinaus. Wort-loses-Verstehen übernimmt den ganzen RAUM des Erlebens...

Das nenne ich die Freude des TODES, das zu sein, was LEBEN IST, in dem, was du bist. Was kann es Schöneres geben.

Die liebende Freude und das bildlose Interesse daran,
löscht alles aus.

Berührung
ist Sinn an sich,
denn sie sucht keinen Sinn;
sie ist mit dem, was ist, ist Sinnlichkeit,
Freude, Selbst-Genuss. LEBEN IST, endlose Zärtlichkeit.

„Das höchste Wissen ist, nicht zu wissen"
(Thomas von Aquin)

Wer sieht den Sehenden

Das Ohr hört, doch hat es sich selbst nie gehört.
Die Nase riecht, doch hat sie sich selbst nie gerochen.
Das Auge sieht, doch hat es sich selbst nie gesehen.

ICH habe mir das ich, das du und die Welt geschaffen,
um mir der Beweis meiner eigenen Existenz zu sein.

Da ist Sehen,
doch – wer sieht das Sehen?

Die wesentliche, letzte Frage, einmal gestellt:
Wer sieht?

Wenn dich das wortlose Verstehen erreicht hat, wirf mit beiden Händen alles an Wissen und Unwissenheit über Bord, ohne etwas anzufassen. Lass dich erfassen und geniess die Stille, das zu SEIN, was du bist

Nicht-Wissen ist deine Natur

Nicht-Wissen, sich als das zu kennen, was jede Erfahrung und Nicht-Erfahrung ermöglicht. Das ist Selbsterkenntnis – das Subjekt implodiert in sein Objekt und darin gab es niemals ein Objekt, geschweige denn ein Subjekt.

In der Abwesenheit des Erkennenden, des Erkennens und der Erkenntnis berührst du dich in deiner Nacktheit, die du ohne Wenn und Aber bist.

Es ist dies zweifelsfreie Ich-weiß-es-nicht, das nicht durch Phänomene zu bestimmen ist; denn im Erwachen der Selbsterkenntnis ist das tiefe Wissen – was Freiheit ist, sich nicht in Phänomenalität finden zu können, nirgendwo. Ein unbedingtes Ich-weiß-es-nicht, denn das, was deine Natur ist, ist nie Teil der Erfahrung. Es ist das, was jede mögliche und unmögliche Erfahrung ermöglicht, deine wahre Natur, frei, an keine Erfahrung gebunden. Alles andere ist bedingt; selbst der Frieden, dein Erwachen in das SEIN, sind bedingte Erfahrungen, und das ist Leben in Bewegung, das braucht kein Eingreifen oder Lassen, es lebt s(d)ich SO wie es s(d)ich lebt; das ist das Schöne, es ist frei.

Du bist nicht,
doch das tanzende Universum ist Beweis deiner Existenz;
von MOMENT zu MOMENT

in Bewegung mit der stillen Freude,

dass du bist, was

du bist...

DU BIST, tanz mit, in Sanftheit und Stille

Wirklich zu sehen, dass du nie Teil der Erfahrung bist, ist die
Freiheit der Selbsterkenntnis. Und da wird nichts gesehen.
Es ist das Einsehen, dass du nie einsehen kannst, wer oder was
du bist. Das macht frei, weil DAS immer schon frei ist,
DIES beschenkt, im Erleben, mit stiller Akzeptanz, Mitgefühl,
Dankbarkeit und Grund-loser Liebe.
Da du dich als das kennst, was unbedingt
und unkennbar vor und in allem ist.
DEM gib dich hin.

Du bist das, was beobachtet

Du bist das, was beobachtet; doch ist es mehr ein Beobachten, welches sich durch Nicht-Beobachten sieht und sich darin selbst Nicht-sieht. *DAS* ist mit keinem phänomenalen Gradmesser zu bestimmen, denn es ist nicht im Bereich des Seienden. Und nur im SEIN findet Erleben statt.

Durch Beobachten und Bezeugen geschieht ein Zurücktreten von den Gedanken, ein Einfühlen, Eintauchen in das Sein - das ist wunderbar und wertvoll. Dann gibt es Momente in der Erforschung, in denen gesehen wird: Ich kann mich wahrnehmen, aber auch das GANZE SEIN wird schon von mir bezeugt und es erscheint in mir. Somit ist alles, was ich wahrnehmen kann, das, was ich bin. Wahrnehmung, das Wahrnehmen und das Wahrgenommene ist das, was Selbst IST, ungeteilt.

Hier ergibt sich die Möglichkeit, dass das „Zeugenschutzprogramm“ aufgehoben wird und du dich vollständig auf alles einlässt, was ist. LEBEN kann durchdrungen werden, Leben kann nun dich durchdringen; mit allem Einlassen und nicht Einlassen bist du einfach HIER, nackt mit der unmittelbaren Erfahrung.

„JA, HIER …
...aber??? Wer bin Ich?...“

Verlieb dich doch einfach in das Nicht-Wissen, das dich mit dem Unmittelbaren nah sein lässt und geniess es, im HIER SEIN, in GOTT zu ersaufen, …du wirst sehen, dass mehr und mehr der Vorstellungen von „dir“ verschwindet. Du wirst sehen, was unverändert bleibt: DU, so wie du bist. Der Spiegel ist leer, auch wenn alles mögliche erscheinen mag, er spiegelt nichts wider. Das bist du. Du bist dies, was in den Spiegel schaut und da ist kein Objekt, nur Schauen von nirgendwo her. Schau und genieße es, dich nicht zu sehen. Darin ist alles erfasst.

Lass dich erfassen und genieß die reine Anwesenheit von DIR; und weil es HIER nichts zu wissen gibt, es keinen Halt aufweist, säuft du einfach ab: Immer wieder, tiefer und tiefer und doch immer HIER, ausweglos, weil DU DAS HIER BIST, was ist. Was bleibt?... Nichts, was in der Welt der Vorstellungen bestand hätte, das ist das Schöne; die Suche nach „Erleuchtung“ führt vom Gedachten ins Undenkbare, über alles hinaus...

Du bist das, was sieht, selbst nie gesehen. Da gibt es kein Erwachen, kein Ankommen, keine Befreiung, kein Weg und kein Ziel. Das ist Erwachen, Ankommen, Befreiung, der Weg und das Ziel.

Wenn du es lieber in einfachen Worten willst. Ver-lasse unweigerlich den unruhigen Verstand und erforsche die lebendige Erfahrung, HIER zu sein, den Atem, wie er kommt und geht, die Füße auf dem Boden, das Sitzen auf dem Stuhl, die lebendige Vibration, die sich in dem zeigt, was IST.
Sei einfach, DAS, was
du bist .

Alles ist SO, wie es sein soll

„Ich versuche permanent, in dem zu bleiben, was ich gerade erlebe und wahrnehme, ohne etwas zu verdrängen oder irgendwie zu bewerten. Wenn sämtliche Gedanken auftauchen, lasse ich sie einfach laufen, ohne daran festzuhalten, doch ich erlebe dabei nur selten eine Leichtigkeit oder so was, stattdessen kostet es mich immer Kraft, mit den Inhalten meines Bewusstseins konfrontiert zu werden. Ich muss mir immer Mühe geben, aufs Hier und Jetzt konzentriert zu bleiben mit einem entspannten Loslassen klappt´s irgendwie nicht ...höchstwahrscheinlich läuft bei mir etwas schief, aber was?"

Alles ist so, wie es sein soll. Akzeptiere einfach das Leben als Gottes Willen, weil da nur LEBEN IST. LEBEN geschieht Hier und Jetzt. Lass die Gedanken und wende dich dem Offensichtlichen, Unmittelbaren zu – HIER zeigt sich dir ALLES-WAS-IST, einfach so...

Es geschieht immer wieder im Anhalten und Schauen von dem, was jetzt wirklich ist. Wenn du die Stille und Sanftheit deiner Natur liebst, lass dich auffressen – es zeigt sich immer tiefer in der nicht-suchenden Berührung des Unmittelbaren Erlebens.

Du findest wenn die Gedanken HIER enden
die Gefühle erlöschen der Körper, die Welt aus sich heraus
verschwindet und das Universum in sich versinkt
und du bleibst, als das, was du warst, bevor du wurdest
und dich in allem entdeckst als DAS, was DU BIST, ...

Sei einfach und lebe, leb, was du liebst, so wie es sich lebt, dann kommt die Leichtigkeit des SEINS und die Süße der Hingabe mit rein, ... DU findest in dem, was IST...

„Ja, doch wer ist dies Du, das findet oder verzweifelt ist. Wer ist derjenige, der Sadhana macht und sich so viel Mühe gibt? Ist es nicht bescheuert, dass das offenbar illusionäre Ich versucht, sich selbst aufzulösen? Wer will denn wissen, wenn nicht derjenige, der leidet und deshalb nach einer „Erlösung" sucht? Den es aber wohl gar nicht gibt."

Das hat mir gerade einen zu mentalen Touch, um sich raus zureden. Das hört sich an wie, „morgens stehe ich im Bad vorm Spiegel, doch wenn ich schau, ist da kein Ich zu finden, also lasse ich es gleich, mir die Zähne zu putzen". Das wäre doch nichts als einen faule Ausrede; und dann wird wieder gejammert über die faulen Zähne.

In allem ist es das SELBST, da ist kein illusionäres Ich, das etwas tut. Kein Praktizierender, der einem Sadhana nachgeht, niemand, der im Sein verweilt.

Da ist gar keine Wahl im Wählen wie auch im Nicht-Wählen.
DAS, was du bist, sucht nach sich. Und das Schöne: ES lebt sich, in allem, jetzt und immerdar. Lass es sich leben und total durchdringen und sei dein eigener zweifelsfreier Beweis für das nonduale Absolute. ES ist vor allen Worten, Konzepten, Erfahrungen – frei und ungebunden zeigt es sich durch DAS HIER.
Selbsterkenntnis hat absolut nichts mit der Person zu tun.
Das Selbst sucht sich, ES er-kennt sich.
Du bist, was du suchst.

Unschuld

Für Selbsterforschung und Meditation ist die innere Einstellung wesentlich – es bedarf der Unschuld und der stillen Freude eines Kindes. Es ist diese Unschuld, als du anfingst zu spielen, dies Spielen hatte kein Ziel, verfolgte keinen Sinn, es geschah einfach und erfüllte das GANZE DASEIN, einfach so. Dies ist für jeden zugänglich. Wenn du dich dem Unmittelbaren anvertraust und mit deinem ganzen Sein Unmittelbarkeit schmeckst – ES sich atmen und in Stille tanzen darf – wird GANZHEIT entdeckt in dem, was ist. Und natürlich wird der analytische Verstand sich einmischen mit all den Ideen von „Erwachen“ und allem, was er als Vorteilsidee aufgeschnappt hat und womit er sich Sicherheit verspricht oder dir erzählen will, dass du falsch bist und was du zu tun hast, um weiter die Kontrolle zu behalten.

Lass es einfach, ohne dich mit dem Denken abzugeben und du dich dieser Unschuld, ohne Ziel, anvertraust, wird einfach erlebt, dass LEBEN in sich satt ist; so kann GANZHEIT von der GANZHEIT, die du bist, verspeist werden und die Schönheit in allem, kann gesehen und darin geschmeckt werden.

Eine kleine Geschichte: „Ich kann nicht schlafen“, sagte mein damals 6 jähriger Sohn an einem Samstag Abend zu mir, nachdem er sich schon einige Zeit durch das Bett gedreht hatte. Da ich gerade in Stille saß, sagte ich: „vielleicht magst du mit mir meditieren und die Gedanken zur Ruhe kommen lassen, die dich nicht schlafen lassen.“ Er sagte „JA“ und lächelte. Er war wohl sehr froh, etwas tun zu dürfen, anstatt sich im Bett zu wälzen und zu versuchen, einzuschlafen. Ich suchte ihm das kleinste Kissen und sagte er solle der unmittelbaren Erfahrung die Aufmerksamkeit schenken: dem Hintern auf dem Kissen, dem Atem der kommt und geht, dem Erleben von Raum, dem Körper so, wie er sich zeigt, anstatt den Gedanken, die sich in ihm drehen. Er solle die Gedanken einfach lassen und sie würden in der Unmittelbarkeit des Erlebens in den Bauch fallen und dort verbrennen.

Ich schlug die Klangschale an und beobachtete einige Atemzüge die Unmittelbare Erfahrung. Es war sehr formell und kraftvoll, zusammen zu sitzen und der Stille in ihrer Bewegung zu lauschen. Wundervoll, den kleinen Menschen da sitzen zu sehen und gemeinsam die Würde und das Nicht-Wissen des RAUMES zu schmecken. Sehr offensichtlich zu sehen, wie das Denken mit ihm hin und her tanzte und er davon ganz eingenommen war. Ich war sehr berührt von dieser Unschuld, so süß, wie er da saß, keine Ahnung von dem, was ich ihm zur Meditation gesagt hatte und total eingenommen von dem, was gerade DA IST. ES genießt sich – ohne Raum für einen Genießer – ganz darin mit dem, was ist. Das ist Meditation, LEBEN, das sich lebt, in Stille und Bewegung, Erfahrung ohne Ziel.
Nach ein paar Minuten beugte er sich vor, schlug die Klangschale mit seinem Finger dreimal an, lächelte und robbte in sein Bett und schlief noch im selben Moment friedlich und von Glück erfüllt ein.

Sei so entschlossen wie ein Kind, das in jedem freien Moment spielen will, weil es gar keine Alternativen kennt. Einfach spielend, erforschen aus Selbstgenuss, ohne Ziel, bist du still mit dem, was ist und die innewohnende Kraft des GANZEN tanzt durch dich und alles, was IST, dies offenbart den natürlichen Frieden und DAS, was frei ist. Darin zu verweilen wird alles, was scheinbar gebunden ist, befreien, ...doch die Frage nach Befreiung stellt sich HIER nicht wirklich, weil Freiheit bereits in allem geschmeckt wird als DAS, was du bist.

Du bist das, was du suchst

„Gibt es denn gar nichts, was hilft? Ich kann echt nicht mehr, ich bin der Suche echt müde. Doch irgendwie kann ich meinen Wunsch danach nicht aufgeben. Ich wäre so gerne frei.“

Das, was hilft, ist das, was „du bist“, einfach SO, wie es ist, schau dahinein, es ist frei. Ich kann dir nur sagen, du bist absolut frei, genau so wie du bist, vertraue und gib dich diesem Gefühl von Anwesenheit immer wieder hin, dem vertraue. Sei still und schau für dich, ohne etwas zu suchen, lass dich aufnehmen von dem, was du bist.
Du wirst es herausfinden. Wenn es zu einer brennenden Herzensangelegenheit wird.

„Ich“ mit dem Wunsch, frei zu sein, taucht schon in der Anwesenheit von ICH auf, halte dich an dies Empfinden ICH, ohne an etwas zu halten und schaue, wie alles darin kommt und geht. DIES, was ist, zu sehen, offenbart das, was frei ist, vor allem. DU BIST unbedingt in allem hier. In dieser Gewissheit kann ES DICH holen. Vertraue diesem Wissen und Erleben, das du bist. Du bist das Gesuchte, halt an, lass du dich finden...

Empfangen

Bist du bereit das zu empfangen, was da ist ?

Wenn ein JA da ist, empfange dies JA in Sanftheit, ohne etwas auszuschließen. Wenn ein Nein da ist, empfange dies Nein in Sanftheit, du musst nichts von alledem raushalten. Bist du bereit, all die Unvollkommenheit zu empfangen? Die Unfähigkeit, es hinzubekommen, die Unfähigkeit, still zu sein, all die Trips, die darin auftauchen, damit kannst du still sein und Vollkommenheit entdecken, indem du einfach das empfängst, was jetzt da ist.

Bist du bereit, die Schönheit zu empfangen, immer wieder zu scheitern, nicht aus dem Dilemma deiner eigenen EXISTENZ raus zu kommen?
Der Schlüssel ist die Akzeptanz dessen, was ist. Daraus erwächst eine tiefe Dankbarkeit, die alles hingibt an DAS-WAS-IST. Die Hingabe der ganzen Existenz ist LIEBE, weil du ausweglos bist, was du bist.

Bist du bereit, die Geschenke, die man dir überreicht, zu empfangen, die Hilfe, die man dir anbietet, die Gnade, dass du getragen bist? Bist du bereit, für all das zu danken? Einfach so...
Bist du bereit, die totale Klarheit zu empfangen?
Dann erwächst auch in dir die Bereitschaft, alles andere zu empfangen, sogar die totale Verdunklung, denn die totale Klarheit über das, was du bist, beinhaltet das Mitgefühl, das alles zärtlich umarmt - auch die Unfähigkeit, nicht in Zärtlichkeit umarmen zu können.
Bist du bereit, Erleuchtung zu empfangen? Dann sei bereit, DIES HIER zu empfangen, so, wie es ist. Das ist die Erleuchtung, die du suchst – dies hier. Du siehst, wieviel Bereitschaft da ist, dies kann von Herzen empfangen werden.

Der RAUM, in dem all das auftaucht, ist in einem totalen JA mit dem, was ist. Lass dich einfach fallen; du bist getragen, absolut.

Selbsterforschung, nah mit dem was ist

Selbsterforschung und in der Freiheit der Selbsterkenntnis leben bedeutet, dass wir die Dinge so sehen, wie sie ganz konkret sind, vergänglich. Darin können wir unsere eigene Sterblichkeit, unseren eigenen Verfall erkennen und zärtlich all dies still in uns aufnehmen und damit sein. In diesen Momenten des Erlebens wird offensichtlich, wie wertvoll es ist, mit sich, den Anderen, dem Leben liebevoll umzugehen und so mit allem in Berührung zu sein – immer so, wie es in dem Moment möglich ist, ohne zu etwas spirituell Künstlichem zu werden. Es geschieht in diesem MOMENT, indem wir einfach da sind wie eine Blume und alles aus sich heraus atmen lassen. Inmitten des Lebens offenbart sich das, was unvergänglich, ungreifbar ist, das was deine Natur ist.

Immer wieder zum ersten Mal, ankommend in dem MOMENT, nicht-suchend, mit dem was ist. Nicht-wissend, schauend, lauschend, still werdend, still Sein in dem, was ist. Tun, was möglich ist, tun, was man liebt. Da ist gar kein Tun, denn tun ist absolutes nicht-tun in der endlosen Meditation über das, was du bist. HIER geschieht immer wieder ein totales Anhalten in dem, was STILLE IST. Doch du musst entschlossen sein, wenn dir die Freiheit deiner wahren Natur am Herzen liegt.

Selbsterforschung ist keine Nebenbeschäftigung.
Es ist das Still-Sein, mit dem, was ist und zum ersten Mal schauen.
Immer wieder frisch entdecken, was LEBEN in seiner Natur ist.
Es geschieht in der bewussten Nähe der vibrierenden Präsenz,
die den Körper und ALLES berührt – darin kannst du über alles hinausgehen, in der Bereitschaft, einfach so alles und nichts zu sein.
Es geschieht in jeder Situation, die Intelligenz des GANZEN arbeitet für dich, wenn du dich ihr in deiner Freiheit anvertraust. Vertraue ihr ausnahmslos, sei ihr einfach treu, ohne etwas zu wollen und die Freiheit des GANZEN wird alles aus sich heraus organisieren.

Beschränke deine Interessen auf das Wesentliche und das, was dir wirklich am HERZEN liegt; und erforsche das WESENTLICHE in seiner Natur für dich – HIER in der direkten, unmittelbaren Erfahrung, in dir. Nutze alle Energie, alle Zeit, dass die Schubladen und Bindungen, die der Verstand errichtet hat, fallen und verbrennen können, indem du einfach still und absolut intim damit bist, ohne etwas davon anzufassen oder Objekte daraus zu machen.

Dies scheint hoffnungslos, wenn du damit beginnst, dich darauf einlässt und mittendrin bist, bis sich plötzlich das Wunder des SEINS in seiner ganzen Schönheit und der totalen Freiheit MITTEN IN ALL DEM offenbart. Vertraue, du wirst es nicht bereuen.

Hörst du es...

DAS Feuer des EWIGEN tanzt durch alles Vergängliche.
Es ist die totale Vergänglichkeit des Vergänglichen.

DIES-Erleben erhebt dich in die Grundlosigkeit zu Sein-was-du-bist, der genussvollen Stille deiner Natur.

DAS LEBEN tanzt mit sich, einfach so – tanz einfach mit, lass es geschehen. Es geschieht, unbewegt und lässt sich nicht festnageln, ist weder Saguna, noch Nirguna, ES IST nichts was sich greifen lässt und auch nicht die Vorstellung, dass es Nichts, oder Alles, IST.
Es lässt sich nicht benutzen für die kleinen persönlichen, individuellen Zwecke, wenn es nach der totalen Befreiung ruft.

HÖRST DU es, ...
ganz leise ruft es nach sich ...

ganz leise ruft es dich ...du bist... du bist ...du bist...

Nirguna

„Alles was sich über Nirguna sagen lässt, ist, das man Saguna auch als Saguna erkennt. Positive Hinweise sind nur Andeutungen, die in die Irre führen.“ (aus NISARGADATTA, Ein indischer Mystiker des 20. Jahrhunderts Verlag Beyerlein & Steinschulte)

Nirguna zu definieren ist einfach nur eine verbale Äußerung, da es ohne Attribute, eigenschaftslos ist. Saguna, ist die erscheinende Wirklichkeit, vergänglich, objekthaft; gebunden durch den Glauben an die Vorstellungen und Ideen des Verstandes. Nirguna und Saguna sind Worte, philosophische Standpunkte, innere und mentale Einstellungen. Sie haben wenig Realität. Realität kann erfahren werden, wenn wir still sind mit dem, was IST, ohne Interpretation und Benennung, einfach HIER. Wenn eine Bereitschaft da ist, die Vorstellungen über "dich und die Welt" dem Unmittelbaren anzuvertrauen, werden die inneren Einstellungen verlassen für das, was HIER IST, Berührung mit dem Realen geschieht...
Es bedarf der Aufrichtigkeit und ein wenig Mut, einfach HIER zu bleiben ohne irgendwo festzuhalten - denn alles, was erfahren werden kann, rinnt uns im nächsten Moment wie Sand durch die Finger; DEM wirklich Raum zu geben macht die Freiheit deiner wahren Natur, die du bist, immer offensichtlicher, macht deutlich, worauf dies Wort Nirguna hinweist. Saguna und Nirguna, sind im Höchsten nicht-verschieden, DEM EINEN, was vor und in allem IST, was es ist. Dies hier ist eine Einladung zu der stillen Erforschung und der non-verbalen Betrachtung der Frage:

„Wer bin Ich?“

„Was ist gleichbleibend und unverändert?“

„Wer war ich, bevor ich wurde?“

Der Ultimative Zustand

Sei einfach still und schau!
Wenn du mit den Gedanken, den Gefühlen und dem, was wahrgenommen und erlebt wird, nichts tust, ist da ein Körper, ist das kein Körper, oder weder noch?

Wenn du mit den Gedanken, den Gefühlen und dem, was wahrgenommen und erlebt wird, nichts tust, ist da die Welt, ist da keine Welt, oder weder noch?

In diesem Schauen, still zu sein und zu Erleben, was ist, können die „Vorstellungen über" das, was ist, erlöschen.
Du bleibst, als was?

Wenn du mit den Gedanken, den Gefühlen, der Wahrnehmung und dem direkten Erleben nichts tust, bist du, bist du nicht oder weder noch, ...und wer erlebt es?

Erlebe, was ist, erlebe, was geschieht und lasse DEN, der all das wahrnimmt in die Leere des Raumes fallen, in dem du ihn einfach lässt und still bleibst mit dem, was ist

Du kannst wahrnehmen, dass das Wahrgenommene und der Zeuge schon etwas wahrgenommenes sind. Lass es einfach und sei still... Darin tauchen der subtile Gedanken und das Schattenhafte Erleben von, „ICH", „mein" und „du" auf. Lass es einfach und sei still...

All das sind einfach nur Echos des BEWUSSTSEIN,
die grundlos kommen und gehen.
Doch wer bist du ?

Alles, was du siehst, sind Formen und Objekte, gleich ob du nach „Innen“ oder nach „Aussen“ schaust. Doch vielleicht kannst du die totale Abwesenheit deiner selbst sehen,
die das ist, was alles schaut.

Jedesmal, wenn du ein Objekt siehst, erblickst du das Subjekt, denn jedes Objekt ist das Subjekt in seiner Manifestation.
Doch gibt es überhaupt ein Subjekt?

Wenn wirklich eins gesucht wurde, wurde nie eins Gefunden,
da nichts gefunden werden kann, was es nicht gibt!
Gibt es dann überhaupt ein Objekt?

Schwelge nicht in Gedanken-Bildern und Gefühlen, die dich nur an der Nase herumführen. Alles, was im Traum erscheint, wird immer Geträumtes sein. Schau direkt!!!

Wer nimmt den Wahrnehmenden wahr?

Das, was deine wahre Natur ist;
das, was Wahrnehmung ermöglicht.

DU, so wie du bist.

HIER UND JETZT erlebst du unmittelbar die Grundlage jeder Erfahrung, diese unbedingte, Anwesenheit - non-verbales Erleben ICH BIN. Das ist nicht zu leugnen, zustandslos, immer hier.
Sei einfach in und vor jeder Erfahrung vorbehaltlos das, was dies ICH BIN hervorgebracht hat; das ist der Ultimative Zustand,
DU-so-wie-du-bist, Freiheit in ihrer Natur.

Wer darauf achtet und akzeptiert, woran ihn die Bedingtheit des Lebens hindert und wozu sie ihn zwingt, wird in sich einem würdigen, friedvollen Platz finden und einem ursprünglichen, gesunden Umgang mit dem, was ist.

Wahre Medizin

Ich hoffe, dir gehts gesundheitlich besser...

„neee nicht wirklich..., keine Besserung. Es stehen noch einige Arztbesuche aus und ich hab das Gefühl, die Ärzte wissen auch nix und hantieren einfach auf „gut Glück", so kommts mir jedenfalls vor. Ich fühl mich total hilflos und ausgeliefert."

Ja, ich kenn diese Hilflosigkeit und auch diese Ärzte, die nur irgendwas machen wollen, um der Hilflosigkeit zu entgehen, weil sie mit DEM nicht wirklich vertraut sind. Ich hatte nen Knubbel am Augenlid, meine Ärztin bat mich, doch in die Klinik zu gehen, im Sommer wollte man mir dann das Ding am Auge rausschneiden – ich hab es ein bisschen rausgezögert – weil mir das, was von den Ärzten kam, eher unklar erschien und ich zuvor schon sagte, dass ich mich nur operieren lasse, wenn von den Ärzten ein klares Statement kommt. 3 Tage nach dem Sommer-Retreat hätte ich einen Termin für die Augenklinik gehabt. Auf dem Retreat ist das Ding am Auge einfach mir nix, dir nix, mit ein paar Gefühlswellen im Samadhi verschwunden.

Wenn Selbsterkenntnis geschehen ist, man die Welt der Ideen und Vorstellungen hinter sich gelassen hat, kann sich das System, nach meiner Erfahrung, nur wirklich von etwas regenerieren, wenn man alles lässt – und das, was da ist, kann aus der Tiefe des Systems-Mensch auftauchen und immer wieder in Nichts verschwinden – das braucht RAUM.

Doch wohl das Einzige, was da wirklich helfen kann, in dieser Hilflosigkeit, in Akzeptanz und Stille, beharrlich nichts zu greifen und dem LEBEN zu vertrauen. Das ist nichts, was man macht, es ist einfach in dem sein, was-du-bist. Jeder Versuch, etwas zu machen, zieht nur noch den Müll aus dem Umfeld und der vermeintlichen „Helfer und Heiler" mit rein, das macht es nicht besser. Nimm die Ultimative Medizin – zu SEIN was-du-bist – ganz in dich auf, verschwinde in DEM, was ist und SEI absolut vor jedem Kommen und Gehen. Heute habe ich zwei, drei Sätze von Nisargadatta gelesen – eine Aussage, die rausstach: „Meditieren sie auf das Selbst. Sie müssen das Yoga der Beharrlichkeit und der Ausdauer ausführen." Niemand, der etwas muss, es ist einfach nur eine Einladung, für DEN, der sie nimmt und ein direkter Hinweis, dass sich die Freiheit der Selbsterkenntnis ganz umsetzen kann, dass die Ultimative Medizin zur Wirkung kommt und der Nektar der Unsterblichkeit wirklich fließen kann. IN DEM zu verweilen, IN DEM zu leben, es zu SEIN, ist wahre Medizin.

„Sag mir bitte, wie kann ich das umsetzen? Wenn ich nur wüsste, wie ich die Zeit in Stille wirklich nutzen kann... Ich bin bereit."

Du musst nichts tun – sei still und lasse das LEBEN sich sehen und atmen, wie es geschieht. Sitze einfach, in dem Erleben zwischen dieser unbewegten Anwesenheit und der Vibration von ALLEM, was ist. Gib DEM immer mehr RAUM, darin kann jede Vorstellung über dich und die Welt verschwinden und zwischen der Meditation genieße dies SEIN, sonst nichts... wie eine Katze auf der warmen Ofenbank...

Lass es einfach, die Dinge zu benennen, zu objektivieren – und sei still mit dem, was ist – ohne irgendwas von dem, was erscheint, zu nehmen und ohne dich von dem Erleben abzutrennen. Dann fällt all das Zeug, inklusive dem Zeugen, immer wieder ins NICHTS und verblasst, darin zerfällt alles, was du kennen und benennen kannst nur DU bleibst, als das, was du bereits warst, bevor du wurdest ...

Samadhi kann nicht gemacht werden;
doch indem du einfach still und unbewegt in der Vibration des Inneren verweilst, LEBEN geschehen darf, geschieht es.
Erwarte keine Wunder, aber genieße sie.

Samadhi

LEBEN, es erscheint spontan, einfach so;
der erste Moment, freudiges Schauen, Staunen und Lauschen.

Bewegung geschieht, Raum entsteht und dehnt sich aus.
Zeit beginnt und zeigt sich in gedankenloser Zeitlosigkeit und gedachter Zeit als Blick auf die Bewegung und die erscheinenden Objekte im Raum, denn nur durch scheinbare Objekte kann der Raum erscheinen und wahrgenommen werden. Und so hege ich den Glauben an die Objekte, weil ich zum Subjekt von Raum und Zeit geworden bin und so zu meinem eigenen Objekt...

Das Universum erscheint, in seiner nicht endenden Dualität.
So scheine ich mich verfangen zu haben in der Bewegung und dem Glauben, selbst ein Objekt namens ICH zu sein. Ich gebe auf.
Ich werde still und bin einfach, was Stille ist...

Die Zeit endet in der Stille des Hier-Seins, es gibt kaum eine Bewegung mehr zu erfassen. Der Raum schwindet, denn jede Bewegung, jedes Objekt, ist in Stille erloschen. Zeit ist in der Zeitlosigkeit versunken, und Zeitlosigkeit in sich selbst, SO ist nun beides nicht mehr. Das Universum ist in seinem Ursprung versunken, ganz in seiner Quelle, die es nie verlassen hat. Ich bin nicht länger Subjekt und somit nicht mehr mein eigenes Objekt.

Ich bin, aber es gibt mich nicht.
All die substanzlosen Fantasien
über „mich und der Welt“ sind erloschen.

DIES HIER hat weder Anfang noch Ende, es ist frei – immer – nur mit sich SELBST im Tanz, in stiller, unbedingte Freude
mit dem was ist.

Nur Gott

Alle Fragen enden, wie auch die Idee der Antwort, wenn GOTT an erster Stelle steht und DU darin nichts bist.

Dein Leid, dein Kampf und deine Suche haben ein Ende, wenn du bereit bist, deine Geschichte in Gottes Hand zu legen. Es ist ein Anvertrauen an das GANZE, in dem Vertrauen,
dass all das nie dein war...

„Gott und was Gott ist,
hat nicht ein Ziel, sondern ist das Ziel"
(Thomas von Aquin)

Still zu Sein und alles zu vergessen,
hierin bist du dir der tiefste Beweis Gottes.

Zwei scheinbare Gründe, hier zu sein:
Der eine: Stille, Heilung, Erwachen, Befreiung, zu finden.
Der andere: auch diese Konzepte noch zu verlieren.

Die Bastelstunden sind vorbei

Das Schöne – jeder Versuch, sich hier irgendwas zurechtzubasteln ist zum Scheitern verurteilt – also tu dein Bestes, ohne an den Ergebnissen interessiert zu sein, damit der Scheiterhaufen richtig schön in Flammen stehen kann. Das Holz für das Feuer sind die Bretter all der Holz-Wege, die du meinst gehen zu können, um „etwas" zu erreichen, genauso all die Begierden, die dich treiben und die Stille, die in alldem grundlos da ist, gib alles freizügig. Für deine Natur gibt es keine Trennung zwischen erleuchtet und nicht erleuchtet, keine Trennung zwischen scheinbarem Eins-Sein und scheinbarem Getrenntem-Erleben. Diese Ideen bauen auf dem Glauben, eine Person zu sein. Deshalb kann ich nur sagen: DAS Erleben und SEIN, auf das du hoffst, ist das, was ist, das hier...

Vielleicht siehst du hier eine Andersartigkeit, vielleicht glaubst du, Erwachte zu kennen, die besondere Qualitäten haben, aber Andersartigkeit wirst du überall sehen, alles ist anders und doch alles aus demselben STOFF. Jeder ist einzigartig und in dieser Einzigartigkeit wunderschön. Das ist der Ausdruck der Liebe, der sich endlos in das vertiefen möchte, was keine Vertiefung kennt, es ist die natürliche Bewegung, wie sie sich zeigt. Nichts, was man nachahmen müsste, sei einfach so, wie du bist.
„Erleuchtung" lässt dich einfach ganz SO sein, wie du jetzt bist, weil es nicht anders sein kann, als es in diesem Moment ist. SO wie du jetzt bist, bist du frei, das ist deine Natur. Niemand hat eine Chance, irgendetwas an dem Ausdruck, der ist, zu drehen oder zu wenden.

Niemand kann sich die Erfahrungen aussuchen, die er macht. Das spirituelle Ego liebt es, sich besser und wertvoller zu fühlen. Je größer der Bliss, die Entwicklung, das Wachstum, desto größer die Falle. Selbst die Idee, „du bist nicht das, was erscheint" ist ein Trip, mit dem sich der Verstand eine schöne Geschichte erzählt, denn der wesentliche Punkt der Negation richtet sich auf das, was die Abwesenheit von dir konzeptualisiert.

Alles, was du erreichen kannst und alles, was du erkennen und erfahren kannst, ist etwas, was kommt und geht. Warum nicht unbedingt sein, was du bist?

Darin ist Freiheit.

Warum die Wirklichkeit gegen einen Trip tauschen,
mit dem du dich nur an der Nase herumführst?

Du kannst dir nicht entrinnen. Wo auch immer du bist, du bist stets du. Kein Ausweg; weil DU nie drinnen warst; was für eine Gnade! Du kannst dir nicht entrinnen. Genau SO, wie du jetzt bist, sollst du sein, sonst wärst du jetzt nicht so. Halt an, schau und schmecke diesen einzigartigen Geschmack von SEIN, wie er nie wieder sein kann. Alles kann auftauchen – sich DEM GANZEN hinzugeben, übersteigt alle Worte... Sei sanft mit dem, was ist – schmecke die Schönheit des Lebens, spüre was im Inneren vor sich geht, sei liebevoll auch mit dem Schmerz und der scheinbaren Unvollkommenheit. ES IST SCHON DAS, ...
Erwachen hat nichts mit der Person zu tun, lass sie hinter dir,
in der liebevollen Berührung mit dem, was ist.
SO wie es sich zeigt, das ist alles. DAS IST ES, das hier...

Wenn das Wollen in-dem-was-ist zur Ruhe kommt und du sanft damit sein kannst, wird die natürliche Stille im vorbehaltlosen Erleben dessen, was ist, dich tiefer führen in das, was Freiheit ist. Es ist nicht etwas, was du machen kannst, aber das ist ja das Schöne, was schon den Geschmack von Freiheit in sich trägt – Hingabe geschieht, in dieser Nicht-Machbarkeit.

Ein wundervolles, lebendiges Gebet, was durch das Leben trägt und in deinem Herzen lebendig sein kann: „LEBEN geschieht ausnahmslos und ich tanze in Dankbarkeit mit, gebe mich DEM hin. Ich bin einfach, was ich bin, nicht-wissend, im unmittelbaren Erleben dessen, was ist".

Wenn du dich damit anfreundest und zärtlich damit bist, es nicht in der Hand zu haben, es nie wirklich zu Wissen, beginnt eine Hingabe aus dem Ungeborenen zu erblühen. Du wirst nie wissen, wie GOTT oder das LEBEN tatsächlich funktioniert; „Erleuchtung" ist nicht fest. Alle „Erleuchteten" sind Anfänger, denn sie Wissen nicht was geschieht, jeder Moment ist frisch, absolut spontan, es ist ein Leben von MOMENT zu MOMENT,
es tanzt mit sich,
in Liebe.

Liebende tanzen in einer zärtlichen Hingabe mit DEM, WAS IST. Das LEBEN ist in Bewegung. An DEM Punkt, wo die Bewegung und das Unbewegte als Liebende erscheinen, Alles umarmen und Nichts sind, ist es die Essenz, die durchscheint, sich selbst zärtlich und doch unermesslich tief durch das GANZE berührt.
ES er-lebt sich.

Zu SEIN-was-du-bist; da gibt es keinen Weg.
Du bist, was du bist. ENDE; Tanz mit...
Sei still und liebe.

Keine Regeln

Das Schöne, alles ist an seinem Platz. Das Denken denkt sich. Gefühle erscheinen, geben dem Raum des Erlebens Farbe. Der Körper tut, was er zu tun hat. Der Stuhl, auf dem du sitzt, ist genau dort, wo er sein soll.

Darin findet Bewegung statt, LEBEN wird erlebt.
Alles geschieht aus sich heraus. Das alles ist in sich vollständig, da fehlt nichts. Doch in diesem Geschehen taucht der Ich-Gedanke auf, der DAS HIER zu etwas Persönlichem macht, erzählt, es sollte anders sein; eine Stimme aus dem Fluss der Trennung und des Mangels. Nichts muss anders sein – hören wir auf, an uns und der Welt zu basteln, hören wir auf, dieser Stimme zu glauben, die immer wieder sagt, es sollte doch anders sein und stattdessen sind wir einfach HIER, in Berührung mit dem Unmittelbaren – SO lösen wir die Eintrittskarte, um durch das torlose Tor zu gehen, zu sehen und zu erleben, dass DU immer schon bist, was du bist.

Halte einfach an dem nonverbalen Erleben ICH, und sieh', dass dieses unausgesprochene ICH Gott ist. In diesem ersten Empfinden ICH taucht ALLES auf. In diesem Empfinden ICH erscheinen das Denken, Fühlen, der Körper – Objekte, welche die LEERE offensichtlich machen. Wenn in dir ein Einverständnis ist, dass das, was ist, in sich GUT ist, dann hast du Freude daran, hier zu sitzen, HIER zu sein, du genießt es einfach, still sein zu können. Dem, was ist, zu lauschen.

Das Erkennen von DEM, was du bist, geschieht spontan in einem Moment, das Erforschen davon ist ohne Ende. Selbsterforschung, ohne an etwas festzuhalten, sehen und erleben, was ist. Wenn der Ich-Gedanke von seinem Sockel fällt, kann die Suche nach Erwachen zu einem Ende kommen, weil offensichtlich ist, dass das hier Erwachen IST. Wenn diese verrückte Suche vorbei ist, ist da einfach LEBEN, das mit sich in Bewegung ist.

Das LEBEN sucht nach sich selbst, mitten in DEM, was LEBEN IST, ohne etwas zu suchen. ES spielt mit sich, das Erkennen beginnt HIER und wird bis in alle Ewigkeit kein Ende finden. GANZHEIT kann geschmeckt werden, im Unmittelbaren dessen, was ist, ohne etwas rauszuhalten, weil das HIER GANZHEIT IST. Anhalten, Erfahren, Erlöschen in diesem Moment... und weiter geht's... Nach dem Samadhi ist vor dem Samadhi, und du bist immer vor und inmitten jeder Erfahrung das, was DU BIST...

Vorhin kam die Frage auf, warum am Schweigetag auf einmal wieder gesprochen wurde. Weil ich euch nicht still stellen will, Freiheit mir das größte Anliegen ist und du siehst und erlebst, dass du in deiner Natur unbedingt bist, ohne Wenn und Aber DAS WAS IST...

„Ich hab bemerkt so bei mir, ich hab schon so ein bisschen das Muster, so nach dem Motto: Nur wenn die und die Bedingungen da sind, dann kann ich mich vielleicht auf das Wesentliche konzentrieren - so ungefähr. Und das ist wahrscheinlich auch ganz gut, dass es hier ein bisschen chaotisch abläuft."

Keinerlei Bedingung muss erfüllt werden; wird DAS erfasst, stellt sich alles aus sich heraus um, es geschieht bereits, einfach so... es ist wertvoll, dich DEM in allem anzuvertrauen, was LEBEN IST...

Ich biete hier einfach RAUM für Erforschung und Selbsterkenntnis, einen Raum der natürlichen Stille, die immer gegeben ist, in dem alles spontan da sein darf. Wenn du echt mit dem bist, was ist, bleibt nichts stecken, RAUM entsteht einfach so. DAS Wesentliche ist nicht an Bedingungen geknüpft; ES ist in allem ungeteilt das, was es IST.

DAS Wesentliche ist das, was hier geehrt wird und in der Tiefe, in allem entdeckt werden kann. Es ist das Entdecken, dass man anwesend ist. Anwesenheit ist nicht an Bedingungen geknüpft. Anwesenheit zu entdecken und zu erforschen kennt keine Grenzen und geht über die Anwesenheit hinaus...

Es ist wertvoll, in Stille zu sein, ihre nährende, HEIL-ende Kraft und diesen grundlosen Raum in sich zu entdecken; und es war wichtig, dass ich am Vortag konsequent gesagt habe: „Morgen ist es still!" – sonst wäre es nicht wirklich still geworden, weil die Gespräche und Begegnungen hier in den Pausen und zwischendurch einfach gut sind. Doch als Dauerprogramm ist das nix, wenn dir Stille auferlegt ist, sie nicht aus DIR kommt. Stille muss sich aus sich heraus ergeben, sonst kontrahiert das System und kann das, was da ist, nicht verstoffwechseln. Sonst sind Gefühle da oder Muster, die in die letzte Ecke gedrängt werden für ein bisschen Stille und von dort aus werden sie einfach weiterarbeiten und dann brutal dicht machen und dich wieder voll reinziehen, genau dann, wenn du glaubst, alles ist gut.

Du hast es gestern gesagt: „Ich kann ewig hier sitzen, aber wenn zwischen 16 und 17 Uhr eine Stunde stille Meditation angesagt ist, ist es unglaublich schwierig." So kann man einfach entdecken, dass es nichts Besseres gibt, als in der natürlichen Stille anstrengungslos zu verweilen, anstatt etwas zu produzieren. Wenn der Hund laufen darf, wird er irgendwann müde und dann legt er sich hin und genießt das, DAS LEBEN in dem, was immer still ist und verschwindet darin. Denn irgendwann reicht es und dann bleibst du einfach DA..., weil du dich nie von dem HIER entfernen kannst, geschieht ganz natürlich Anhalten. Dass eine gesunde Selbsterforschung passieren kann, dafür gibt es so minimale Bedingungen. Letztlich passiert Selbsterforschung, wenn in dir die Frage auftaucht: „Wer bin ich" oder „Wo ist mein Zuhause?"
Diese Fragen tauchen letztlich aus der selben Sehnsucht auf. So eine minimale Bedingung ist, ein gutes Plätzchen zu haben, von dem du sagst: „Hier bin ich gern zu Hause, hier kann ich sitzen, hier kann ich kochen, hier kann ich schlafen, hier atme ich gern, kann sein wie ich bin!" Dann kann Selbsterforschung eine gesunde Qualität entfalten.
Als ich noch in der Stadt gewohnt habe und es um mich herum immer laut war... Na, mein Gott – die natürliche Stille, die IST, war offensichtlich und dann hab ich mich hingesetzt und der Lärm hat mich in den Samadhi gedonnert und dann war nicht mal mehr Stille.

Dennoch ist es für den Mensch hier ungesund, in solch einem Raum zu leben. Ich bin total dankbar, an so einem Ort zu leben, wo der Ort einen schon nährt. Wenn es nicht so gegeben ist, dein Zuhause nicht so nährend für dich ist oder für dich nicht so stimmt, dann musst du nicht auf den Wohnungsmarkt rennen, dass du dann endlich irgendwann mal deine Höhle hast, in der dann endlich Erforschung passieren kann.

BEWUSSTSEIN kann überall entdeckt werden und da findet Zuhause und immer tieferes Ankommen statt. In DEM, was ist, findet Erforschung statt. Darin kann man sich dann fragen: „Wer bin ich?", aber der, der fragt, verschwindet dann mehr und mehr, sodass sich der Fragende, die Frage und die Antwort erübrigt.

Erwachen ist ganz einfach: Vor allen Bildern Sein, wie du bist, mit allem, was erscheint: dieser Raum, das Zwitschern der Vögel, der Wind, der den Vorhang bewegt, ungeteiltes Leben, was einfach ist...

Dieses Sehen deiner eigenen Präsenz, in der du dich selbst nicht siehst; nur einsehen kannst, dass du wahrnimmst, ohne dich wahrzunehmen...

Jeder hat an irgendeiner Stelle ein Einsehen, dass du GUT bist, so wie du bist, dass da nur Bewusstsein ist, dass da nichts und niemand ist, dass noch nicht einmal dieser RAUM von Bewusstsein ist. Es ist so simpel, wenn du all die Vorstellungen beiseite lässt, dem Verstand nicht mehr zuhörst und schaust, einfach so...
Was viel schwieriger ist, sind die Gewohnheiten, die wir mit uns rumschleppen und immer wieder den Raum eng machen; denen wir immer wieder Futter geben, weil sie so vertraut sind. Wenn es eine Gewohnheit gibt, die Leid in dir erzeugt, du keine Freude mehr dran hast und merkst, du fällst in das Muster rein, beseht die Möglichkeit, auszusteigen; bastele nicht daran herum, schau einfach, gib der LEERE in dir Raum, du kannst fragen: Wer bin ich, wer handelt, wer will, wer braucht ? – je nach Situation. Ballere dich nicht mit Fragen voll, sondern mit der Frage stoppst du einfach die Handlung, hältst an, ohne die Energetik, das CHAOS, die lebendige Bewegung in dir anzuhalten und bist dieser Fluss.

Setze dich oder lege dich hin und SEI die Erfahrung ganz und das Muster des Gewohnten kann in dir gesprengt werden, wenn ALLES vorbehaltlos da sein darf. Indem du einfach still bleibst und mitkriegst, was geschieht, du einfach nah damit bist, kann es in dieser Intensität von Erfahrung verbrennen. In der inneren Bewegung zu sein, entfacht ein Feuer. Du bleibst bei dieser inneren Bewegung und kriegst gleichzeitig den Druck, das Ziehen mit, das aus dem Gewohnten heraus stattfindet. Fühlst es, erlebst es – immer tiefer, bis nichts mehr davon bleibt! Diese Erforschung ist etwas, was aus einer stillen Sanftheit heraus passiert und die Sanftheit und Stille in dir nährt und alles, was DEM entgegen-steht, in zärtlicher Stille sprengt.

Da gibt es eine so ganz hartnäckige Gewohnheit – die erzählt immer wieder: „Du brauchst noch was, dass du endlich bist, was DU BIST. Da fehlt noch was für das Erwachen. Da fehlt doch noch was – zur Erleuchtung. Erleuchtung ist doch größer, als das HIER." Da kann diese Vorstellung sein, „du musst dich ändern, du bist nicht richtig, so wie du bist." Das ist der „trennende Verstand", der dich mit den Ideen des Mangels von der Unmittelbarkeit des LEBENS trennen will. Lass dich nicht irritieren, von dem, was in der Anwesenheit erscheint. Bleibe in der Vibration von dem, was in dir geschieht.

Lass auftauchen, was in dir auftaucht, ohne den Bildern und Geschichten nachzuhängen – halte dich an diese Unmittelbarkeit der Vibration des HIER-SEIN, so verliert die Trance der Trennung und des Mangels seine Kraft in dir und es wird offensichtlich, dass das alles GOTT IST. Der Stuhl, auf dem du sitzt, der Atem, der kommt und geht – als Einladung zur unmittelbaren Erfahrung, die geschieht; LEERE, die sich in der Einfachheit des Erlebens und dem Vertrauen an das, was ist, immer tiefer zeigt. Du bist einfach mit dem Offensichtlichen und entdeckst darin die Bewegung immer tiefer. Und die Bewegung im Hier-Sein zu entdecken, heißt, Stille zu erfahren, ohne etwas rauszuhalten. Du siehst dich, das Leben, wie es ist. Und indem du nicht einsehen kannst, was du bist, aber immer wieder entdeckst, dass du bist, kannst du einfach über das lachen, was ist. Nicht, dass es lächerlich ist, sondern da ist ein Freude, die mit allem sein kann, auch wenn es mal eng wird.
Bleib einfach mit dem, was ist und halte fest an dir.

Halte fest an deiner Unvollkommenheit, und schmecke darin die Vollkommenheit in diesem endlosen Wandel. All die Vorstellungen, die der denkende Geist erzeugt, wollen, dass es endlich fertig ist. Doch wenn es fertig zu sein scheint, dann kommt unweigerlich das Nächste. Nichts ist fertig – alles ist die Vorform von dem, was als nächstes erscheint. So offenbart sich das Leben. So offen, frei in dem, was ist. So wie ein Kind vollkommen ist und doch noch wächst, so ist auch jeder von uns fertig, DAS, was er ist, und doch ständig in Veränderung. Warte nicht darauf, dass es fertig ist, um zu sein, was DU BIST. Warte nicht darauf, dass es irgendwann fertig sein wird, es gibt kein Ende, ENDE. Spiele nicht dieses scheinheilige Spiel, fertig zu sein. Sei einfach, was du bist – so wie du bist, und fließe mit.
Lass dich nicht bedrängen, reifer, weiser, liebender, erwachsener, erwachter, schöner zu sein. Deine Schönheit liegt in deiner Echtheit, in jedem Moment. Wenn DAS HIER, die Erforschung, die Begegnung, die Worte, das formlose SEIN hier etwas in dir berührt, in Bewegung bringt, dann arbeitet es weiter und es ist wichtig, damit HIER in Berührung zu bleiben, dafür zu leben, ohne etwas raus holen zu wollen, DAS zu sein. Sonst schlägt es auf dich zurück, der Mangel und Zweifel versucht es immer wieder, dich zu packen, dir diese kleinen Geschichten zu erzählen und unterzuschieben.

Sei mit der Vibration des unmittelbaren Erlebens ICH BIN; DIES ist frei – ohne Anstrengung, lass dich von der Sanftheit und natürlichen Stille, die darin IST, durch alles tragen; darin bist du unhaltbar, nicht fassbar für den MIND und doch ganz HIER.

Wenn es nichts mehr zu sagen gibt und diese Offenheit hereingelassen werden kann, dann ist es mehr als offensichtlich, dass Bewegung aus der Stille stattfindet, alles in DEM stattfindet. Es ist wertvoll, dass man einfach sanft bleibt, mit dem, was ist, darin die Grenzen kennen lernt und in der Berührung damit seinen Raum erweitert – einfach nur dadurch weil du es bist, wie es ist. Lasst uns einfach HIER sitzen, ohne irgendeine Form wahren zu müssen. Jeder kann mit sich sein, ohne sich vom GANZEN zu isolieren.

Wenn wir so forschen und bereit sind, allem zu begegnen, dem zu begegnen, was die „Atmung Gottes“ verhindern, einengen und manipulieren möchte, dann kann es sich anfühlen, als würde es dich im Körper auffressen wollen. Lass es für dich arbeiten, indem du dich auffressen lässt! Sei, inmitten dessen, was ist, das Ungeborene. Das, was du bereits warst, bevor du wurdest.. Also musst du nicht gegen diesen Mechanismus arbeiten, ihn auflösen, transformieren, etc., das würde die Sache letztlich wieder stärken. Sondern jetzt lass das Muster für DICH arbeiten, du bleibst einfach HIER, bist sanft mit diesem Schmerz und der Bewegung darin.

So nutzt alles ALLEM.
Natürliche Meditation strebt nach gar nichts, ganz gleich, welche Form sie hat. Du bist DA, Anhalten geschieht; du bist da, mit dem, was ist. Das, was ist, ist in sich vollständig. Wahrnehmung, Raum, durchdringende Präsenz, Bewegung, der Körper und die WELT ist das, was aus DIR entsteht. SATSANG ist einfach eine Einladung, DAS zu ehren, was du bist, so wie es sich zeigt; in deiner wahren Natur dessen, was weder Form noch Formlosigkeit kennt.

Und dann taucht vielleicht wieder die Story des Mind auf: *„Aber hier fehlt doch was, da muss noch was losgelassen werden, etwas muss sich verändern, da braucht es doch noch einen Shift, ein Erkennen,...“,* du willst das SEIN sicher in der Hand haben. Da ist diese subtile Vorstellung, „Wann ist es endlich fest und sicher in meiner Hand?“ Doch es ist genau umgekehrt; das LEBEN hat dich in der Hand. ES IST SICHER. Und wenn die Sehnsucht nach Erwachen da ist, ist es einfach wertvoll zu sehen, dass das HIER, DAS GANZE zu sich selbst erwacht ist und dann kannst du schauen, was dem scheinbar entgegen steht und in unmittelbarem, direkten Erleben in dir verbrennen lassen. Just for fun oder weil du einfach keine Wahl mehr hast! Was dann passiert, was dabei rauskommt, ist völlig irrelevant, weil es in dem passiert, was LEBEN IST; weil du das bist. Das ist frei!

Da geht's nicht von A nach B, sondern einfach darum, das zu würdigen und einfach du selbst zu sein und zu lieben, was ist, weil du es bist. Du schaust in den Spiegel des Selbst, das Erleben, dass du bist, HIER erfasst es sich, einfach so.

Das, was ich hier anbiete, ist meine Form DAS LEBEN SELBST zu würdigen, durch Gespräch, Kontemplation, formloses Sitzen oder einer Energiearbeit, die spontan passiert. Das macht das Leben lebenswert – zu sehen und zu erleben, dass ich DAS LEBEN BIN, und diesem ganzen Zeug des Mangels und der Trennung nicht glauben muss, nicht darauf einsteigen muss.

In Freundlichkeit zu sehen; ja so ist es... Ohne auf etwas einzusteigen und ungebunden SATTHEIT, LEBEN als DAS zu erleben. Wenn du DAS liebst, bleib bei DEM: Kannst du das schmecken, dass das ALLES ohne Grund stattfindet; wenn du hier sitzt, dass da eine Grundlosigkeit ist? Darin erscheint Leben, so wie es ist.
Dieser Grundlosigkeit von LEBEN kannst du dich anvertrauen. Aus dieser Grundlosigkeit tauchen tausend Gründe auf. Auf einmal erscheint da ganz grundlos menschliches Leben, das alle möglichen Gründe hat, zu existieren, nicht mehr zu existieren, dies zu machen, dies zu lassen. Und wenn richtig nicht mehr richtig ist und falsch weder falsch noch richtig ist… Neti Neti… dann kommst du einfach in dieser Grundlosigkeit an – darin kann alles sterben und in alledem bist du DAS, was das Ungeborene ist. Grundlosigkeit zeigt sich immer wieder in allem, was ist. Und wenn Zweifel auftaucht, dann kannst du der Zweifel SEIN und daraus erwächst Zweifelsfreiheit. Zweifelsfreiheit geht auch immer mit Zweifel, aber lässt sich nicht irritieren, da es erstens nichts Zweites zu dem gibt, wo schon nichts Erstes ist und DU für jede Erfahrung zweifelsfrei da sein musst, sonst könnte sie nicht SEIN. Hier kannst du nichts falsch machen. Du sitzt einfach auf dem Stuhl, der Körper atmet, du schaust, Worte werden gesprochen, niemand ist näher dran. Es ist einfach eine Freude, die SO-heit zu schmecken, dies zu sein, in DEM, was ist.

Was uns allen gemeinsam ist, dass es so scheint, dass wir HIER in diesem ungeteilten Raum sind. Für jede Erfahrung, die geschieht, sind wir HIER, im Unmittelbaren findet Erwachen statt. Darin ist richtig nicht richtig und falsch nicht falsch. DAS IST ES, das hier...

Jedes Geheimnis hat seinen Preis.
Der Preis für das offene Geheimnis,
zu SEIN-was-du-bist,
bist du.

DAS IST ES

Du bist, was du bist, ENDE…
...und da ist kein Ende in Sicht...

Alle Vorstellungen rinnen dir wie Sand durch die Finger, unendlich erleichternd. Nichts, was man tragen könnte, ist da zu finden. Alle Versuche, aus DEM etwas zu machen: Arroganz, Unwissenheit oder die Angst, der Hilf-losigkeit DEM nackt gegenüberzustehen...
DAS IST ES, ohne Ausgang…

Alles was ist, ist DAS, leer und voll zugleich.
Leer von einer Wesenheit, voll von dem, was IST.
Kein Spirituelles Sein, einfach das hier...

Achtung: DAS HIER ist gefährlich, deine Suche geht dabei drauf – alles, worauf du setzen könntest – weil die scheinbaren Bezugspunkte augenblicklich erlöschen. Gehen dir die drei grundlegenden Zustände – Wachen, Träumen und Tiefschlaf – abhanden und DU entdeckst dich als DAS, was vor alledem ist: Lasse am besten die Finger raus, wenn das, was man Leben nennt, wieder über dich kommt – geniesse einfach das, was IST und verschwinde in der Unmöglichkeit, dir nicht abhanden gehen zu können. Besser kann DAS HIER nicht gemacht werden…

Worte werden gesprochen, ohne dass etwas gesagt wird, denn DAS HIER hat keine Message. Es erscheint scheinbar in sich, ohne Ziel, ungeteilt, einfach so. In DEM, was einfach SO IST, Gründe, Wege, Bezugspunkte, Prozesse herzustellen, ist die Krankheit des Geistes, endlos Bilder über das, was Bild-los ist, zu stülpen. Es ist einfach ein Tanz, der spontan aus sich heraus geschieht, lass ES sich tanzen und SEI-was-du-bist. Ganz konkret, in dieser Un(ver)mittelbarkeit zwischen „mir und dir“ zu landen, ohne einen Landeplatz zu finden, ist Selbstmord, weil da absolut kein Selbst zu finden ist. Niemand, der HIER erwachen kann, weil in diesem MOMENT alles bereits erwacht IST.

Es ist ein Verlieren der Vorstellung, ein Verlieren von „dem“, der erwachen oder einschlafen könnte – ein Spiel, was sich aus sich abwickelt, ohne wirkliches Ziel; DAS beweist sich einfach seine EXISTENZ, spielt und tanzt mit sich, in diesem MOMENT gerade so... Das ist es, das hier...

Engels-Chöre, Höllenfeuer, Schmerz und Glückseligkeit,
so unbedeutend wie der Stuhl, auf dem du sitzt, SO SATT
wie alles, was ist...

DAS HIER ist frei, greif zu.

ES IST DAS,
was du in deiner Verwirklichung
HIER-JETZT *bist.*

ENDE

Wenn du in der Tiefe einsiehst, letztlich nichts zu wissen, nichts zu können, nichts zu sein und auch nicht zu existieren, dann kann dich die Wirklichkeit total erfassen. Vorher bist du einfach nur ein spiritueller Schwätzer, der stolz auf das Wiederkäuen von entliehenen Konzepten ist und sich in Vorstellungen und Theorien übt. Wenn die WIRKLICHKEIT dich trifft, ist das dein Ende.

Du stirbst, jetzt hier; erlischst wie eine Kerze, die von einem Windstoß ausgepustet wird. Dich und deine Welt gibt es nicht mehr; und da beginnt Freiheit, denn du siehst, DU bist immer HIER. Selbst wenn nichts mehr ist, bist du, was du bist, deine Unbedingtheit offenbart sich in ihrer Unermesslichkeit. Selbst die Idee des Erlöschens erlischt.

Hier zeigt sich die Lebendigkeit des Todes, der TOTALITÄT VON LEBEN und du ergreifst die Möglichkeit, das Leben zu seinen gegebenen Bedingungen zu leben und zu sein, was du bist. Leben im natürlichen Zustand, Freiheit in ihrer Natur.

Dies HIER ist das Ende der Vorstellung, es gäbe irgendetwas „zu erreichen". Das Ende der Idee, es gäbe irgendeinen Weg irgendwohin, wo es „besser" ist als jetzt und hier! Es ist das Ende der Idee, dass es jene gibt, die angekommen sind und das Ende der Vorstellung: „Ich" schaffe es auch noch; die Idee eines geträumten Träumers.

Da ist immer nur BEWUSSTSEIN, das sich in sich selbst bewegt und ein Teil der Bewegung ist die Erfahrung von mir und dir.

Nein, nicht „du" erfährst und auch nicht „ich" erfahre, „der Erfahrende" ist bereits Teil der Erfahrung, du nie.

Du bist das, was erfährt und doch selbst nie erfahren wird und zugleich mittendrin, so, wie es sich jetzt lebt.

Dies hier erfordert eine ziemliche Portion Mut!
Den Mut, nackt der Frage „WER BIN ICH?“ gegenüber zu stehen, NETI-NETI, mitten drin zu sein und damit ALLE Konzepte, Ideen und Vorstellungen über dich und Bewusstsein, Erwachen, Sein, Ich und Ichlosigkeit aufzugeben und gehen zu lassen. Aufzugeben und aufzugehen in DAS, was ist. Das LEBEN nicht in Theorien oder durch Konzepte zu betrachten auf einem scheinbaren Weg, zu üben, sondern einfach mitten drin zu SEIN und zu HANDELN, mitzutanzen, wie es DIR in diesem MOMENT entspricht. Das ist das totale Feuer, in DAS, was sich selbst erfüllt; absolut, mit dem, was ist. Freiheit, die keine Definition von Freiheit hat; und ist, was du bist Das Ende, wenn die Leerheit in die Form implodiert und darin sich die Quelle in ihrem Erscheinen wieder entdeckt. Dies Ende bietet kein Ende,
und genau das ist das Ende; Ende.

Kein Ausgang

Ein Zenmeister sitzt auf seinem Platz, und bittet seinen Schüler, mit dem Krug rauszugehen und am Brunnen Wasser zu holen. Als der Schüler zurück kommt, ist der Meister im Samadhi versunken. Der Schüler kümmerte sich weiter um das Haus und den Garten; und praktizierte in Stille weiter. Nach dem der Meister nicht mehr aufzutauchen schien, packte der Schüler nach 2 Jahre sein Bündel und machte sich wieder auf den Weg.

Nach 20 Jahren des Sitzens öffnet der Meister seine Augen – als er irgendwann den Wasserkrug vor sich erblickt, der verstaubt vor ihm steht und mittlerweile schon wieder ausgetrocknet, ruft er als erstes verärgert: „WO ist mein Wasser?“

...es darf sich aus-leben

Kapitel 3

Erwachen erfährt sich mitten im Mensch-SEIN

Der RAUM, der sich nicht benennt, ist Liebe.
HIER halt einfach an – Sei still und liebe...

Dies HIER ist die Einladung,
dich berühren zu lassen, Schönheit, Zärtlichkeit zu empfangen; ungeahnte Freiheit zu entdecken und ES zu Seins. Eine Einladung, zu leben, was du liebst und in allem zu sein, was du bist.

Die intime Berührung mit dem, was ist

Der menschliche, bedürftige Teil in uns ist eingeladen, sich von der Liebe berühren zu lassen und von der Klarheit zu trinken. Die Weisheit verzichtet in Dankbarkeit auf die Klarheit, um den leidenden und suchenden Wesen in Hingabe zu dienen, darin dient ES sich selbst, in Liebe mit dem, was ist.

Es ist sehr radikal, einfach in zärtlicher Berührung mit der unmittelbaren Erfahrung zu sein. Es ist ein Ausfüllen des Moments, leben mit dem, was gegeben ist, ohne einen Ausgang suchen zu müssen. Heilung, Erfüllung und Erwachen finden genau HIER statt, sind immer schon gegeben. Die sanfte, liebevolle Berührung mit dem, was HIER ist, ist das Erleben von Liebe, ohne etwas raushalten zu müssen.

Es ist dieser eine Moment, aus dem sich alles ergibt, getragen von Stille und lebendiger Bewegung. Dieser eine Moment HIER, dafür musst du nichts tun. Halt einfach an, schmecke das GANZE. Anhalten geschieht. Es ist das Geschehen des GANZEN, das sich lebt. Lass dich einfach da sein, du bist willkommen, so wie du bist.

Verständigung über Worte, mit all den Begriffen, die auf verschiedenste Weise interpretiert werden können, sind immer begrenzt und ihrem Wesen nach Dual, dennoch können sie treffen, wenn die Entschlossenheit da ist, das Nicht-Wissen aufzunehmen – selbst wenn nicht verstanden wird – kann DAS verstehen, was Verstehen ist, darin ist alles verstanden. Kommunikation ist nicht auf Worte beschränkt, Berührung kann geschehen, wenn die Liebe sich selbst ruft. Es ist die Berührung mit dem, was ist. Die Klarheit ist ein Kind der Weisheit, die Hingabe ein Kind der Liebe. Wenn die Bereitschaft da ist - dass diese sich berühren, mit sich tanzen, sich vereinen können - lebt es sich total. Du musst nichts tun. Lass es sich leben; das LEBEN kennt den Weg.

Es gibt
keinen Pfad
zu DEM, was du bist.
Da du bist, was DU BIST,
gehe einfach, sei still und liebe.

Leerheit
tanzt mit sich durch die Leerheit,
schmeckt und berührt sich in allem selbst.
Genau HIER ist Vollständigkeit zu entdecken,
immer wieder frisch zu schmecken,
in DEM, was ist; DEM, was du bist.

"Der wahrhaft Liebende liebt Gott in allem und findet Gott in allem"
(Meister Eckhart)

Im Ursprung des Herzens

Liebe ist nicht objektbezogen, lässt sich an nichts festmachen.
Liebe ist...

Es liegt an uns, sie wahrzunehmen; in ihr zu sein.
Wenn du dich diesem RAUM in seiner sanften Stille und seiner Lebendigkeit anvertraust und dein Herz spüren kannst, kann die Liebe geschmeckt werden, die Offensichtlichkeit, dass du getragen bist. Total, so, wie du bist.

Hier muss nichts bearbeitet oder verändert werden.
Kannst du die Vollständigkeit
des Unmittelbaren
schmecken?

Hier findest du von selbst in das, was SELBST IST, findest von selbst in deine natürliche Bewegung, weil du mit dir und der Bewegung des Raumes bist. Du entdeckst die Vollständigkeit deiner Wesensnatur, weil du in dieser Unmittelbarkeit mit DIR bist. Daraus wird die Liebe und Zärtlichkeit von selbst offensichtlich; es ist dies erfasst sein von der Liebe, die ist.

Erfüllt-Sein findet sich in dem, was ist, selbst wenn es nicht den Vorstellungen entspricht, da kein Bild der Lebendigkeit dessen, was ist, standhalten kann; DAS HIER ist vollständig.

Lass alles da sein in Berührung mit dir, mit dem, was ist.

Bleibe bei DIR, ohne dich zu isolieren; einfach zärtlich mit der Bewegung dessen, was ist. Der Raum der Liebe, in dem du mit all deinen Sinnen, zärtlich, das Menschsein berührst, umarmt immer wieder alles, weil es ALLES IST.

Bist du bereit, in der Offenheit des Raumes, in deinem Menschsein, den Begrenzungen zu begegnen, in Stille zärtlich damit zu sein, ohne etwas anzufassen?

In dieser liebenden Berührung, die nichts sucht und nichts will, wächst dein innerer Raum, Zartheit kann sich entfalten.

Mit oder ohne Geliebten hast du die Möglichkeit, mit dir in Berührung zu sein, denn du bist jetzt in Berührung mit dir. Hier findet sich die Möglichkeit, dich dem Nicht-Wissen zu übergeben. Es ist immer wieder ein mutiger Schritt. Immer wieder das erste Mal.

Entspann dich in das Erleben dessen, was ist.

Alles ist immer ganz am Anfang.

Dies zu erfassen und die lebendige Stille in der Zärtlichkeit des Unmittelbaren zu schmecken, ermöglicht, dass die Liebe und das SELBST-Gewahrsein in dir wurzeln und tanzen können. Zärtlichkeit ist ihre stärkste Kraft, sie ist wie ein Löwenzahn, der selbst Beton und Asphalt durchbricht, um einfach in liebender Unschuld im Vergänglichen DA zu sein.

Wer in der Zärtlichkeit der Liebe wurzelt,
ist im Ursprung des Herzens zuhause, liebt einfach so,
weil es nichts Schöneres gibt, als das, was hier ist.

Liebende

Liebende sind zärtlich mit dem, was ist.
In diesem stillen „Ich liebe dich“ fehlt nichts.

Liebende
lieben die Liebe,
vertrauen dem Vertrauen
und sind darin das, was die Liebe ist,
frei, sich selbst erfüllender Raum sanfter Bewegung.

Die Liebe ist das Wertvollste im Universum...
Über die Liebe gibt es für mich nichts zu wissen, nur zu lieben, was ist; nicht als Gefühl, sondern als Bewusstseinsraum, der immer zugänglich ist.

Liebe – liebe einfach – hab keine Angst vor der Angst.
Liebe und lebe, was du liebst - das Herz wird immer weiter, mit jedem Mal, wenn es gebrochen wird und du den Mut hast mit allem, ausnahmslos allem, im Raum der Liebe zu sein. Du fällst immer tiefer mit jedem Scheitern, in den Raum des Nicht-Wissens, in das, was LIEBE IST.

Eine Liebesgeschichte

Das LEBEN liegt nicht in meiner Hand; dem kann ich mich hingeben, absolut. Absolut und nichts anderes, dennoch wendet sich meine Liebe immer wieder dem Unvollkommenen zu, geht ganz darin auf und findet darin Vollkommenheit. Ich kann DEM Un-Vollkommenen, dem einfachen, wahren Menschen, mehr abgewinnen, als denen, die „Heilig" zu sein scheinen, denen, die stolz auf sich und ihre Errungenschaften sind, sich einbilden, etwas zu haben, sich einbilden, etwas zu Sein. So ist meine Liebe auch eine un-vollkommene Liebe...
Eine Liebesgeschichte wird nie ein Ideal erfüllen können, wie es in den Büchern der „Erleuchtungsindustrie" geschrieben steht.
Sie hat nichts anzubieten in ihrer Nacktheit, außer die Zärtlichkeit des Moments, Berührung und ein unschuldiges, liebendes Herz.

Eine Liebesgeschichte ist einfach eine Geschichte von Irrtümern, Dummheiten, von Enttäuschungen und Trugschlüssen; von Lichtblicken, Wärmegewittern, tiefer Berührung und einfach nah sein dürfen, sich selbst und dem nicht-Anderen. Einfach eine Geschichte, die in der Ewigkeit des MOMENTS spontan geschrieben wird, von zärtlicher Liebe durchdrungen ist und die EWIGKEIT des LEBENS, einfach so, offensichtlich macht...

Ich liebe dich...

Bedürftigkeit

„Ich bin gerade in einer Beziehung und es ist so schön; und wenn mein Geliebter weg ist, bin ich immer so bedürftig, ich mag´s nicht, bin so hilflos; was hat das mit Frieden und Erwachen zu tun?“

Bedürftigkeit ist etwas Wundervolles, wenn du einfach damit da bist, denn darin ist ganz viel Zärtlichkeit. Die Schönheit, Liebe und die Vollkommenheit des LEBENS kann geschmeckt werden in der Bedürftigkeit, die nichts braucht, nichts anderes sucht. Dies HIER ist Frieden.

Es entsteht eine Art Abhängigkeit, wenn du einem „Objekt" hinterherrennst, du dich dadurch selbst zu einem „Objekt“ machst und das ist leidvoll, keine Frage. Doch wenn du einfach da bist mit dem, was ist, ohne ein Ideal erfüllen zu müssen, gibt es keine Probleme.

Das Schöne, wenn wir sanft in dem, was da ist, sein können, erfüllt sich das Ganze aus sich selbst heraus. Bedürftigkeit ist in sich absolut erfüllend und voller Liebe, wenn sie reingelassen wird und einen würdigen Raum in dir bekommt.

Doch das Schönste, es ist in sich frei, in allem frei. Wir müssen den Frieden nicht machen, wenn Bedürftigkeit, Hilflosigkeit, der Schmerz, einfach das, was ist, ganz geschmeckt wird, dann zeigt sich darin lebendige Stille, Zärtlichkeit, Liebe, die aus sich heraus das ganze SEIN erfüllt, einfach nur, weil du da bist. Sei einfach still, lass dich erfassen.

MENSCH, du darfst so sein, wie du bist

„Bei mir auf der Arbeit geht's drunter und drüber, so viel verändert sich, ein neuer Chef, neue Kollegen, neue Abläufe, die in sich nicht stimmig sind. Es fühlt sich kalt an, ich verliere das Vertrauen, es macht mich gerade richtig krank und raubt mir den letzten Nerv. Ich arbeite dort doch schon so lange und hab' es gerne gemacht, doch gerade ist es too much, es überfordert mich total.

Ich hab' das Gefühl, nicht mehr ich sein zu dürfen. Manchmal frag ich mich in einem stillen Moment „Wem geschieht das?" und ich bekomm' ein wenig Abstand, um durchatmen zu können. Ich hab' gerade Angst, mich frei zu bewegen, so etwas kenne ich in dieser extremen Form gar nicht, so geht's nicht mehr weiter."

Lass dir nicht den letzten Nerv rauben, in dieser modernen Sklaverei. Folge deinem Herzen – in dem Vertrauen, dass das LEBEN seinen Weg kennt. Vergiss all dies, wie du glaubst, dass du sein sollst. Sei einfach DU, mit allem, was da ist, ungefiltert, und zeige dich so, da ist sehr viel Schönheit. Das macht es frei, egal, was passiert. Du bist einfach DU. So entdeckst du, auf deine Weise für dich einzustehen. Ja, es ist gut sich zu fragen „Wem geschieht das?", zu fragen, „Wer erlebt?" und im Unmittelbaren zu spüren, was da ist, dich davon ganz nehmen zu lassen, das löst und verbrennt die Bindung an die Geschichte und den Geschichtenerzähler. Fühle das Ganze, sei es. Lass dich in das, was ist, hineinfallen, DAS LEBEN wird dich mit offenen Armen auffangen, dich tragen und nähren.

Du darfst so sein, wie du bist. So sein, wie du bist, heißt auch, seine Klappe aufmachen, zu sagen, wie es für dich ist, das anzusprechen, was für dich nicht stimmt, zu schauen, was es für Möglichkeiten der Veränderung gibt und weiterzugehen, wenn es nicht zu ändern ist. Im Erwachen zu leben, heißt sich der Herausforderung des Lebens zu stellen, genau so, wie du an die Dinge herangehst und HIER zu bleiben, in dem, was GUT-ist.

Halte an dem Erleben, dass DU BIST, darin ist ALLES enthalten, da rein lass dich fallen. Nichts, an dem du halten musst. Du bist absolut getragen und bedingungslos geliebt.

Sei dir dein eigenes Licht

Ist dir schon einmal aufgefallen, wie viele Sachen du machst und was du so glaubst machen zu müssen, um so zu erscheinen, wie andere dich gerne sehen wollen und haben möchten? Du tust es, seitdem du davon überzeugt bist, eine eigenständige, getrennte Person zu sein. Reduziert auf diese „persönliche Vorstellung“, die rein auf dem Ich-Gedanken und angeeigneten Konzepten beruht, handelst du aus der Trennung, dem Mangel und den Begierden, um Erfüllung zu erleben, geliebt zu werden, um Anerkennung zu erhalten, dazu zugehören; in Wirklichkeit ist es dieser tiefe Wunsch, in Einheit zu sein; DU selbst zu sein. Doch das Problem ist die Wichtigkeit der Idee von Dir. DU BIST, was du bist. Hör auf, dich und dein Leben so wichtig zu nehmen, schmecke deine ungeteilte Natur, die in ihrem Ausdruck Frieden und liebendes SEIN ist, dafür muss nichts getan werden – außer anzuhalten und es zu schmecken und sich davon verspeisen zu lassen. ALLES IST HIER, wird DAS erfasst, kann Anhalten ganz simpel geschehen, indem sich DAS LEBEN in seiner Einzigartigkeit entdeckt. Wenn die Vorstellungen, wie du sein solltest, zerbröckeln und du dich als DIES HIER erkennst, ist da Frieden und Erfüllt-Sein als lebendige Erfahrung. Ja, es ist haltlos; zweifel nicht am Zweifel, lass dich hineinfallen und lass die Idee, etwas transformieren zu müssen, denn alles transformiert sich in jedem Moment; eine Form wandelt sich augenblicklich in die nächste. Wenn du etwas für deine Befreiung tun möchtest, hör auf, etwas zu „tun“, lass dich von der unmittelbaren Erfahrung dessen, was ist, erfassen und schmecke die Freiheit des Lebens in dem, was IST, dies sprengt die ich-bezogenen – mentalen und emotionalen – Bindungen und offenbart immer tiefer, dass du in deiner Natur frei bist, dass da nur SEIN IST.

Du kannst es nicht allen recht machen; leb einfach in dem, was LEBEN IST und folge der inneren Bewegung, die sich immer wieder frisch in dir zeigt. Verweile, wurzle, lebe in DEM, was in seiner Essenz IMMER unverändert und still ist und lebe einfach, was DIR am Herzen liegt, darin bist du DIR dein eigenes Licht.

Jeder Mensch hat seinen eigenen lebendigen Weg durch das LEBEN. Solange du ihn nicht gehst, diesem nicht vertraust, und immer wieder auf andere hörst, bist du wie ein Betrunkener, der seinen Weg nicht vom anderen unterscheiden kann und ständig wankend von hier nach da fällt, anstatt so, wie du bist, du selbst zu sein.
Zu leben, was dir am Herzen liegt, wird bestimmt nicht immer widerstandslos sein. Doch im Sehen und Erleben dessen, was ist und in deiner Ausrichtung auf das, was dich interessiert, dir am Herzen liegt und das, was du liebst, kann Widerstand in dir nicht lange bestehen; die Tore, die wichtig für ein menschliches, erfülltes Leben sind, werden sich öffnen, LEBEN kann durch dich geschehen.

DAS GANZE schöpft aus dir...

„DAS GANZE schöpft aus dir... Aus mir? Wer soll das sein?

Was versteht, ohne ein Wissen zu brauchen?

Hier wird niemandem geholfen - oder Wissen um die Ohren gehauen - nach dem nicht gefragt wird. Was auch eine Art Übergriff ist. Der größte Wert liegt, meines Erachtens, einfach darin zu sein, wie man ist, ohne zu wissen und nicht in den Weisheiten oder dem Besser-Wissen aus zweiter Hand – nach dem nicht gefragt wurde. Was ist „eigentlich“ kein Wissen aus zweiter Hand?

In einem Mittwochs-Satsang; in einer völlig ausweglosen Gesprächssituation, die im wortlosen Dasein mündete. Da kam eine Satsang-Teilnehmerin und wollte helfen – die ausweglose Situation gegen „gute Gedanken“ austauschen. Niemand hat um ihre Hilfe gebeten. Wahrscheinlich war ihr ihre eigene Hilflosigkeit too much, wahrscheinlich.

Ich sagte nur dazu: „Hier wird niemandem geholfen!“

...es sei denn um einen Rat, oder um Hilfe wird gebeten.

In der puren Erfahrung der Hilflosigkeit liegt eine große Gnade. Es ist deine Natur – und darin ist der lebendige Impuls auf dem Weglosen Weg weiter zu gehen, einfach still in Bewegung zu bleiben, die Fülle der Grundlosigkeit zu schmecken und zu atmen, und es in allem zu sein ...

Die größte Hilfe: DIR, und dem was ist, in diesem MOMENT, einfach so, liebende Aufmerksamkeit zu schenken, dem Energiefluss, dem Pulsieren; das Leben in dir wahrzunehmen wie es fließt – es fließen zu lassen, es sich ausdehnen zu lassen, so wie es geschieht, ohne eingreifen zu müssen ...

Wenn du dem Anderen, der Welt, dir Selbst, DIR SELBST etwas Gutes tun möchtest, sei einfach da mit absichtsloser, liebender Aufmerksamkeit – und lasse alles es wie es ist. Wenn jemand um Hilfe bittet, sei aufmerksam, schau in die Transparenz des Momentes und biete an, was du geben kannst.
Es ist ein sich einlassen auf DAS, was ist, still sein, geschehen lassen, ohne zu leugnen und dem Ausdruck geben, was zum Ausdruck kommen will. Eine gesunde Haltung, wie das GANZE durch dich und ALLES passieren kann – mitten im Leben.

Das Leben will gelebt werden. **Das Bedürfnis muss erfüllt sein** – sonst bindet es und erzeugt Leid und Begehren. Das Paradox, wenn du ein Bedürfnis, ein Wunsch erfüllst, kommt gleich das Nächste hinterher. Es ist ein Mechanismus des „Ich", der am Laufen hält, und dich gefangen nehmen möchte, um so den Raum noch enger zu machen und die Lebensenergie zu vereinnahmen. Was interessant ist zu sehen, wo du bedürftig bist und damit still in Berührung zu sein.Und genauso zu sehen, wo Bedürftigkeit geleugnet wird, und es zu spüren: Den Widerstand, das nicht Wollen, das Brauchen, die Liebe - die Stille, die sich selbst erfüllt, die zwischen allem fließt. In DEM zu verweilen, was dazwischen fließt und die Erfahrung, wie auch immer sie ist – immer zum ersten Mal zu erleben – darin liegt die Sattheit der Bedürfnislosigkeit. Das Leben will gelebt werden, wie auch immer. Es gibt keine Regeln, du bist frei. Finde für dich die Regel, mit der du in Freiheit leben kannst und den Raum des Erlebens, der der frei ist, ausdehnt und erweitert - wenn du willst.

Die Hinweise und die Erforschung, wie sie hier beschrieben sind, dienen dafür, im „Inneren Kreis" im Sein zu wurzeln und die Sattheit zu schmecken und sie durch dich – sich ausdehnen zu lassen, ungeteiltes Bewusstsein in allem zu schmecken. Du beginnst dem LEBEN zu dienen. Und DAS Leben beschenkt sich durch dich mit sich SELBST.

Wer selbst aus dem SEIN, dem Inneren Kreis herausgefallen ist, schaut aus dem „Geheimen Kreis". Der „Geheime Kreis" ist „kein Club der Geheimniskrämer" – er ist geheim, weil er alles zerstört – ohne etwas zu zerstören (und dabei kann auch einiges zu Bruch gehen), nichts mehr ist von Bestand - was ja auch in allem Erscheinenden so ist – denn alles ist vergänglich. Es ist „Geheim", weil aus dieser Sicht nie etwas geschehen ist und nie etwas geschehen wird und es in keiner Weise in Bezug steht zu dir, wie du dich kennen kannst, es nichts mit der Welt oder Bewusstsein zu tun hat, weil es Bewusstsein ist – und DAS ist viel zu viel,
für jeden Sucher und Nicht-Sucher.

Da es keine Geheimnisse gibt: Alles, was erscheint ist TOT. Totalität selbst ist, einzig und absolut vergänglich. Und DU, vor und inmitten von allem residierst, du als das, was Selbst ist, aber keines kennt. Ein praktischer Hinweis zu DEM, was man im TAO den geheimen Kreis nennt: Alles ist Vollkommen, auch in seiner Un-Vollkommenkeit und es braucht sicher nicht dein Wissen über die Vollkommenheit. Denn jedes Wissen ist hierin Unwissenheit, eher könnte man von einem Sein sprechen als DAS, was kein Wissen kennt und auch keines braucht. Also vergiss es: Sei dies Sein, was kein Wissen über sich hat und einfach so ist, auch wenn es nicht ist.

Wer kein Interesse hat am „Geheimen Kreis", vergiss es, genieße es einfach zu Sein, lebe dein Leben. Wer nicht anders kann, als den Traum total zu erschüttern und sich in seiner Nacktheit und der totalen Freiheit zu erfassen - welcome. Lass dich fressen und friss all die Vorstellungen, ohne ihnen eine Glaubwürdigkeit zu geben.

Jeder hat seinen Zugang in das ungeteilte-Bewusstsein. Das ist zu 100 Prozent wertgeschätzt. Wertschätze deinen Zugang ... und gehe hindurch, bleibe nirgendwo stehen. DAS ist die TOTALE Lebendigkeit in ihrem Erscheinen, so wie es ist. Das ist ernst gemeint, So wie es ist – erlebe es einfach und du wirst sehen.

Es geht nur darum, dass deine Erforschung hundertprozentig ist, in diesem Moment. Es geht nur darum aufrichtig zu sehen, wie es ist – und es sich selbst durchdringen zu lassen, es geschieht im Sehen, was an nichts festhält, es geschieht ...

Was ich als wesentlich wahrnehme, nicht im torlosen Tor stehen zu bleiben und sich eine Schublade zu basteln, was Wahrheit oder Erwachen ist. Wahrheit geht über jedes Kennbare hinaus, es ist das, was du bist und findet HIER gerade statt, nichts was festzumachen wäre. Erwachen, dich nirgendwo finden zu können und ungeteiltes Bewusstsein zu erleben, als das, was du bist, ohne-Zweites, genau so, wie es ist. Es ist keine Erfahrung, es ist jede Erfahrung. Kein Gewinn für dich; was für eine Gnade. Nichts was es zu tragen oder zu verteidigen gäbe.

Wertvoll sich nicht in Gedanken und Gefühlen aufzuhalten, sie auch nicht zu leugnen – sondern einfach passieren zu lassen und so ungeteiltes-LEBEN zu schmecken, dies-zu-sein. Oftmals ist es Angst, Unsicherheit, Zweifel, Traurigkeit, Sehnsucht ... die uns haben suchen lassen nach einem sicheren Ort, Erwachen aus dem schlechten Traum, Befreiung von Leid und dem, was wehtut. Jetzt ist da vielleicht noch eine subtile Idee, das muss noch weg. Doch die Dinge sind, wie sie sind und das, was zählt, ist nur das, was ist. Interessant zu erfassen: Das, was du einst loswerden wolltest, um frei zu sein, ist ein wesentliches Tor in DAS, was Freiheit ist. Es geschieht im ganz darin sein, ohne damit irgendwo hin zu wollen, es fühlen, erleben, dich durchdringen lassen – vielleicht verändert es sich, vielleicht nimmt es sich allen Raum, vielleicht löst es sich auf, vielleicht ...

Die Sache ist jeder Moment, ist das torlose Tor, jeder Moment ist so, wie er ist – Leben geschieht ungeteilt von MOMENT-ZU-MOMENT, immer zum ersten Mal. Was offensichtlich sein kann, wenn du „ohne Wenn und Aber" die Erfahrung bist, sie passieren darf, wie sie passiert – HIER in diesem Moment kann die Idee „über" die Erfahrung nicht mehr greifen und Freiheit kann in dem entdeckt werden, in dem was ist, ... Freiheit ist immer, es ist keine persönliche Sache und nichts was einer Erklärung bedarf.

Ist sie erfasst und selbstverständlich, kann sie durch die Form (und die Leere) immer tiefer entdeckt werden, einfach in dem, was ist, ohne einer Vorstellung entsprechen zu müssen. Ohne Wissen zu brauchen. Es ist frei in seiner Offensichtlichkeit des Daseins ... Alles andere, alles nur Vorstellungen und Glauben: Egal, wer du glaubst zu sein, egal, ob du denkst, du seist erwacht, egal, ob du glaubst, du seist nicht erwacht, scheiß egal, ob du denkst, das hat eh alles nichts mit dir zu tun, oder ob du denkst, du könntest das Leben zu einem schöneren glücklicheren machen. Alles nur Gedanken ... Danke.

Ein waches entschlossenes Leben, in dem was Freiheit ist, heißt „Holz hacken und Wasser holen“ und still zu sein mit jeder Erfahrung, es auskosten, wie sie geschieht und DICH als DAS GANZE einfach so entdecken; es geschieht einfach so ...

Wenn eine Erfahrung ausgekostet ist, gibt es kein Leid
und keine Idee über die Erfahrung ...

Freiheit kann in jedem Moment entdeckt werden, wenn der Zwischen-Raum in dir und in allem gesehen und erlebt wird – immer nur in diesem Moment!
Es ist immer die Idee: „über“, und das „um zu“, es ist diese subtile Idee von HIER nach: Vom Erwachen zur Befreiung – ein gutes Leben für mich und Alle -, „und dann“ weiter und weiter, von einer Idee zu nächsten Vorstellung. Ein Hangeln von einer Benennung zur nächsten, um der Story Glaubhaftigkeit zu verleihen.

Das Einzige, was zählt, die unmittelbare Erfahrung, in der das Unvermittelbare, einfach so, zum Offensichtlichen wird und zu erleben, was ist, erleben, dass das, was ist, frei ist, erleben, dass das Leben sich tanzt und gelebt werden will, ohne einem Bild entsprechen zu müssen ... Hier spielt die Musik, einfach so ...
lass es sich tanzen ... Wie auch immer ... Wenn du dich nicht von der Idee „über“, diesem „und dann“, dem „um zu“ einspannen lässt und mit der Bewegung der Stille bist, einfach in Berührung bist und Freiheit schmeckst in dem, was ist ... kannst du aus dem GANZEN schöpfen, ... nein DAS GANZE schöpft aus dir ... DU BIST DAS, was die Quelle ist.

Kreuzigung und Gnade geben sich
in der Ausweglosigkeit HIER zu sein, die Hand.
Sei einfach still und schau...

Freiheit, dich als das zu kennen,
was unbedingt, hier und jetzt, frei ist; und es einfach so zu sein
und das Wunder in allem zu schmecken.

Dämonen

„Immer wenn ich mit Männern in Kontakt komme geht's einfach immer gleich um Sex... ob´s in direkter Begegnung is, irgendwo in einem Café, oder auf ner Party wo man ins Gespräch kommt. Doch Männer rennen mir sogar abends auf der Straße hinterher und sprechen mich an ob ich Sex mit ihnen wolle, das ist so heftig für mich – ich lauf doch ganz normal rum, ich schminke mich ja noch nicht mal. Oder ich Sitz im Bus und Kerle unterhalten sich auf derbe Art, überall strömt das Thema Sex auf mich ein. Wenn das halt mal passiert, ok, gar kein Ding. Aber mir passiert das so oft, ich mag da gar nicht drüber sprechen, aber ich muss einfach irgendwo hin damit, da es sich nicht mehr verdrängen lässt."

Wunderbar, deshalb passiert es wohl so oft, das es nicht mehr verdrängt werden kann und einen würdigen Platz in dir bekommt. Biete dem Dämon in dir doch die Nahrung, die gebraucht wird, IN DIR an, dann kann es langsam zur Ruhe kommen und lebendigen Frieden in dir finden, anstatt dich zu treiben.

„Fällt dir dazu was ein? Kannst du noch etwas dazu sagen...
ich fühle mich bei dem Thema total minderwertig und benutzt."

Fühlst du es denn, oder denkst du es, um dich zu schützen? Dies zu fühlen, ohne den gedanklichen Geschichten und Bildern zu verfallen und damit HIER zu Sein, ist total heilsam und wertvoll, weil darin wirkliche Würde und Schönheit erblühen kann, DU im Angesicht dieser Un-Vollkommenkeit das Gesicht verlierst und das SELBST dich darin ganz erfasst.

„Es ist schrecklich. Wenn ich es reinlasse, muss ich einfach weinen, sitz in Tränen da, immer wieder, das passiert so oft. Ich wünsche mir Liebe, geliebt zu werden und lieben zu dürfen"

Ja, GOTT IST „schrecklich gut“ und das ist deine Natur, DEM kannst du nicht entgehen. Wenn das zur Ruhe kommt, Gott und das Leben „besser“, „anders“ machen zu wollen und du darin ganz SEIN kannst, findest du dich wieder in einer ganz anderen Dimension, in der außergewöhnlichen Entdeckung GOTTES, Mitten im Gewöhnlichen Erleben dessen, was ist, kurzum LIEBE...
Für den „Verstand“ der sich die ganze Zeit mit dem Leben in Bezug setzt und durch sein Handeln und das persönliche Wissen, Intelligenz, Ausstrahlung, und, und, und auf Liebe hofft, ist das nicht zu erreichen. Weil Liebe kein Objekt ist, was zu erreichen ist.
Es ist so wertvoll und wichtig DIES HIER in kindlicher, spannender Langeweile zu entdecken. Damit kann der Verstand nichts anfangen, der ist immer auf Fortbildung, bloß fort von dem, was ist. Immer in dem Modus des besser Werdens. Doch HIER spielt die Musik, HIER, HIER, HIER....

Lass dich nieder, relax und genieße, dass du bist. Genieße die Schönheit und den Schmerz und du entdeckst, was sich nicht verändert, darin verändert sich alles, ohne dass etwas verändert werden muss... Tauche ein in das non-verbale Wissen, dass du bist. Lausche dem LEBEN, lass dich erfassen, IMMER wieder zum ersten Mal DU BIST...

„Die Dämonen für Dämonen zu halten, das ist eine Gefahr. Sie als leer zu erkennen, das ist der Weg. Sie zu begreifen als das, was sie sind, das ist die Befreiung. Sie als Vater und Mutter zu erkennen, das ist ihr Ende. Wenn wir sie als Schöpfungen des Geistes gelten lassen, dann verwandeln sie sich in Ausschmückungen. Wissen wir derart damit umzugehen, dann ist das Ganze befreit.“ (Milarepa)

Der Zorn zu leben

Der Zorn zu leben richtet sich nicht gegen andere – es ist die Lebensenergie selbst, deren natürliche Bewegung es ist, zu durchdringen, sich auszudehnen, zu befruchten, um mit dem LEBEN in Wahrheit im Tanz zu sein...
Es ist kein „um zu ..." es geschieht, weil es die Natur des LEBENS IST, in lebendiger Vibration DAS HIER zu sein. Es ist etwas zutiefst Sexuelles, freudiges. In DEM, was den Körper geschaffen hat, bewegt sich der Fluss der Würde, der die Wahrheit liebt. ES will in sanfter Schönheit und in Zärtlichkeit tanzen mit dem, was Hier ist. Wahrheit zu SEIN, ist wie ein Fels in der Brandung, an dem all die kleinkarierten Ideen, Konzepte, Theorien und vorgefassten Antworten zerschellen. Es ist ein leidenschaftliches Feuer, das aus einer Liebe für DAS brennt. Grundlose Freude, Schönheit und lebendige Stille sind die Funken, die diesem Feuer entspringen.
Der Zorn zu leben ist der Wunsch, zu leben, was du bist, der aus dem Innersten kommt und immer mit dem Leben als GANZES ist. Diese Kraft lässt sich nicht ein auf diese traurigen Ideen von „weniger und mehr", die Idee von „Geburt und Tod". Das hier ist alles, was ist. ALLES IST immer HIER – in seiner lebendigen Vibration, wie es sich zeigt.
Wenn dich die Lebendigkeit des LEBENS ruft, bedarf es der aufrichtigen Bereitschaft, GANZ darin zu sein, mit allem, was ist. Wirst du davon erfasst, kannst du nur von Vollständigkeit kosten. Wenn dir dann jemand Theorien, Konzepte und Halbheiten anbieten will, weckt es den Zorn des Lebens in dir und der Vulkan der Leidenschaft bricht aus. Die Lava ist nicht aufzuhalten, alles wird verbrannt, verändert, umgewandelt. Dies wird zu fruchtbarem Land, auf dem DAS in stiller Schönheit und Dankbarkeit mit sich im Tanz IST, ursprüngliche Kreativität ist aus sich heraus am Werk, genießt und liebt sich in ALLEM als DAS, was es ist…

Das Leben
nimmt dich an der Hand
Lass dich vom Leben an die Hand nehmen
Sei das, was Leben ist und spiele deine Rolle

Befreiung und Mensch-SEIN

Du bist ganz sicher nicht das, was du glaubst, zu sein. All die Gedankenimpulse, Vorstellungen, deine ganze Geschichte sind Bilder an der Oberfläche, die immer wieder neu vom MIND generiert werden. Es ist wie ein Bild an der Wand, welches du abnimmst, weil dir auffällt, dass es dort nicht seinen Platz hat. Und es wird einfach wieder ein neues aufgehängt; dies geschieht einfach so. Ist der Glauben an dieses „Ich" angezweifelt und wird gedanklich nicht mehr verfolgt, dann bist du bereit, tiefer zu gehen als die Geschichte. Tiefer, als das gedachte Bild. Aber es ist nicht so einfach, den denkenden, trennenden Verstand hinter dir zu lassen, denn energetische Impulse werden in deinem System brennen, die dir suggerieren: „Ich bin wichtig, ich muss in die Story, nur dort kann es geklärt und erfüllt werden, ich brauche Hilfe, ich brauche eine Lösung." Das kann sehr heftig sein! Es ist wichtig, offen in Berührung zu bleiben mit dem Unmittelbaren und all die Schubladen auffliegen zu lassen, all die Impulse zu durchdringen und so Raum zu schaffen, in dem, was RAUM IST. Natürlich ist es wertvoll zu sehen, was der Verstand spielt und erzählt; noch wichtiger, ihm nicht nachzuhängen und mit dem LEBEN, in einer Intimität ganz nah zu sein, sich der Strahlung des Moments hinzugeben und tiefer in der Grundlosigkeit zu wurzeln. Mitten im Menschsein ist Frieden, zärtliche Liebe, stille Freude - selbst inmitten des Schmerzes - lebendiger Frieden. Inmitten jeder Erfahrung ist Schönheit offensichtlich, wenn wir mit der Bewegung des RAUMES leben, Stille entdecken. Die intime Berührung mit dem Lebensprinzip, mit der Intelligenz der Schöpfung ermöglicht es, durch alle Schubladen hindurchzugehen,

ohne von ihnen gefangen oder geprägt zu werden. Es ist eine Freude zu erleben, wie das Lebensprinzip für sich sorgt. Jede Situation kann zur Befreiung genutzt werden, durch die Strahlung des unmittelbaren Erlebens; weil ALLES in sich frei ist.
Die Arbeit der Befreiung arbeitet letztlich nicht an deiner Gefängniszelle, arbeitet nicht an den Schubladen. Diese Arbeit ist gar keine Arbeit, es geschieht anstrengungslos, wenn die Bereitschaft dafür da ist und richtet sich einfach auf die Berührung mit der unmittelbaren Erfahrung. Der direkte Blick auf das, was ist, durchbricht jede Gefängniszelle, ohne auch nur einen Gitterstab anzufassen, denn du schaust aus dem, was frei ist, DU BIST DAS.
Also weder musst du dich um deine Befreiung kümmern, noch verleugnen, was ist. Es geht nur darum, wo dein Interesse ist, um was du dich in erster Linie kümmerst. Du wirst sehen, wo das Interesse ist, dies ist kein willentlicher Akt; Interesse geschieht aus sich heraus, die Bewegung geschieht aus dem Innersten, aus dem LEBEN selbst. LEBEN, Bewegung, Begegnung geschieht. Im menschlichen Miteinander teilst du mit, was dein Bedürfnis ist, was du vom anderen brauchst, ohne dich abhängig zu machen. Natürlich ist das Brauchen (wie alles) etwas Relatives. Es ist wertvoll zu sehen, dass dein Brauchen nichts Absolutes ist.
Der Hunger sich auch in dir selbst verzehren kann. So kannst du schauen, was jetzt möglich ist, im Raum der Gegebenheiten und leicht mit dem LEBEN im Tanz zu sein.

Das GANZE erlebt sich im MENSCH. Darin werden wir nie auf Dauer alleine sein, auch wenn wir so oder so ALLEIN sind. Das macht hilflos und total nackt, wenn der persönliche Panzer fällt, doch macht es auf einer zutiefst menschlichen Ebene frei, weil diese totale Hilflosigkeit gar keine Hilfe braucht und niemand gesehen wird, der wirklich Hilfe bräuchte und dennoch von Herzen gegeben und angenommen werden kann, was von HERZEN kommt.

Mensch zu sein und zu brauchen, ohne sich abhängig zu machen in den Bedingungen des Lebens, seine Bedürfnisse wahrzunehmen, ohne sie als etwas Absolutes zu sehen und an keiner Erfahrung zu hängen, ermöglicht, mit der Bewegung und der Sattheit des LEBENS zu tanzen. Dieser eine Tanz zu sein.

Es ist so einfach, denn jedes Ereignis kann genutzt werden, um die Intelligenz des Lebensprinzips, die in jeder einzelnen Körperzelle vorhanden ist, zu befreien und zu stärken, indem du die Vibration des Raumes, des Körpers und die tanzende Präsenz in ihrem immer einzigartigen Tanz hereinlässt und so in der Gewissheit deiner Freiheit verweilst.

Wenn dich Befreiung wirklich interessiert, du die Freiheit wirklich liebst, lasse die Freiheit deine Priorität sein, lasse es für dich arbeiten. Indem du Freiheit, in deinem Körper, im Raum, in der Präsenz, in allem schmeckst, stärkst du dieses pulsierende, lebendige Prinzip in dir. Die Aufmerksamkeit für das Lebensprinzip-in-Bewegung ist eine stille, freudige Leidenschaft, es geschieht anstrengungslos. Die Ausstrahlung des Lebensprinzips organisiert dein Leben. Leicht, aus sich heraus, durch die Wahrnehmung der Ausstrahlung und die Hingabe an das, was ist. Du musst dir keine Sorgen um das Leben machen, das Leben selbst sorgt für sich und trägt dich darin, absolut. Es braucht keine Lösung, keine Manipulation, kein Machen. Es geschieht alles aus sich heraus. Wenn du die Freiheit liebst und nah mit ihr bist, wird die Freiheit sich unumstößlich und immer tiefer in dir offenbaren.

Wenn du tiefer in die sich selbst-erfüllende LEERE eindringen willst,
verweile in der zärtlichen Stille, dass du bist.

Das ist der schnellste Motor in deinem Inneren,
denn du musst unbewegt bewegt sein,
um tief einzutauchen in die lebendige
Stille deines eigenen Selbst.

Verschmelze mit der Suche, die da ist
und lass den hinter dir, der mit etwas verschmelzen könnte.
Bewegung, Stille, Leben – dies hier ist alles, was ist.

Sadhana – Praxis der Befreiung

Genauso, wie „eine formelle Praxis" zu funktionieren scheint, kann es auch oft den Anschein haben, dass sie nicht funktioniert. Doch geht es nicht um bestimmte Erfahrungen oder Ergebnisse. Die Sache ist eine ganz andere: Eine Praxis dient dazu, das Innere-System in Bewegung zu halten und tiefer zu wurzeln in dem, was unmittelbar immer HIER IST. Ganz mit der Bewegung zu Sein, die jetzt geschieht, DEM zu vertrauen, lässt den Blick für das Wesentliche und DAS WESENTLICHE offen. Darin wird immer tiefer entdeckt, dass es nicht um „mich und meine Geschichte" geht, sondern dass das, was LEBEN IST, zwischen der Bewegung und dem Unbewegten schwingt; im direkten Schauen und immer tieferem Anhalten, DU immer wieder frisch erfassen kannst, was wirklich IST und darin geschieht vor-be-haltlos Mittanzen, ohne einen Schritt zu machen, in dem Vertrauen an DAS, was deine Natur ist. Ohne eine Geschichte daraus zu basteln. So dient die Praxis dazu, den suchenden Verstand zu verlassen und in dieser Grundlosigkeit von SEIN durch Form und Leere zu tanzen und zu sein, was du bist...

Befreiung und Verwirklichung werden nicht erfasst, indem man in der Ferne sucht, von einem zum anderen spirituellen Treffen reist oder auf zukünftige Ergebnisse hofft und an sich und der Welt arbeitet, sondern indem man dort, wo man ist, wesentlich handelt, still wird und still ist. In der Stille die Spannkraft im Inneren entdeckt, die einen durch Form und Leere trägt und in der direkten Einsicht, DAS SEIN ist, was man ohne wenn und aber ist.

So bleibe einfach mit dir absichtslos, wahrnehmend HIER im ungeschaffenen Raum, im Unmittelbaren und lass dich dort von der Unvermittelbarkeit deiner Wahren Natur aufnehmen.

Verweile dort, von Moment-zu-Moment, auf der Höhe des Herzens und entdecke immer wieder frisch die Freiheit der Verwirklichung des GANZEN, die du ohne wenn und aber bist – du bist.

In der Stille Herzens leben

Bleibe in der Stille deines Herzens, und lasse das offene Geheimnis dessen, was HERZ IST, sich aus sich selbst heraus immer tiefer öffnen. Doch verschanze dich nicht hinter der Erforschung, den Erkenntnissen und der inneren Erfahrung, denn die Freiheit lebt in ALLEM, durch alles, ohne sich fest machen zu lassen. Niemand kann wirklich verstehen, was gerade in deinem Inneren passiert. Also bleib im direkten Erleben dessen, was bei dir und in dir geschieht. Es ist einfach nur Energieverschwendung, auf dem Marktplatz, zum Mittagstisch, im Café und den Spirituellen Treffs über dein Erkennen, dein Sadhana, die Verwandlung im Inneren zu sprechen und dich über die Erforschung auszutauschen, eine interessante Unterhaltung und eine lehrreiche Geschichte über das zu machen, was in deinem Inneren geschieht. Sei still, lass das alles sich ruhig installieren und wandeln, so werden sehr schnell die mentalen und emotionalen Montagepunkte in dir gesprengt und du wirst dich mehr und mehr in deiner Ursprünglichkeit erleben und aus ihr leben. Lass das alles im Vergessen und lebe in dem stillen Geheimnis deines Herzens. Befreie dich von der Anerkennung. Das ist so wesentlich, denn dies lässt dich deine natürliche Bewegung leben und sprengt die Vorstellung, eine geborene, getrennte Person zu sein.

Sich von der Anerkennung zu befreien heißt, sich von Lob und Dank wie auch von Kritik und Verachtung zu verabschieden. Also die Münze fortzuwerfen, und nicht nur eine Seite davon nicht mehr zu betrachten.

Was dadurch immer offensichtlicher wird, ist eine stille, kraftvolle Präsenz, die in dir ihr Zentrum hat; und von diesem Zentrum ohne Mittelpunkt folgst du der Bewegung des Lebens, ohne DIES HIER zu verlassen. Es offenbart immer tiefer den Raum der Stille, indem die Gedanken, Gefühle und die äußeren Geschehnisse nicht den Raum überlagern.

Dort ist man in seiner ursprünglichen Natur, in einer sanften, friedlichen Bewegung in Würde. Es ist, als ob du in einem Fluss schwimmst und dich von der Strömung tragen lässt. Bist du schon mal in der Strömung eines Flusses geschwommen? Du musst dich der Bewegung des Ganzen anvertrauen, ein wenig nach rechts, ein wenig nach links; ein sich Anvertrauen, ein sich Hingeben und darin musst DU doch aktiv und wach bleiben.

Meditation, Selbsterforschung, gelebtes LEBEN ist nicht starr, es ist in Bewegung mit der Bewegung des Lebensprinzips selbst. Du fragst nicht mehr nach richtig oder falsch, nach ja oder nein. Du bist im Fluss, du bist in der Bewegung, du bist die Bewegung. Es ist wie ein Tanz mit dem Leben, ein Tanz im Nicht-Wissen; denn es gibt keine Regeln, du kannst es nicht planen, einen Stundenplan aufstellen, die Bewegung irgendwo festmachen; all dies sind die Ideen des analytischen Verstandes, der versucht, dich immer wieder mit scheinbaren Sicherheiten in der Gefangenschaft zu halten. Der analytische Verstand versucht sein Mangel-, Begierden- und Trennungs-Programm sogar mit der Idee von Befreiung, Erwachen, Meditation und Stille durchzusetzen. DIES HIER zu sein und mit dem Leben zu tanzen ist so simpel und einfach, denn es geschieht bereits, es ist DAS-was-ist, vertraue dem hier und fließe mit. Du bist hier und folgst der Bewegung des Lebens, die sich spontan durch dich offenbart. Dies öffnet das vertrauensvolle Empfinden, dass du niemals nicht auf dem richtigen Weg bist. Es nimmt dir alles aus der Hand und beschenkt dich mit der Fülle des Lebens.

Den Inneren RAUM öffnen

Sich dem Unmittelbaren hinzuwenden,
dem Atem, der kommt und geht, den Füßen auf dem Boden,
Wahrnehmung findet aus sich heraus statt – Bewegung, Berührung durchdringt das, was erfahren wird. Darin ist die Freiheit des Ganzen offenbar.

Du kannst den Atem wahrnehmen, Raum ist in dir und um dich herum ist Raum. Da ist nur RAUM, ungeteilt. Du bist dein eigener Beweis, dass du bist, was du bist, DEM kannst du dich anvertrauen, HIER kannst du immer tiefer einen Platz in DIR finden und das LEBEN entdecken, wie es ist, ohne etwas suchen zu müssen – da dies hier ALLES IST.

Mit der Form in lebendiger Berührung, ungekünstelt, so wie es sich jetzt zeigt, offenbart sich die natürliche Stille des Formlosen. Form und Formloses erscheinen in DIR. Du bist ...

Im Unmittelbaren wahrzunehmen, das du bereits die Wahrnehmung wahrnimmst und die zu durchdringen – offenbart zweifelsfrei und absolut frisch dass das, was erscheint, frei ist.

Halt an!

Lass dich in die innere Erfahrung des HIER-SEINS sinken. Wenn du den Mund leicht öffnest, dass der Körper mehr Raum zum Atmen hat, aus sich heraus leicht atmen kann, entspannt das System tiefer. Mit der Atmung sinkst du in den Bauch rein, spürst die Füße auf dem Boden, die Hände auf dem Schoß – du bist einfach da. Erlebst, wie der Stuhl dich trägt, wie du getragen bist. Und dieses Getragen-sein lässt dich immer tiefer HIER ankommen....
Im Inneren kannst du die Bewegung, die Vibration wahrnehmen, das, was stattfindet. In dieser Nähe mit dem, was ist, darf alles auftauchen, was DEM scheinbar entgegen steht, dass du bist, was DU BIST. Lass dich nicht irritieren von dem, was erscheint. Es kann Angst erscheinen oder Enge. Bleib einfach bei dem, was ist, ohne wegzugehen, ohne dich davon gedanklich oder emotional fangen zu lassen. Wenn Bilder auftauchen, schau sie dir an, dann lass sie einfach fallen, ohne Interpretation und komm immer wieder zurück zu der Vibration von LEBEN. Wenn Gedanken auftauchen und dich rausziehen, schau, wo der Gedanke im Körper ist, fühle und erlebe, was da drin geschieht und halte an keiner Erfahrung fest – lass alles Tor in die Lebendigkeit des Bild-losen sein. Wenn irgendwo im Körper Schmerz ist oder eine Intensität, dann sei einfach ganz damit. Nichts, was du daran verändern musst, es verändert sich permanent, schau einfach.
Hier in dieser Unmittelbarkeit von Leben kann das Gefühl ein direkter Zugang sein, wenn du nichts daraus machst, du einfach damit bist, ohne dir Dramen und Geschichten darüber zu erzählen; dich davon in die Leere saugen lässt. DU sinkst immer tiefer in die Unendlichkeit des Körpers, des Raumes...

Wenn du das, was ist, bist, verliert es seine bindende Kraft, weil du es nicht mehr raus-halten musst, dem nicht hinterher rennst oder davon wegrennst. Hierin entsteht der Raum zu leben und zu sein, was du bist.

Es kann passieren, dass du auch aus dem RAUM herausfällst,
so kann erfahren werden, das nichts mehr ist.
Auch daraus kannst du noch fallen.
Dort treffen wir uns.

Natürliche Meditation: Ganz praktisch, leben in Berührung mit DEM was ist

Das Stille Sitzen hier ist eine Einladung, einzutauchen in das, was frei ist, darin verbrennen die Vorstellungen und Bilder, wie es sein sollte; all die Bilder, die uns scheinbar binden, fallen ab in dem GENUSS zu sein, was DU BIST. Wenn der Atem, der kommt und geht, das Sitzen auf dem Stuhl hier, das Unmittelbare, interessanter ist als die Ideen darüber, dann lebst du in der lebendigen Strahlung von DEM, was frei ist, inmitten deiner Wesensnatur. DU kannst diesen einen MOMENT genießen, Leben da sein lassen mit Allem... einfach so...

„Du sagst, durch das Stilles Sitzen werden Bilder und Vorstellungen verbrannt. Doch solange wir unser Menschsein erleben, gibt es da nicht immer Bilder und Vorstellungen? Sind die nicht an unser Menschsein gebunden?“

Wenn „die Bilder“ im eigenen MenschSein verbrannt sind, sind wir nicht mehr an sie gebunden, dann können sie nicht mehr beeindrucken, weil wir uns nicht mehr an der Nase herumführen lassen – sind wir an die Bilder gebunden, entsteht Leid, Identifikation, Verwechslung, Schizophrenie, weil unsere Herzens-Sehnsucht im Inneren pulsiert und gleichzeitig erlebt wird, dass wir ihr nicht folgen. Wir glauben, dies „Bild“ zu sein, anstatt zu sein, was wir sind und zu leben aus dem, was HERZ ist.

„Wie kann das Stilles Sitzen die Identifikation mit den Bildern und Vorstellungen verbrennen?“

Indem du „das Zeug“ nicht anfasst und doch intim damit bist, wird das Feuer der Selbsterforschung in DIR entfacht.

Es ist die Intimität des Raumes, die Intimität der Berührung mit dem Unmittelbaren. Wenn du dem Denken kein Interesse schenkst, Empfindung, unmittelbares Erleben einfach da sein kann; die Bewegung des Atems genießt – es bist – die Sanftheit und den Frieden, der IST, schmeckst und wertschätzt, so lebst du in der Strahlung der eigenen Wesensnatur, in der die Täuschung verblasst.

„Ich habe in den letzten Monaten sehr viel still gesessen. Dabei hab ich mal Ruhe erlebt, die so tief ging, dass sich alles in ALLEM versenkte. Eine Einheitserfahrung da war, als ich am See saß, ich alles war und nichts davon. Manchmal geschah aber auch einfach nichts, ich saß da und war einfach still, die Gedanken wurden ruhiger, die körperlichen Empfindungen wurden intensiver, manchmal kam ich auch mit ziemlich tief vergrabenen Gefühlen in Kontakt und das schaffte *Erleichterung, ich fühlte mich ausgeglichener, ruhiger für eine Weile. Dann kam irgendwann wieder Sturm, unruhiges Gefühls-, Gedankenzeugs, der mich weggeweht hat und so weiter. Daraufhin gab es dann wieder den Impuls, still zu sitzen bis der Sturm sich gelegt hat. Natürlich kann man das immer weiter praktizieren; in Stille sitzen und den inneren Raum sozusagen putzen und fegen, aber das scheint endlos. Es erscheint mit einfach umständlich...?“*

Umständlich??? Es ist Leben in Berührung und totaler Nähe mit DEM HIER. Es scheint die Bedingtheit zu sein, die dir weh tut. Doch nur durch das Vergängliche sind wir in Erfahrung nah mit dem Unvergänglichen, dem was Unbedingt ist. Das Problem scheint der Ich-Gedanke zu sein, der etwas will vom Erwachen, der Erforschung, dem Sitzen hier. LEBEN ist in sich satt, und das kann geschmeckt werden, aber nicht vom „Ich“ konserviert werden und das ist scheinbar der Wunsch, der hinter der „Erleuchtungs-Idee“ steht, die Vorstellung, dass es irgendwann fest, sicher ist. Doch es ist absolut lebendig, wie es sich in seiner Haltlosigkeit zeigt. DAS HIER, das ist es – Satsang, oder die Einladung zur natürlichen Meditation heute Abend, ist einfach eine Einladung, dies frisch zu schmecken, sich da rein zu verlieben, es zu sein.

Das Unbedingte kann sich nur durch Bedingungen zeigen, wenn wir sie ablehnen oder krumme Deals machen, schlägt das nur auf uns zurück. Für mich war es einfach die einzige Alternative, als es keine Alternativen mehr gab, mich DEM LEBEN so, wie es sich zeigt, anzuvertrauen, still damit zu sein, zu leben, wie es sich durch mich leben möchte, mit dem, was mir am Herzen liegt und immer wieder zu schauen: Hey, LEBEN, was willst du von mir? Und mich diesem Tanz des Lebens anzuvertrauen, von Moment zu Moment.

DAS HIER ist alternativlos.

„...die Stürme hören doch nie auf solang man lebt... oder?“

Wenn du dich separierst in deinen Körper, deine Gedanken und deine Geschichte, deine Gefühle und die Welt, durch die der Sturm fegt und es dir dein Satori unter den Füßen wegzieht, das ist heftig und schmerzhaft. Wenn du der Sturm bist, die ERFAHRUNG, so wie sie sich zeigt, gibt es kein Problem. Die unmittelbare Erfahrung ist frei. LEBEN findet statt, mit allem, was darin auftaucht und die Offensichtlichkeit wird entdeckt, immer am Anfang zu sein. Die Möglichkeit, frisch zu schmecken: ahhh, ICH-BIN-DA, und zu schauen, was Hier ist, ohne es zu unserem eigenen zu machen.

„Es war einfach so prägend für mich, als ich bei dem Schamanen war, und sich immer wieder nach und während der Behandlung die Blockaden im Körper gelöst haben und alles so leicht erschien, aber nach einer Woche immer alles genau wieder beim Alten war. Es erschien mir dumm, diese Erfahrung immer und immer zu wiederholen. Mit dem Sitzen ist es ähnlich, da bin ich zwar für mich und es ist gut, aber es scheint keinen Ausgang zu geben und schlägt immer wieder zurück“

Ja, das sind die Angebote der spirituellen Heiler und Helfer, Hoffnung zu machen und Momente des Glücks teuer zu verkaufen. Teuer mein ich nicht unbedingt den Preis, sondern das du meist getäuscht wirst, du sitzt der nächsten Illusion auf.

Wenn du wirklich hinschaust, es gibt keinen Ausgang, es hat keine Ende, weil es keinen Anfang hat, in DEM kannst du leben.
Eine Herausforderung, ein Abenteuer, zu sein, was du bist...

DAS, was immer schon frei ist, hat kein Ziel, sucht keine besonderen Zustände oder Freiheit und ist in allem, was es ist. Im stillen Sitzen wird das System in Bewegung gehalten und zugleich ruht man im Bewegungslosen, darin wird dies, was frei ist, geschmeckt, du bist es zweifelsfrei und die Fixierung an die Vorstellungen und Bilder fällt, weil ihnen der gedankliche Boden entzogen wird; das ist wichtig. Die Gegebenheiten sollte man einfach bei ALL DEM nicht aus den Augen verlieren.

„Welche Gegebenheiten verliere ich aus den Augen, deiner Ansicht nach?"

Anstatt Probleme lösen zu wollen oder EINHEIT zu suchen, lebe in DEM, Sei dies EINE, aus der Grundlosigkeit, der Zustandslosigkeit dessen, was vor allem Kommen und Gehen ist. Deinen Standpunkt zu finden in der Grundlosigkeit, und von dort aus zu schauen und nur darin zu leben, das ist radikal und sprengt alle Schubladen in dem Wissen und Erleben, dass keine Schublade dir standhält. Das reine unveränderte Ich-Empfinden ist erst mal eine wunderbare Basis, um im Ungeborenen zu wurzeln und tiefer in die Süße und das Nicht-Wissen einzutauchen, ohne groß in Geschichten rumwurschteln zu müssen. Hier kannst du eintauchen, Heilung erfahren, DAS in Stille ehren, die eigene Süße schmecken. Du träumst von „etwas Unbedingtem", weil du immer wieder dem Verstand mit seinen Idealen aufsitzt, so keine relaxte Haltung da ist, die mit dem LEBEN in Bewegung ist. Keine Pflanze, die wirklich in dir wurzeln und blühen kann, wenn du sie heute hier einpflanzt, morgen dorthin setzt. Pflanzen Raum zu geben, bis sie tief wurzeln und blühen können, braucht Zeit. Die Zeit nimmst du dir nicht, so ist dein Raum voller Samen und Pflanzenreste, weil du vom EINEM zum Nächsten springst und dann doch wieder nicht willst, was du eben wolltest.

Da du heute hier, morgen da rumbastelst, anstatt dem LEBEN Raum zu geben, dass es sich durch DICH einmalig in seiner Schönheit entfalten kann. Pflanze die wichtigsten Blumen für dich und wertschätze den Raum, in dem DU BIST, das wäre eine Möglichkeit, dass der Fluss des SEINS immer stärker in Klarheit und Mitgefühl durch dich fließen kann und du in Freude und Dankbarkeit die Früchte des DASEINS mehr und mehr in allem schmeckst.

Wenn es dir eine Herzensangelegenheit ist: Das stille Sitzen ohne Ziel ist mehr als wertvoll, dass der ganze Scheiß in Stille erlöschen kann, so wirklich RAUM in dir entsteht und du ein Zentrum in DEM findest, wo es nichts zu finden gibt, wo nie etwas verloren ist, eben DAS, was du in deiner Natur bist – Darin ist Friede und die Freiheit, dass du bist, offenbar.

„Also als Ziel das finden, wo es nichts zu finden gibt, das ist verrückt."

Es gibt kein Ziel – DAS HIER ist alles, was ist. Sitzen ist alles, was ist, Atem, wie er geschieht, ist alles, was ist. Leben, wie es ist und wie es geschieht, ist alles, was ist. Das, was du bist, kann nicht zum Ziel gemacht werden, weil du es bist. Verrückt, Zielen und Objekten hinterherzurennen, HIER kann Freiheit entdeckt werden, immer wieder frisch; nicht-suchend, sich selbst erfüllendes Erleben ist HIER. Meditation oder Stilles Sitzen einfach als Möglichkeit, frisch zu entdecken, zu schmecken, WAS IST. Es ist so simpel. Gib dich doch einfach DEM hin, was größer ist als du, da ist Liebe. Das scheint dumm für den Verstand, der immer ein Ziel und Vorteile im Auge hat. DAS HIER ist die größte Freude, weil es ohne Wenn und Aber ist, was es ist.

Ver-lasse den denkenden Geist, der immer wieder versucht, Probleme zu lösen und sie damit am Leben erhält. Schmecke die zärtliche Liebe und den natürlichen Frieden, der in allem ist und sinke in die Stille des Urgrundes.

Meditiere nicht, sei einfach still.

ES geschieht, lass es geschehen

Alles, was hier ist, ist Ausdruck des Selbst. Verweile darin, sei still, beobachte den Atem, Schmecke die Schönheit, den Frieden darin, das, was unmittelbar hier ist ...

Sei der lebendige Atem, und lass alles ...

Lass ausnahmslos – alle gedanklichen Interpretationen über das, was ist, in dies fallen, was HIER IST und verschwinde immer tiefer in dem Geschmack des SEINS. Es geschieht von selbst, indem du einfach still bist, in der Unmittelbarkeit hier zu sein.

Es ist gut, die Gedanken zu sehen, in Intimität, aber dann lass sie fallen und schenke ihnen keinerlei Bedeutung. Verweile in DEM HIER, sei still mit dem, was ist, still, liebend...

...auch, dass du es scheinbar nicht hinbekommst, falle einfach tiefer in diese Hilflosigkeit.

Sei still, mit dem, was still ist – ehre dies Erleben ICH-BIN-HIER, indem du einfach nur SEIN BIST, verweilend in DEM, was unmittelbar HIER IST. In dem zweifelsfreien Erleben, dass du da bist zu verweilen und relaxt zu bezeugen, genügt, dass das, was selbst ist, sich immer tiefer und klarer entschlüsseln kann und seine Freiheit durch alles offenbart.

Du bist ES, so wie du bist.

Doch es gibt kein Ende, lass es sich immer tiefer entschlüsseln; wenn die Sehnsucht im Herzen dich ruft, Hingabe, Liebe, sich selbst-erfüllendes Erleben, ist darin alles offenbar.
Selbsterforschung ist wie das Spielen im Sandkasten, als du 3 oder 4 Jahre alt warst, es hat letztlich kein Ziel und erfüllt sich aus sich heraus. Die Schaufel ist die Frage „WER BIN ICH?“

Lausche der Nicht-Antwort und grabe immer tiefer in dem zweifelsfreien direkten Wissen-und-Erleben ICH BIN, indem du unbewegt die Stille-und-Bewegung des GANZEN bist. Es geht um Nichts, wenn du müde bist, leg dich hin und lausche dem Atem und der Lebendigkeit, wie es jetzt ist...

Der innere Tanz

Es ist eine Funktion des Intellekts auf Attraktionen, wie Enge oder Weite, Schmerz, Glück, die Ideen über Sinn oder Sinnlosigkeit und alles, was an Gefühlen und Gedanken erscheint, aufzuspringen... Intensität, mit der er etwas machen will, mehr davon möchte, es weg haben will...

Wenn die Wahrnehmung ungerichtet, frei in ihrer Bewegung sein kann und ein Interesse an dieser Stille HIER ist – wird aus sich heraus die SO-heit der Dinge erlebt und darin die Augenblicklichkeit, Einzigartigkeit und Vergänglichkeit dieser Erfahrung...

Das heißt, einfach alles, was erscheint, taucht auf, wird gesehen und du bist still, DU BIST DAS, WAS IST – ohne an der Erfahrung etwas zu verändern und in dem all dies absolut da sein kann, verliert es alle Kraft über dich, weil in der Absolutheit der Erfahrung das in den Vordergrund rückt, was du bist. DARIN vertraust du dich einfach der Vibration des RAUMES an. DIES nimmt dein Sein immer tiefer in sich auf, voller Liebe und grundloser Freude an dem, was ist.

Das hier ist alles;
DEM vertraue sei still und liebe...

Die Intimität des Raumes mit ihrer Präsenz

Es ist eine tantrische Bewegung, die im Inneren geschieht, es ist die permanente Durchdringung der Präsenz, die ihren Raum liebt, das permanente sich Hingeben des Raumes an ihre Präsenz. Diese Bewegung ist wie eine intime zärtliche Liebe, die sich immer tiefer erfahren will, ohne etwas erfahren zu wollen. Es ist einfach dieser MOMENT, der sich selbst berührt, ihn durchdringt und davon total durchdrungen wird. Diese Intimität ist die Bewegung des Raumes mit allem; weil es alles in sich trägt, erkennt es sich unerkannt in allem selbst, ohne zu sein, offenbart es die Freiheit in dem, was ist.

Die Leere trägt und nährt alles in dir. Aber ohne in Bewegung zu sein, ist es unmöglich, die Leere zu schmecken, sie zu trinken, mit ihr im Tanz zu sein. Dafür musst du an keinen besonderen Ort gehen, denn ES geschieht HIER. Du musst auch nichts Besonderes tun, du findest ES im Lassen der Dinge, im SEIN mit dem, was ist...

Das Leben ist nicht starr, „SO, DAS IST ES“, das wäre eine Beschlagnahmung des „Ich“, das meint, zu wissen. Das „Ich“ packt sich etwas und hält es fest, um es zu betrachten, zu bewerten, einzuschätzen, zu untersuchen, zu kategorisieren und in eine Schublade zu packen, um dann zu sagen „Ich habe ES erkannt, so ist es“. Das ist der Stolz des „Ich“, das urteilen, einschätzen, wissen, es sicher und fest haben will und sagt: „du bist so, ich bin so, DAS IST SO, ...“ ... doch wer weiß ?????

Wer beurteilt?

Wer braucht?

Wer handelt?

Wer will?

Wer sieht?

Wenn du die Leere in dir liebst, ist da die Bereitschaft und Offenheit für eine totale Intimität mit dem, was ist. Es ist eine Offenheit, die Bewegung des LEBENS in sich hineinzulassen.

Wenn du intim mit der Erfahrung bleibst, wirst du wahrnehmen, dass durch die Selbsterforschung der Frage „Wer bin ich?“ die Bewegung des Lebens nicht angehalten wird. Was geschieht, ist, dass der bindende Ich-Gedanke angezweifelt und gelöst wurde und alles, was daran gebunden war, in DIR, in Stille verbrennen kann. Die Frage ist keine Brandbombe, die alles auslöscht.

Es ist eine Möglichkeit der lebendigen Erforschung, in der die gedankliche Vorstellung ihre Bedeutung verliert, LEBEN ganz erfasst werden kann; indem DU dich erfassen lässt. Das unmittelbare Erleben, so wie es ist, ist ungebunden. Alles entsteht aus sich selbst. Alles ist mit sich selbst in Bewegung. In der totalen Intimität mit dem, was ist, ist die Freiheit des LEBENS offenbar.

Wenn in der Tiefe total eingesehen wurde, Wer schaut, Wer bewertet, Wer entscheidet, Wer fühlt, Wer handelt, Wer...? dann besteht eine Klarheit darüber, was es heißt, die subtilsten Bindungen zu lösen, ohne irgendetwas anzufassen und mit der Bewegung des LEBENS zu sein, wo auch immer sie dich hinführen mag. Es besteht eine Klarheit, dich durch die Relativität des Lebens zu bewegen und in allem zu sein, was du bist.

Mit der Frage: WER...? hat man das Wollen, den energetischen Eindruck, das Festhalten an vorgestellten Bildern und dem scheinbaren Ich direkt angezweifelt. Wenn du dir nicht nur eine Frage stellen willst, um einen Moment in der Abwesenheit des Denkens zu sein, dann braucht es die Bereitschaft, immer wieder frisch zu schauen und sich auf das GANZE in seiner Bewegung einzulassen.

Hierin liegt der Mut, dass man sich nicht mitreißen lässt von dem, was so normal erscheint. Das, was alle tun, das, was man immer getan hat weil man es so gewohnt ist. Es passiert leicht, zum Sklaven seiner selbst zu werden, bis dieser Mechanismus des Gewohnten den gesamten Wahrnehmungsraum ausfüllt, das analytische Denken alles beherrscht, man total in diesem kleinkarierten Film ist, der nur wenig RAUM für ein paar Gedanken und Ideologien bereit hält.

Der versklavende Ich-Gedanke reißt sich selbst die Frage „Wer bin ich?" unter den Nagel, um zum Beobachter zu werden, der urteilt, einschätzt, kritisiert, weil er es braucht, die Dinge besser zu wissen, anstatt in liebendem Nicht-Wissen mit dem LEBEN im Tanz zu sein.

Die Bereitschaft und der Mut, auszusteigen aus dem Gefängnis „Ich", hinein in die ungeteilte Intimität der totalen Nähe dessen, was ist, öffnet den Raum der Leere in dir, du wirst immer inniger darin. So wird die Bewegung des Lebens nicht stagnieren durch die Frage „Wer bin ich?", sondern es schafft Raum im inneren Raum, ohne an etwas zu halten, ohne dass etwas angehalten wird.

Wenn du frisch schaust, was in diesem Moment geschieht, bekommt deine Frage ihre Antwort in der Bewegung dessen, was ist. HIER DIES, das ist die Antwort, in diesem MOMENT. Du bist mit dem GANZEN in zärtlicher, ungeteilter Nähe. Das, was ist, ist die Antwort auf das, was du bist. Diese ungeteilte Nähe mit dem LEBEN ist ein Eindringen, ohne irgendwo einzudringen, eine Ausdehnung in DIES, was ganz unmittelbar ist, durch die Zärtlichkeit selbst, nichts, was hier getan wird. Weil du in dieser Zärtlichkeit entspannt bist, wird intuitiv erfasst, was gerade passiert und welche subtilsten Verknüpfungen im RAUM der Gegebenheiten arbeiten. SO... wird der Fluss der Begierden, der Lust, der Ignoranz, des Mangels und der Trennung langsam aufhören, in dir zu fließen.

Wenn die Leere in dir so sehr die Leere umarmt, die Zärtlichkeit mit sich in Bewegung ist, immer weiter in sich selbst eindringt, wächst dieser Raum der Liebe durch dich.

Es geschieht, HIER, wenn die Möglichkeit gesehen und ergriffen wird. Es ist die Zärtlichkeit in dir, die es liebt, in Zärtlichkeit zu sein und mit der Leere durch die Leere zu tanzen; weil HIER nichts fehlt. Das Wesentliche kümmert sich um sich, wenn du es in stiller Berührung ehrst. Es gibt kein anderes „Mittel", wenn du die Zärtlichkeit und die Leere liebst und diese ungeteilte Zärtlichkeit tief erfahren möchtest. Es gibt keine Alternative als mit DEM in der lebendigen Stille, im Tanz zu SEIN. Es ist das Wissen über das Absolute, was sich daran erfreut, immer wieder alles Wissen dem LEBEN hinzugeben, in Nicht-Wissen zu leben, es unbedingt zu sein. Es gibt das Relative nicht mehr, keine Diskussion mehr, ...Der Fluss des Mangels und der Trennung passiert in einem kleinen Teil der Erscheinung, der durch angesammeltes Wissen, seine Diskussionen, seinem sich selbst zuhören überleben und wachsen möchte. Doch der Fluss der Klarheit und Würde diskutiert nicht, weil es so offensichtlich ist, dass DAS HIER LEBEN IST, in sich vollständig. Nichts hat eine Vergangenheit, du bist deine Zukunft, genau jetzt. Alles ist durch sich selbst gegeben.Veränderung geschieht, obwohl es nichts zu verändern gibt. Die Vollkommenheit ist immer vollkommen und in sich immer vollständig. Die Natur von Erfahrung ist Veränderung. Veränderung geschieht permanent. Das ist die Natur des sich selbst offenbarenden BEWUSSTSEINS, welches mit sich im Tanz ist. Der Tanz im Inneren kann zu so etwas Starkem werden, dass der Mind, der dir in endlosen Vergleichen vom Mangel und der Lust, von Sicherheit und vom Besseren erzählt, mit offenem Mund stehen bleibt, wie wenn du in der freien Natur mitten in einem Gewitter stehst. Die ganze Atmosphäre verändert sich, ALLES ist still, sanft in sich selbst vibrierend. Diese Stille kann nicht gestört werden in ihrer unbestechlichen Macht und außergewöhnlichen Frische. Wenn ES nicht nur eine Theorie, etwas Gelesenes, eine Erfahrung von gestern oder ein sehnsüchtiger Wunsch in dir sein soll, atme in diesem vorstellungslosen Dasein das LEBEN sanft ein und aus, erlebe vorbehaltlos. Gib DICH dem erwachten Geist, DEM LEBEN, so wie es ist, ganz, ohne etwas zu wollen oder zu verlangen, gib alles. Das ist entscheidend, dich und deine Geschichte vollständig dem Leben zurückzugeben, es nicht mehr anzufassen, denn der Preis, den du für das Erwachen zahlst, bist du. Mit jedem Schritt, mit jedem Atemzug, mit jedem Schauen tauchst du tiefer ein in die lebendige Schönheit und die Liebe des SEINS. Das ist die totale Ausrichtung auf dieses liebende Herz in allem, mitten in DIR. Wenn das passiert, bist du total in dieser tantrischen Bewegung mit dem GANZEN. Es ist, als ob du die intime Nähe der Klarheit und der Zärtlichkeit bist. Du bleibst mit dieser Liebe, die die LIEBE liebt, du bleibst mit der Zärtlichkeit, die zärtlich mit der ZÄRTLICHKEIT ist, du bist die Hingabe, die sich der HINGABE gibt.

In Dankbarkeit bist du freudig mit dem Gewöhnlichen in Berührung, denn die Liebe und Nähe mit dem Gewöhnlichen ist ein wunderschöner Zugang IN DAS Unvermittelbare.

Was kann es Schöneres geben

Eine Frage, die sich mir stellt: Wer bist du ohne Wissen und Konzepte über „dich und die Welt"? Wer bin ich ohne Wissen und Konzepte über, „mich und dich", in Berührung mit MIR, DIR – mitten in dem, was ist?
Die Frage stellt sich mir nicht, weil ich etwas wissen will, sondern weil ich es liebe, das Mensch-SEIN in seiner Nacktheit immer wieder frisch zu erleben; ich liebe es, in Nicht-Wissen und sanfter Berührung die Freiheit zu schmecken. DEM GELIEBTEN nah zu sein, durch mich, durch dich, durch das, was ist.

Es ist eine Herausforderung, zu lieben.
In dem offenen Raum des Lebens in Berührung zu sein mit dem, was HIER IST, ohne etwas herauszunehmen. Dieser offene Raum zeigt sich HIER, in einer zärtlichen Umarmung, einem Kuss, dem nächsten Nein, der Traurigkeit, dem totalen Schmerz, einer herzlichen Begegnung – der Schönheit in allem, was ist.

Wenn die zärtliche Berührung mit dem Unmittelbaren, gleich, wie es sein mag, wichtiger ist als die Gedanken über das, was da ist, lebst du in einer anderen Dimension, der Dimension der Freiheit, die getragen ist von zärtlicher Schönheit und freudiger Stille, der Dimension des ungeteilten RAUMES von dem, was LEBEN IST.

Darin dürfen und werden alle Aspekte der Person, alle Aspekte des Lebens erscheinen, nicht weil du alles akzeptierst, nein, sondern weil da LEBEN IST, was sich lebt und darin tauchst du und alles Erfahrbare auf. Der RAUM-DES-LEBENS trägt alles, bedingungslos. Sich dieser Bedingungslosigkeit zu überantworten, damit still zu sein und mit zu fließen, beschenkt mit der Freiheit deiner Natur, inmitten DESSEN, was ist. Was kann ES Schöneres geben?

Die Freiheit des Nicht-Wissens

Die Zärtlichkeit der unmittelbaren Berührung ist nichts, was getan werden kann. Berührung geschieht, wenn wir die Nähe mit dem, was ist, hereinlassen können: Gleich, wo wir uns gerade bewegen, an welchem Ort wir sind, oder was wir tun. Begegnung, Berührung und tiefe Einsicht geschehen – jenseits der Konditionierungen des „Ich“, jenseits des analytischen Verstandes, der immer nur Ideen und Meinungen hegt, wie es zu sein hat.

Du musst keinem Bild entsprechen, du musst es dir oder anderen nicht recht machen um zu SEIN-was-du-bist, es ist einfach das simple HIER-sein, ohne Wissen darüber - das keinem Bild entsprechen muss – weil es kein Bild und es kein Wissen dazu gibt. Mit dem Nicht-Wissen HIER zu sein, ist das torlose Tor in das direkte Erfassen und Erleben von DEM, was du bist. Es steht immer weit offen, für jeden, der bereit ist für dies EINE...

ES zeigt sich durch alles in seiner lebendigen Bewegung, die in sich unbewegt ist... so unmittelbar und näher als nah; ist es das Ende der „Beziehung zu“ – es ist ein TOTALES SEIN ohne Zweites, welches Nicht-wissen IST und nie etwas anderes als DAS. Es nicht wissen zu müssen und einfach hier zu sein, heißt berührbar zu SEIN in deiner Natur – darin ist Sanftheit, Mitgefühl, Liebe. Es mag ängstigen, in der direkten Berührung allem zu begegnen, wie es ist, doch es kann genutzt werden, um tiefer zu wurzeln im eigenen SEIN und zu leben, was DIR am Herzen liegt, mit der Möglichkeit zu scheitern und darin noch tiefer zu fallen in DAS, was HERZ IST.

Das, was du bist, konfrontiert sich in seinem Erscheinen einzig mit Paradoxien und neben der Schönheit, die alles immer wieder in stiller Sanftheit und Liebe berührt, erleben wir genauso immer wieder Schmerz. Vergänglichkeit scheint hier der springende Punkt zu sein; alles was kommt, geht auch wieder – nichts, an dem man halten kann.

Ja, vielleicht sind es gerade die Dinge, die wir nicht in den Griff bekommen und ändern können, die uns ermöglichen, einen anderen Standpunkt einzunehmen, aus einer anderen Perspektive zu sehen und „unser Leben“ immer wieder DEM GANZEN anzuvertrauen und in dem Nicht-Wissen TOTAL zu Sein.
Es geht nicht um „dich und mich“, das Leben beschenkt sich in jedem Moment mit sich selbst. Das Leben (er-)lebt sich... Du hast gar keine Chance. Oder wie Rumi es sagte: „Sei hilflos, völlig aufgeschmissen...“ die Worte hier sind eine Einladung, die Freiheit und die Liebe in allem zu entdecken, HIER zu bleiben und mit der Stille im Tanz zu sein. Ohne irgendwo hinzugehen. „Ausweglosigkeit und Erlösung“ zu schmecken, ohne ein Konzept aus dem, was ist, zu machen und dort, wo ICH BIN, tiefer in dies lebendige Prinzip einzutauchen; und so jedes gedachte „Konzept über...“ einfach fallen zu lassen. Das Schöne, *in dem was ist* können Vollkommenheit und Vollständigkeit pur geschmeckt werden – die Freiheit und die Zärtlichkeit der STILLE nimmt „mich“ und „dich“ in sich auf und offenbart, dass DU diese Freiheit immer schon bist, die ICH BIN.

Eine intime Liebesbeziehung mit Nichts

„Wie erlebst du das, was im Advaita vermittelt wird, ich fühle mich sehr berührt, deinen Worten zu lauschen, merke aber auch immer wieder, dass ich noch nicht ganz klar bin. Mittlerweile nicht mehr weiß, was mein lebendiger Impuls ist und was eher ein konzeptuelles Vermeiden ist, um tiefer zu gehen, so hab ich das Gefühl festzustecken, zwischen persönlichen und unpersönlichen Konzepten. Früher habe ich es mit Therapie versucht, ein besseres Leben zu erlangen, und einige Muster, die ich früher lösen wollte, machen es weiterhin eng und dann hab ich manchmal das Gefühl, ich möchte das LEBEN nun erlangen und komm mir schon ein bisschen größenwahnsinnig vor und zugleich eiere ich rum zwischen DEM, diesem und jenem. Ich glaub, ich hab einiges Gelesene in den falschen Hals bekommen. Ich wünsche mir Klarheit, um das LEBEN ganz in mir aufnehmen zu können, es zu sein."

Advaita Vedanta, Nicht-Zwei, das Ende des Wissens lädt ein, alle Gedanken und Vorstellungen über Bord zu schmeißen, ungeteiltes Leben zu entdecken und im Nicht-Wissen in nichts zu verschwinden, es zu sein.

Da wird gesehen und geschmeckt, dass das DA nur LEBEN ist. Mir ist es eine Freude, mit dem ungeteilten Fluss in Bewegung zu sein, mich tragen zu lassen von Moment zu Moment; immer wieder darin mit ALLEM zu verschwinden; ohne wissen zu müssen, es einfach zu sein. Tu einfach das, was du liebst, ohne am Ziel fixiert zu sei. Tu das, wo dich das Leben hinzieht, das, was dir Freude macht und genieße das Leben so, wie es sich zeigt. Wenn sich die Möglichkeit ergibt, etwas zu ändern und das für dich stimmt, wunderbar, tu es. Wenn du versuchst, etwas zu ändern, weil es schmerzhaft ist und es lässt sich nicht ändern, akzeptiere die Dinge so, wie sie sind und sei still damit. Lass die Energetik arbeiten und sieh, dass dies, was in Veränderung ist und das Unveränderliche, beides etwas Gesehenes ist – darin kann sich eine Klarheit einstellen, und das erfasst werden, was Klarheit IST.

In dieser Klarheit und Akzeptanz offenbart sich immer tiefer, dass es nicht die Umstände sind, denn es trägt dich sanft in seinen Händen, immer schon. Du bist das, was die Hand ist, sich aber durch das Geschehen so, wie es sich zeigt, durch dich und alles erlebt.

Wenn du nicht mehr wissen musst, du dich der Grundlosigkeit von LEBEN anvertrauen kannst, verbrennen die Konzepte in dir.

Da ist einfach LEBEN, das sich gerade so erfährt, wie es sich erfährt. Erfahrung, die nirgendwo hinführt. Das ist für mich Befreiung, diese Grundlosigkeit zu sein, die sich in allem zeigt. Wenn wir einfach mit der Erfahrung sind, so wie sie ist, wird immer offensichtlicher, dass da niemand ist, nirgendwo. Das Wunder kann einfach geschmeckt werden, ES zeigt sich in allem, mit allem, was wir wollen und nicht wollen. Für mich ist es eine intime Liebesbeziehung mit Nichts.

Mensch – SEI was du bist und leb' was du liebst

DAS, was Wahrnehmung ermöglicht, kann nicht wahrgenommen werden, DA es das ist, was sieht – dazu gibt es nichts-zweites. Das, was ist, ist in sich vollständig und vollkommen;

Dies hier, so wie es ist, ist die *„Wahrheit“*, das Absolute in Bewegung, nichts, was man irgendwo festmachen kann. Wenn die Bewegung aus sich heraus zur Ruhe kommt, fällt sie in ihre Quelle zurück, die sie nie verlassen hat; denn alles findet in *DEM* statt, ohne Anfang und ohne Ende. Und du bist, was dieses Kommen und Gehen, Bewegung und totale Stille ermöglicht; dennoch nicht gegeben…

Dies hier ist ALLES.

Mitten in der Vibration LEBEN

ist die totale Freiheit-des-SEINS offenbar...

ALLES ist immer gegeben und es ist DAS-was-du-bist

MENSCH – SEI, was du bist und leb, was du liebst.

Sei einfach und tanz mit...

Dies ist keine persönliche Aufforderung, es ist ein Aufruf an das LEBEN selbst. Es geschieht, lass es einfach geschehen.

Die Worte hier am Anfang des Textes, lies sie einfach nochmal, wenn du magst oder hier ganz direkt zusammengefasst:

1. Du bist keiner der Zustände

2. ALLES, WAS IST; ist vollständig und vollkommen...

3. Leb' in der Sanftheit, der Vibration des Unmittelbaren – als DAS, was Un(ver)mittelbar deine Natur ist

...und JETZT ?!?!? Tanz mit, lass es sich leben...

4. Punkt-los, geht's einfach weiter mit Punkt 1, 2, 3,...
LEBEN ist ohne Anfang und ohne Ende. ENDE...

Es ist Freude, ES immer wieder zum ersten Mal klar und direkt zu sehen. Was heißt das: „Du bist keiner dieser Zustände"?
Schau, DU kannst jede Erfahrung wahrnehmen.
Das reine Wahrnehmen ist schon ein Zustand. Also bist du das, was sieht – auch, wenn du dich selbst nie siehst. Das ist leicht einzusehen und darin wirst du nie einsehen, was du bist.

Und in diesem Erkennen und Vertrauen, nichts von dem zu sein, kannst du nur DAS sein, was all dies ermöglichst und sich in seiner Bewegung jetzt hier SO erlebt – als dies GANZE und dich einlassen auf die Lebendigkeit, auf die Vibration des Lebens, eintauchen in das Leben selbst, es sein, so wie es ist. In dieser Vibration des Lebens wird die Freiheit dessen, was ist, erlebt.

Darin ist offensichtlich: Alles, was ist, ist vollständig und vollkommen. Du kannst mittanzen, mit dem LEBEN, weil da nur LEBEN IST und es DAS IST, was du bist. Es gibt solche Vorstellungen, dass irgendwas weg müsste oder dass etwas Hinderliches in dir ist, das DEM etwas entgegen steht. Das ist ein Irrglaube! So, wie du bist, bist du vollständig und vollkommen, DAS, was du bist. Und dich auf dich selbst einzulassen, mit ALLEM, was da ist, auch mit dem, was scheinbar nicht so schön ist... offenbart dir DAS, in seiner Vollständigkeit, durchgängig und immer wieder zum ersten Mal. Du kannst tiefe Einsichten haben, Erwachen bis zum Anschlag, doch jeder Moment ist frisch und einzigartig, da ist kein Halt und kein Ende. Leben ist ohne Anfang und ohne Ende. Wenn du das erfasst hast, ist Ende. Genieße einfach DIESES MYSTERIUM, so wie es sich jetzt in seiner Einzigartigkeit zeigt.

Du bist.
Für jede Erfahrung musst du da sein.
Ganz einfach, du bist.

Du verschwindest, die Welt verschwindet,
das Universum versinkt in seiner Quelle.
Nichts ist mehr da,
keine Erfahrung und trotzdem bist du als das vorhanden,
was jede Erfahrung ermöglicht, was deine NATUR IST.
Dann kommt das Universum, die Welt und du zurück
und du kannst nicht mehr leugnen,
dass du warst, obwohl du nicht warst.
Dann weißt du, was du bist,
auch wenn du das niemals wissen,
geschweige denn nicht wissen kannst, was du bist.

Ich tue mein Bestes

Da sich das Auge selbst nicht sehen kann und DIES meine Natur ist, ist es offensichtlich, dass ICH keine der Erfahrungen BIN.

WAS NUN?

ICH tue mein Bestes, so wie die, die Erfolg und Glück wollen, ohne am Erfolg zu hängen. In der Stille des HIER-SEINS bin ich einfach so glücklich und tauche immer wieder, immer tiefer in das, was Glück ist – in dieser Zärtlichkeit und Stille mit dem, was ist. Es ist die ganze Schöpfung, die in mir brennt, so wärme und nähre ICH mich an diesem Feuer und schmecke den Frieden und die Schönheit darin. In dieser ungeteilten Stille erscheint auch Ursprung des Leides, des Mangels und der Trennung und die Bindung daran verbrennt in der sich selbst-erfüllende Sehnsucht nach Freiheit und Liebe.

Da diese Liebe zu dieser Freiheit in mir nicht zu leugnen ist, wird alle Kraft benötigt, um die Schubladen zu sprengen und zu verbrennen. So lebe ICH weder in der Vergangenheit noch in der Zukunft und schaffe keine Gegenwart, die Vergangenheit und Zukunft benötigt – lebe einfach im Ewigen, lebendigen RAUM-dessen, was ICH BIN. DIES trägt alles in sich, tranzendiert alles augenblicklich und verbrennt darin jede Idee von... indem ICH in der Stille des ungeteilten Raumes sanft ruhe, ICH jede Erfahrung durchdringe und mich tragen lasse von DEM, was ist...

Es ist der Raum des Ungeteilten-Bewusstseins, der mit sich in Bewegung ist und zugleich erlebe ICH mich mitten in meinem Mensch-SEIN. Der Mensch ist fehlerhaft anlegt; im Versuch, das Beste zu tun, liegt die Möglichkeit, das Beste zu tun – einfach das, was mir am Herzen liegt. Darin liegt die Möglichkeit, dass gesehen wird, dass der Mensch nichts tut, weil er selbst nicht ist. Die Möglichkeit, dass gesehen wird, was sieht, von DEM, was der Mensch ist, darin die Freiheit in ALLEM vollständig erfasst werden kann als DAS, was du bist und DAS, was ich bin.

Worte...

Worte haben eine Art energetische Wirkung.
Durch Kommunikation bekommt Begegnung die Möglichkeit, sich zu vertiefen, wirkliche Berührung kann geschehen.
Alles ist Kommunikation. Worte kommen hier einfach raus und der Verstand wird dabei um den Verstand gebracht. Es ist mir eine Freude, dabei zuzusehen, wie dies passiert, denn darin wird die Freiheit und die Lebendigkeit, die einfach ist, offensichtlich.

Hier kommt der Verstand nicht mit und das, was HERZ ist, kann durch das Unmittelbare mit sich selbst in Berührung sein.
Der Verstand ist nicht der Feind, er kämpft letztlich nur mit sich selbst, um durch Konflikte und scheinbare Erfolge seiner Hilflosigkeit zu entgehen.

Begegne ihm wie dem Duft einer Rose;
HIER ist Schönheit zu entdecken.

Immer wieder entstehen Lücken zwischen den Worten,
Lücken im Geschehen, wo *NORMAL* keine Lücken sind.
Durch diese Lücken kann die natürliche Stille
deiner Wesensnatur scheinen;
und dich erfassen,
das offensichtlich ist,
dass DU mit und ohne Worte bist,
was du bist.

Ich kümmere mich nicht wirklich darum, was ich sage. Es geschieht aus einer Spontanität heraus. Mir ist es letztlich nicht mal möglich, mir selbst zuzuschauen, warum auch, ich genieße den Fluss der Dinge, bin einfach mittendrin. Hier werden ausnahmslos alle Ideale und Vorstellungen enttäuscht und ernüchtert; ganz nüchtern, alles ist vergänglich, Leben ist einfach so, wie es ist, nichts bleibt und darin findet alles seinen Platz. Vielleicht findest du deinen Platz, mitten im Menschsein, mitten in dem, was du nie verlassen hast und gehst darin dem nach, was dich interessiert, was du liebst, im Raum der Möglichkeiten, so wie es dir jetzt möglich ist. HIER begegnest du dem Wunder des LEBENS unmittelbar, findest dich wieder auf dem Stuhl, auf dem du sitzt, ohne etwas Besonderes sein zu müssen. Denn DU bist nichts Besonderes und darin einzigartig und wunderschön, ganz einfach SO... Einfach so.

Eine Liebesbeziehung, Du, der Stuhl, das Sitzen und das Erleben dessen, was ist. Vielleicht taucht Unruhe auf in dieser Intimität mit DEM, was ist, da sein zu dürfen, so wie du bist. Ganz gleich, was in dieser einmaligen Erfahrung auftaucht, genieße diesen Moment von Erfahrung, sei intim und ganz nah damit, zärtlich, wie mit deinem Geliebten. Das, was in dir auftaucht, darf da sein. Sei einfach sanft und still mit der Einzigartigkeit des Moments, ohne wissen zu müssen, in Berührung mit dem, was ist...

Sich in DIES zu verlieben, heißt, in der Freude des Nicht-Wissens zu leben, ohne irgendwo damit hin zu müssen. Darin ist der Mut liebend und nah mit dem zu sein, was ist. Es erfreut mich zutiefst, wenn die Worte einfach berühren, die Augen leuchten wie die eines Kindes. Darin ist alles enthalten. ERWACHEN erlebt sich durch das Mensch-SEIN, mit allem, was darin erscheint.

Die Antwort

...es gibt keine Antwort. PUNKT.

So kann es interessant sein, die Frage zu durchschauen; zu schauen, was für ein Beweggrund dahinter steckt, und es GANZ zu schmecken, was du darin suchst...

...welche Bilder und Gedanken, welches Gefühl und Erleben darin gebunden ist ...so dass der Zweifel seine bindende Kraft verliert.

ES allen Raum in DIR bekommt.

Die Möglichkeit liegt darin, es ganz zu sein, dass die Strahlung des Unmittelbaren die gedankliche Schublade sprengt und verbrennt. Freiheit in DEM, WAS IST, immer tiefer entdeckt werden kann. ...dass du es einfach so bist.

Es gibt keine Antwort

Die Antwort, dass es keine Antwort gibt.

Das Problem – Die Idee, das Problem könnte gelöst werden. Die Lösung – Keine Lösung mehr zu suchen; weil du bist, was du bist, und es eben das ist, was IST.

Die Freiheit, in allem dich als das zu kennen,
was du warst, bevor du wurdest und es zu sein, so wie du bist...
Sei einfach und relaxe

Wir sitzen alle im selben Boot

„Wir sitzen alle im selben Boot", dies lässt uns immer wieder nackt und menschlich mit dem, was ist, DA-sein. Erwachen beschenkt uns mit der Freiheit, das LEBEN nicht verändern zu müssen oder starr zu werden in der gedanklichen Vorstellung „SO ist es". Leben ist in Bewegung und wenn wir mit dieser Bewegung sind, ohne uns an unsere Vorstellungen zu klammern, können wir von der Süße des Lebens schmecken und das entdecken, was LEBEN in seiner Natur IST. In der Intimität mit der Tiefe der Worte „Wir sitzen alle im selben Boot" kamen mir die Worte Buddhas in den Sinn: „Jede Form von Existenz ist in sich leidvoll." Das heißt auch, der Buddha hat sich nicht erhöht auf einem Podest der Leugnung – dies Leben zu seinen Bedingungen leugnend, um sich feiern zu lassen als Erwachter, geschmückt mit dem Schein ewiger Glückseligkeit, betoniertem Frieden und der Vorstellung, unverletzlich zu sein.

Doch was gewiss ist, er lebte „Erwachen" und das ist die größte Gnade, die jedem zuteil werden kann, wenn die Suche bei dem endet, was du bist und eine Erforschung bleibt, die weder Anfang noch Ende kennt, ein lebendiges Interesse in dir für dieses EINE vorhanden ist. Dieses Interesse ist die Bereitschaft, dich immer wieder frisch vom LEBEN erfassen zu lassen.

Es ist etwas Lebendiges, keine Nacherzählung, keine Erwachenserfahrung von vorgestern, kein Konzept, mit dem der Verstand beruhigt wird; mehr ein absichtsloses Mitgefühl, welches wahllos mit der Bewegung des Lebens da ist; ein klares Sehen, was sich zärtlich in ALLEM berührt und darin seine wahre Natur kennt, die vor und in allen Erfahrungen ist, was sie ist. Dies ist einfach eine Beschreibung, wie sich Erwachen mitten im Mensch-Sein lebendig zum Ausdruck bringen und vertiefen kann. Selbsterfahrung in dem, was ist, ganz einfach unspektakulär, kein Happening – non-verbales Erleben ICH BIN...

Wird dieser nackten Erfahrung ICH BIN nichts hinzugefügt, die Erfahrung so gelassen, wie sie ist, ist da ursprüngliche Selbsterfahrung. Wenn dir dieses EINE am Herzen liegt, kann dieses Ich Bin zum Mittelpunkt der Erforschung werden, du wirst herausfinden, wer du wirklich bist und die Freiheit deiner wahren Natur in allem entdecken. Es geschieht aus sich heraus, einfach so; lass dich erfassen, das LEBEN kennt seinen Weg. Die maximalen Worte: Du bist, was du bist! Sei still und lausche dem Atem, dem Leben, wie es kommt und geht.
Ist da Suche nach der Befreiung, nach dem, was du bist, dann schau, in diesem Erleben Ich Bin, kann die Frage „Was bin ich?" auftauchen. Lausche der Antwort im Unmittelbaren der gegenwärtigen Bewegung, ohne etwas zu ergreifen.
Du hast es nicht in der Hand.

Sieh, dass alles, was du sehen kannst, ALLES, bereits etwas Gesehenes ist und in dieser klaren Einsicht, die immer tiefer gehen kann, an einem Punkt erfasst ist, dass du nie erfassen kannst, was du bist. Und darin bist du, was du bist. Bleibe dabei, unbedingt da zu sein, einfach HIER. Näher dran sein als dies, das geht gar nicht. Ohne zu leugnen, was die wahre Natur von ALLEM IST und genauso wenig das Mensch-Sein zu seinen Bedingungen zu leugnen, „zu handeln und still zu sein", das ist eine immer wiederkehrende Herausforderung. Solange die Suche nach Freiheit, Erleuchtung, DEM, WAS DU BIST, mit der Idee des BESONDEREN, der Idee eines spirituellen Zieles, verknüpft ist, wird immer wieder die Schönheit und Freiheit der REALITÄT dessen, was ist, übersehen und ein Gefängnis geschaffen mitten in dem, was frei ist. Das ist mehr als verrückt...
Es ist immer wieder eine Herausforderung, mit dem Leben still und zärtlich im Tanz zu sein – ganz konkret mit dem, was ist, den RAUM und die eigene Rolle auszufüllen, ohne die Idee dahinter, etwas erfüllen zu müssen. Mehr ein: Alles, was in den Möglichkeiten liegt, tun und mich darin vom Leben an die Hand nehmen zu lassen, in dem Vertrauen, dass alles in „Gottes Hand" IST.

In dieser Haltung ist ein Raum des Seins zu entdecken, ein Raum, der Dankbarkeit für die Einfachheit dessen hat, was ist.
Eine Dankbarkeit, einfach da sein zu dürfen, in diesem MOMENT, der sich selbst erfüllt. Dankbar für die Dankbarkeit, dankbar, weil sich in mir RAUM öffnen durfte für das ganze Geschehen und die MOMENTE, in denen Nichts ist, ES in seiner Schönheit geschmeckt werden darf, bei einer Tasse Tee, sitzen, atmen,
Erfahrung, so wie sie ist...

Nichts... und dann in Sanftheit erleben, wie die Welt langsam wieder aus ihrem Urgrund erscheint, das Absolute und das Relative darin nicht zu trennen sind. In Einheit verwoben. LEBEN darf erlebt werden, so, wie es sich zeigt. Dies hier ist eine direkte Einladung in die Freiheit deiner wahren Natur, keine Freiheit, die du dir erarbeiten musst; lass dich einfach erfasst sein – DIES ist immer schon HIER, ungeteilt. Weder geht es um mich noch um dich, auch wenn alles, was im eigenen Menschsein von HERZEN berührt, willkommen und wertvoll ist. Lass das Rad sich drehen und bleib berührbar mit dem LEBEN, bei dem, was in sich still und satt IST, gleich, was geschieht. Darin musst du nichts erledigen, es ist ein Eintauchen in die Einfachheit des Unmittelbaren, ein Wurzeln in dem, was HERZ IST – dies geschieht aus sich heraus, indem das Eingreifen, Kontrolle-behalten und die Idee von Wissen endet. Es kommt zur Ruhe, wenn du siehst, dass du dir damit nur den RAUM zum Atmen, Leben und Lieben eng machst, du entdeckst, dass die Haltlosigkeit des Nicht-Wissens alles in sich trägt. Wenn LEBEN, Form und Leere sich als grundlos und leer darstellen und dabei ihre ganze Fülle und Schönheit offenbaren können, schmeckst du, was ERWACHEN bedeutet. Darin wird erfasst, dass wir alle im selben BOOT sitzen, nichts, was wir raus-halten können, keiner, der näher dran ist, da alles in DEM stattfindet. Die Selbsterforschung hier lädt einfach dazu ein, zu SEIN, was du bist, dich in die Unermeßlichkeit des Nicht-Wissens zu verlieben und im Rhythmus deines HERZENS zu tanzen, in die Richtung, in die dich DAS HERZ ruft.

TOTALES SEIN ist deine Natur

Mit allem in DAS zu erwachen, was dich als GANZES ausmacht, ist eine lebendige Herausforderung des LEBENS an sich selbst.
Es geschieht in der Tiefe dieser Bedeutungslosigkeit, der unmittelbaren Erfahrung, die in allem ungeteilt auf DAS deutet, was du vor und in allem bist. Ich sage immer wieder, es gibt hier nichts zu gewinnen oder zu verlieren – ein Paradox, wo doch soviel passiert in dieser Einfachheit von Stille, Begegnung und SEIN.

Schau dir das an, was in alledem unverändert bleibt und dort schaue, wer schaut...
Und dann geh einfach weiter, halte nicht daran fest. Es gibt nichts zu gewinnen oder zu verlieren, ganz einfach weil DAS HIER, so wie es ist, deine Natur ist. Gleich, an was du glaubst, Erwachen, Erleuchtung, Befreiung, Stille, Einfachheit. Es ist immer wieder die Idee „des Gewinns" oder der „Befreiung von..." im Spiel. Immer wieder wird eine Illusion gegen die Nächste getauscht. Es ist immer wieder das gedachte „Ich", was sich etwas in die Tasche stecken möchte und doch nur mit Gedanken dealt – doch das letzte Hemd hat keine Taschen u*nd selbst das fällt* .

In der Nacktheit deiner Natur liegt die totale Freiheit dessen, was du bist. Und darin ist Erwachen als die lebendige Freiheit deiner Natur offenbar und immer schon enthalten, aber nicht für jemand – kein persönlicher, kein unpersönlicher Gewinn – es befreit sich von dir, ohne etwas wegzumachen und findet seine Entfaltung in dem, was ist. Diese Entfaltung ist einmalig und einzigartig – ES entspricht keinem Bild, weil es selbst kein Bild ist – es verliebt sich in sich, erkennt sich HIER mitten drin und kennt keinen Halt darin, sich durch alles zu berühren, zu lieben, zu Tanzen und den Genuss der Stille des Raumes auszukosten und dies zu sein...
Ganz simpel! Es liegt kein Gewinn darin, weil es nicht festzumachen oder zu erlangen ist, nichts, was man haben könnte. Darum sagt der Tathagata: *„Durch die vollkommene Erleuchtung habe ich wahrlich nichts dazugewonnen."*

ES erwacht zu sich, durch dich und nimmt DICH ganz in sich auf, sagt ohne Grund: Ich liebe dich… Totales SEIN ist deine Natur, nichts, was man erlangen oder rausnehmen könnte. Dies Ich liebe dich erscheint haltlos, durch diese Zeilen HIER, das Sitzen auf dem Stuhl, das Lesen und Schauen, durch diesem MOMENT, das, was einfach geschieht, mitten in DEM, was totales SEIN ist…

Ein Leben zu seinen Bedingungen

„Ich habe den Eindruck, ich verliere mein Zentrum, meine Mitte so oft, ... naja. Klar, der Verstand hat ja an mir rumzumeckern, dass ich nicht gut genug bin...“

Mensch, das ist doch natürlich, dass man aus seiner Mitte raus fällt.

Das ist eine Bewegung, rein, raus, wieder rein, in der Tiefe ruhen und dann geht's wieder weiter; und all das hat keine Mitte. Nach jedem Sommer kommt der Winter und dann zieht langsam der Frühling auf. Für mich heißt es, mit dem Leben Frieden schließen. Zu sehen, dass ich das Novemberwetter niemals mögen werde, da mir hier das nasskalte Wetter an die Knochen geht und ich in dieser Zeit, entsprechend meiner natürlichen Konditionierung, wie eine Katze auf der Ofenbank mein Plätzchen habe.
So lebt sich das Leben hier zu seinen Bedingungen und DU hast andere Bedingungen – damit immer wieder still zu sein, in einer tiefen Akzeptanz, die mit dem ist, was IST, das lässt uns Mensch sein, so wie es sich JETZT lebt. Der Verstand kann da auch nicht mehr groß meckern, weil all das in dem Sehen und Erleben erscheint, dass sich immer alles an seinem Platz befindet.

Die Schönheit der Vergänglichkeit

„Kannst Du von dir behaupten, du wärst immer im JETZT? Ich bin es nicht, manchmal erlebe ich einen Anflug des Seins im JETZT, das ist aber die Ausnahme. Oft lebe ich verwickelt in Geschichten, Dramen und bin dankbar, wenn es mir gelingt, mich dabei zu beobachten."

Weißt du, du bist ausweglos JETZT. Das ist nur das Suchen des scheinbar getrennten „Ich's“,das sich Geschichten erzählt, es erzählt sich sogar die Geschichte vom JETZT. Im Jetzt kann der unruhige Verstand nicht existieren, deshalb braucht er diese Geschichten vom JETZT, von BEFREIUNG und all den Stories. Die hat er gerne, um sich am Leben zu halten.

Ich schätze die lebendige Stille und die Tiefe des MOMENTS, doch erscheint die Stille aus sich heraus, wir müssen nichts tun, einfach empfangen und uns berühren lassen von der Stille, die bereits da ist ohne etwas anderes darin zu suchen. Das Beobachten, nah und still mit den Dingen sein, ist wie eine Brücke, auf der wir die Waffen aus den Händen legen und aufhören mit dem Kämpfen, einfach in Frieden sind mit dem, was ist. Doch wenn sich alles als vergänglich herausstellt, selbst das größte JETZT, kommt es zu einer totalen Resignation, zu einem Abwenden von Name, Form und Erscheinung. Aber auch dieses Abwenden vergeht und dann lebst du als das, was du bist, frei von jedem JETZT, mittendrin, mit DEM, was ist...

Eine kleine Geschichte von der Freiheit: Der Schüler sagt: „Ich habe solche Schwierigkeiten mit meiner Meditation, so viele Gedanken, mein Rücken tut mir weh, die Füße schlafen mir oft ein. Die Freiheit des Seins scheint fern zu sein. Es ist grauenvoll und tut weh!“

Darauf entgegnet der Meister: „Das geht vorbei.“

Nach längerer Zeit kommt der Schüler begeistert zum Gespräch: „Meine Meditation ist getragen von Leichtigkeit, getragen von Stille und endlosem Segen. Ich fühle mich so lebendig, freudig und voller Frieden!“

Darauf der Meister: „Das geht vorbei.“ *Lächeln*

Für mich ist es interessant, was sich gerade zeigt. Einander zu begegnen, ohne Rolle, ohne Gewand und Heiligen-Schein, ohne all diese Vorstellungen und kleinen Verstecke, dort ist der natürliche Frieden für jeden zu schmecken. HIER im Unmittelbaren kann sich das Unvermittelbare offen darlegen – und darin geschieht LEBEN. Doch zu sehen, dass die Form niemals frei sein wird, lässt dich frei sein inmitten dessen, was ist, weil diese radikale Ausweglosigkeit des LEBENS dich auf das wirft, was du in deiner wahren Natur bist, das, was Freiheit ist. Oder wie in der Zengeschichte, als der Schüler es scheinbar geschafft hatte, sagte der Meister, auch das geht vorbei. Wenn aufgenommen wird, dass selbst die Befreiung nicht hält, was sie verspricht, kann die Freiheit dessen, was du bist, immer tiefer entdeckt werden. Doch der Preis für die Freiheit ist die Freiheit selbst...

Nachtrag: „Doch der Preis für die Freiheit ist die Freiheit selbst...“ Oder eben der, der sie haben könnte. Denn DAS ist kein Objekt, und es ist DAS was du bist.

Dieser einzigartige Moment

Du wirst heute Nacht sterben!

ALLES vergeht in diesem Moment!

Du kannst die Chance nutzen, DIES zu atmen, dich atmen zu lassen; dich, das LEBEN und all das, was schwer und falsch erschien, von ganzem Herzen einfach sein zu lassen. Einfach zu lieben, was ist und dich zu verabschieden in Dankbarkeit vom LEBEN selbst.

Ein Verabschieden von diesem ewigen MOMENT,
der nie wieder so sein wird, wie er gerade ist.

Was für eine Freude.

DANKE, dass das ist...

Die Grundlosigkeit des Seins

Die Grundlosigkeit des Seins hat keinerlei Botschaft;
alles darf sein, wie es ist. Grundlos taucht Annahme und Ablehnung auf, Angenehmes wie Unangenehmes, Sommer und Winter, Freude und Leid, Bewusstheit und Unbewusstheit, Berührbarkeit und Dichtsein, Beurteilung und urteilsloser Gleichmut, ebenso taucht das enge, persönliche Ich und eine unpersönliche Weite auf, es erscheint Identifikation und Nicht-Identifiziert-Sein. Zielgerichtetes Tun geschieht genauso wie absichtsloses Geschehen-lassen.
Diese Aufzählung könnte endlos fortgesetzt werden.

Wenn du dir das Leben anschaust – immer wieder ein grundloses, spontanes Erscheinen und Erlöschen von Erfahrungen.
Schau es dir an, erforsche es für dich!

Warum zeigt sich das alles letztlich so unkontrollierbar?

Weil es einfach nur ein erfundenes, empfundenes, gedachtes und erlerntes „Ich“ gibt, jedoch kein wirkliches Ich, das darauf tatsächlichen Einfluss nehmen könnte. ALLES geschieht einfach so. Die Grundlosigkeit des SEINS braucht und kennt keinen Vorteil und auch keinen Nachteil; darin erscheinen endlose Ge-Schichten von Vorteilen und Nachteilen und in alldem ist die Grundlosigkeit des Seins, inmitten dessen, frei von Vorteil und Nachteil,
DAS, was du bist.

Es ist die Freiheit des LEBENS, in allem frei zu sein

Das „Ich" ist einfach eine Idee, die auf Gedanken beruht und durch die Kettenreaktion des Denkens, Ich und... Ich und... Ich und..., mag es so aussehen, als wäre da ein Individuum, eine Person mit einer autonomen Basis, welche die Möglichkeit hat, zu tun und zu lassen. Doch das „Ich" ist einfach nur ein vorgestelltes Bild, das sich einbildet, es wäre nicht frei oder auf einem guten Weg, zu was auch immer. Doch ohne Weg – also ohne der Idee der Vergangenheit und Zukunft Substanz beizumessen – kann sich kein „Ich" glaubhaft halten; und genau hier kann sich Freiheit erfassen in der Grundlosigkeit von Leben.
Doch ist es absurd, wenn das „Ich" sagt, ich habe verstanden, jetzt ist da kein Weg und kein „Ich" mehr; denn es wird noumenal erfasst, erlebt, gelebt. Die Quelle erkennt sich selbst in der Abwesenheit ihrer scheinbaren Phänomene, das bekommt niemand mit. Hat es sich erkannt, erkennt es sich in allem und erkennt dabei nichts. Einsehen und Verstehen sind wertvoll, dass der unruhige, suchende Verstand zur Ruhe kommen kann, der natürliche Frieden als etwas Tragendes entdeckt wird, die Freiheit von dem, was IST, offensichtlich wird. LEBEN lebt sich von Moment zu Moment und macht sich an nichts fest. Leben zeigt sich grundlos, ohne Stützen. Leben geschieht, Atmen, Staunen, Genießen, Traurigkeit, Freude, Schmerz, Aufatmen, sein mit dem, was ist.

ES erlebt sich durch alles.
Ist der Wunsch da, zu erkennen, schmecke die Ganzheit des LEBENS, vertraue darauf, dass alles das reine Wirken des GANZEN, „Gottes Wille" ist. Fließe mit; sei still, lass dich von DEM erfassen, was still ist und sieh, dass ALLES erfasst ist.

ALLES lebt sich durch alles

Nicht das Denken oder die Handlung ist die Bindung, sondern der Glaube an die Idee, dass „du“ der Handelnde bist, die Idee, das du der Körper bist, dass „du“ denkst – übersehen wird, dass DAS HIER genau SO-wie-es-ist, frei ist.
Tatsache ist, in dem Moment, in dem es ein Denken gibt, das von einer objektiven Erscheinung auszugehen scheint, sieht es so aus, als wäre da ein „Ich”, welches denkt, handelt und glaubt, es wäre gefangen und es fühlt sich absolut real an. In dem Moment, in dem ein solcher Denkvorgang endet, ist da kein „Ich” mehr, um zu denken, es wäre gefangen; LEBEN wird einfach erlebt, ganz aus sich heraus. In einem ruhenden Geist gibt es keine Ich-Vorstellung. Letztlich gibt es gar kein autonomes „Ich“, das denken kann, Denken geschieht, LEBEN geschieht.
Schauen wir dieses „Ich“ an. An einer Ich-Vorstellung ist nichts Beständiges. Sie tritt temporär auf, aber unabhängig davon, wie regelmäßig ihr Auftreten erfolgt, sind die Unterbrechungen, in denen die Ich-Vorstellung abwesend ist, ebenso regelmäßig und die Phasen ihrer Abwesenheit sind genauso unvermeidlich wie die Phasen ihrer Anwesenheit.
Der kernspaltende Punkt: Zu sehen, dass da kein autonomes „Ich“ ist, das denkt und handelt. Dieses „Ich“, was da kommt und geht, ist einfach ein Schatten, der über die Bühne tanzt. Handlungen geschehen, aber es gibt keinen Handelnden. Denken kann geschehen, aber es gibt keinen Denker, denn selbst der Denker ist schon etwas Gedachtes. In der Involvierung ist nichts involviert – das Erleben von Gefangenschaft ist die Erfahrung dessen, was IST, es ist die Freiheit des LEBENS, welches sich die Freiheit nimmt, sich gefangen zu erleben und es ist frei in sich. Es ist Freiheit – erforsche es für dich. Es ist nur das interpretierende Denken über die Erfahrung und der tiefe Glaube an die Idee, dass dies hier gerade „dir“ passiert. Ausgerechnet Dir...

Das LEBEN lebt sich durch alles, immer. Ganz natürlich, von Zeit zu Zeit wird „Ich“ erlebt: „Meine Entscheidungen“, „Mein Handeln“ und dennoch ist es das LEBEN, was entscheidet und handelt, immer und überall, ganz gleich, wie es sich erfährt. Dass da kein „Ich“ ist, was etwas tun oder lassen kann, das scheint ein entscheidender Punkt zu sein, an dem sich das LEBEN in seiner Totalität selbst erfassen kann. Hier geschieht Eintauchen in die Freiheit von dem, was LEBEN IST. Es verfolgt keinen Sinn, kein Ziel, weil DIES HIER das Ziel ist, weil es sich selbst erfasst; dies umfassend zu entdecken, ist eine Einladung, DICH er-fassen zu lassen, von dem, was Freiheit ist.

Ein „Ich“, das glaubt, sein Leben zu leben, lebt in der Sinn-Haft. Immer auf der Suche nach Sinn und Erfüllung. Wird in der Tiefe erkannt, dass da kein „Ich“ ist, nirgendwo, öffnet sich die Sinn-Freiheit von LEBEN als ein grundloses Erwachen in diesem Moment. Alles ist HIER, LEBEN geschieht spontan, mit all dem, was gerade ist...

Ganz praktisch wird erfasst, dass dies hier, so wie es ist, der authentische, spontane Ausdruck ist, weil LEBEN sich selbst entfaltet. Die Kontrolle, die es in Wirklichkeit nie gegeben hat, kann fallen, alles kann so sein, wie es jetzt ist – weil es so ist. Die Gedanken dürfen Gedanken sein, so wie sie sind. Praktische Gedanken werden umgesetzt, unnützen Gedanken müssen nicht geglaubt werden, sie können gehen, so, wie sie gekommen sind.

Können diese nicht einfach so gehen, erscheinen immer wieder, drehen sie sich endlos im Gedankenkarussell, so sind sie an den Informations-Körper gebunden. Die beste Möglichkeit, sich von konzeptuellen Gebäuden zu befreien: Die Gedanken und alles, was daran hängt, in der Intimität des Unmittelbaren erlöschen zu lassen – indem du relaxt HIER bist – und verwurzelt in dieser Grundlosigkeit stehst.

Aus Gefühlen muss weder etwas Besonderes, noch ein Drama gemacht werden, alles, ALLES wird erlebt, so wie es ist. Darin liegt die Freiheit, in der Vibration des Unmittelbaren Freiheit zu erleben und nicht weiter auf etwas Besonderes und „deine Befreiung“ zu warten, dies HIER ist frei. Hier fallen die nächsten Bindungen, wenn Gefühle, so wie sie sind, gefühlt werden, ohne ihnen die Bedeutung „gutes Gefühl“, „schlechtes Gefühl“ beizumessen. Dies öffnet den Raum, tiefer in das Ungeteilte-Bewusstsein, was Leben ist.

Der Körper darf so sein wie er ist. Fällt der Fokus der Wahrnehmung da hinein, verbrennen die Denkvorgänge des scheinbaren „Ich“ darin. Es geschieht immer zum ersten Mal: Das Denken zu ver-lassen, zu fühlen ohne Interpretation, Körper PUR zu erleben und RAUM – aus sich heraus – darin zu entdecken. Dies unpersönliche SEIN zu schmecken, darin zu baden, sich von der Freiheit, die darin ist, ganz nehmen zu lassen und in seiner eigenen Quelle zu verschwinden, geschieht immer zu ersten Mal.

Ist da ein Interesse und eine Freude an dieser Freiheit, geschieht es aus sich heraus, tiefer einzutauchen in das, was Freiheit ist. Es ist eine Bewegung, die stattfindet. Alles ist immer in Bewegung; vertraue DEM und tanz mit...

Der Körper und die Welt dürfen sich um sich selbst kümmern, das, was im Unmittelbaren geschieht und von wesentlichem Interesse ist, fällt in den Fokus der Wahrnehmung, alles andere, was darin auftaucht, kann gehen, wie es gekommen ist, einfach so, oder verbrennen im Unmittelbaren von DEM, was wirklich hier ist.

ALLES lebt sich durch ALLES, ist dies erfasst und durchdrungen, kann ES in sich selbst verschwinden und sich in der Abwesenheit seiner Phänomene offenbaren, SO zeigt es sich in der Schönheit seiner Nicht-Existenz.

Das Schöne – wie alles, was kommt, geht es auch wieder; HIER kann die absolute Vergänglichkeit von ALLEM geschmeckt werden. Frieden, in diesem einen MOMENT, das zu sein, was vor dem Ewigen und Vergänglichen deine Wahre Natur ist.

Alles was ist, ist BEWUSSTSEIN

Wenn GOTT zu erreichen wäre, dann wäre GOTT ein Objekt. Wenn überhaupt Finden geschieht, dann findet GOTT uns, aber nicht wir GOTT.

Nichts geschieht außerhalb der Einheit, nichts geschieht außerhalb von Gottes Willen oder dem reinem noumenalen Wirken. Auch das Gefühl: „Mir fehlt etwas, ich bin noch nicht vollkommen", auch die Identifikation mit der Person oder dem Glauben „aber der ist doch voll in seinem Ego", auch das ist die Einheit, die sich in all den Rollen verliert, ohne sich zu verlieren.

Wenn DAS erfasst wird, kann das zur totalen Kapitulation führen, ein anderes Wort: HINGABE. Du hältst einfach an, bist still mit dem, was ist, genießt die SO-heit der Dinge und die Ego-losigkeit von allem was ist, lebst dein Leben und lässt dich finden, endlos... Endlose Berührung mit GOTT ohne Zweitem.

„Wenn da nur Einheit ist, die alles lebt, dann kann ich ja Garnichts tun?"

Ja, wie immer schon; nie war und ist da ein Handelnder. Es ist immer DAS EINE, was sich durch alles spielt. Nie ist es dein Handeln, doch wenn die Möglichkeit des Handelns da ist und es aussieht, als könntest du was tun, wunderbar, handele, so wie es für dich stimmt und deinem Herzen entspricht. Wenn alles aus sich heraus fließt und kein Handelnder in der Erfahrung und der Bewegung des Ganzen erscheint, fein. Alles, was erfahren wird, ist die ungeteilte Bewegung des GANZEN. Dem zu vertrauen, in der Gewissheit, dass nur Bewusstsein ist und dem Leben freien Lauf zu lassen, wird die Bezugspunkte verwandeln, in dem was frei ist und dies offensichtlich machen – dass es nie offensichtlicher sein kann, als jetzt hier.

Leben findet einfach statt, spontan aus sich heraus. Unmittelbarkeit, die mit sich im Tanz ist und darin immer wieder das Unvermittelbare offensichtlich macht, einfach so. Sei einfach, was du bist, so, wie es sich jetzt zeigt, in Stille und Bewegung und tanz mit, das ist alles. Darin wird die Freiheit des Unmittelbaren, EINEN, offensichtlich. DAS, was ist, ist immer ALLES, WAS IST. Näher als DAS HIER geht nicht.

„Ich möchte gerne was mitteilen, ich bin von einer Erkenntnis überrascht, die mich umgehauen hat. Es war ein klares Gefühl, dass ich meine individuelle, persönliche Existenz überhaupt nicht aufgeben möchte... in meinem tiefsten Inneren macht es mir unheimlich viel Spaß, eine Person zu sein, individuell zu existieren, ein „ich" zu bleiben. Der erste Impuls zu dieser Einsicht war die Aussage eines Moslems „Mein Körper gehört dem Gott", und dann das Thema hier schon wieder. So hat´s bei mir plötzlich Klick gemacht und ich dachte: Hey, das ist jetzt einfach zu viel. Ich will nicht, dass mein Körper nicht mir gehört, sei es auch Gott!"

Naja, da ist kein GOTT und kein Ich. LEBEN nimmt einfach Formen an, verliert sich in der Person und wenn es genug ist, lässt es all die Bilder fallen – ist das, was GOTT IST – und genießt es wieder, ohne Bild zu sein. Es ist das GANZE, was sich spielt, sich scheinbar trennt, indem es sich mit einem „ich" identifiziert und so tut, als gäbe es eine eigenständige, autonome Story, doch es ist einfach die Bewegung des ganzen Lebens und dann, wenn es an der Zeit ist, kehrt es wieder zurück...
Du sagst „es macht mir unheimlich viel Spaß, eine Person zu sein", ja mein Gott, du wirst hier nicht bekehrt, wenn es dir Freude macht, bitte! *lachen*.

Der wesentliche Punkt ist bloß jener, das es nicht das Individuum ist, das irgendetwas will und Bewusstsein über etwas hat. Es ist BEWUSSTSEIN, das sich durch all dies erlebt und in menschlicher Form hier sitzt, PUNKT.

„Verrückterweise auch eine Freude über das ich, über die Trennung, das ist fast schon pervers? Hoppla !!! Was nun?“

Was nun, ein Gedanke jagt den Nächsten.

Und jedes KLICK, immer wieder MOMENT-Aufnahmen von was??? Eine Feststellung von diesem Jetzt Hier, und dann kommt das Nächste und das Nächste; lass diesen persönlichen Film, in der Beobachtung und Erforschung, einfach als etwas Unpersönliches durchlaufen. Der Körper-Verstand ist voll von verschiedensten Informationen, die sich teilweise auch widersprechen, vieles nur Gedanken-Müll und manches ist wertvoll und von praktischer Natur.

DIES HIER ist Freiheit, es immer wieder frisch zu schmecken, wie es ist, ohne eine Technik oder einen Trip daraus zu machen, offenbart immer tiefer die Freiheit, HIER ZU SEIN. Einfach ausatmen, einatmen, ausatmen, zurücklehnen, KOPF AB...

Du kannst ja nur mit dem „arbeiten“ was da ist: „Gott, du willst nicht, dass ich mich dir ganz anvertraue – es ist dein Wille – dies vertraue ich dir vollständig an"
...und dann sei einfach still, lass alle Bilder von „Ich und Gott“ und die Idee von Trennung weiterziehen. Indem es HIER SEIN darf, hier kann es sich abreiben, indem es berührbar gesehen wird...

...verweile im Herzen – entdecke den Frieden, die Zärtlichkeit und Liebe in dir, die einfach immer da ist – lausche dem Puls-des-Lebens, geniess einfach, dass du bist und kümmere dich nicht um den Gedankenmüll, fass es nicht an. Im Unmittelbaren gibt es keine Involvierung in die Gedanken.

...hier kann alles in seinen Ursprung zurückfallen. ALLES befreit sich von selbst, IN DEM, weil DIES HIER frei ist...

Es gibt kein Morgen

Es gibt kein Morgen, es gibt nur DAS HIER.

Ein ständiger Fluss von Leben. Eine Momentaufnahme nach der anderen, wie ein Daumenkino. Vergangenheit findet HIER statt, als lebendige Erinnerung, an das, was du bist. Wenn dem Verstand nachgehangen wird, verschieben wir das Leben auf Morgen, oder halten am Gestern. Aber wenn du einmal zum Ende der WELT gelangt bist und über den Abgrund gefallen – erkennst du, dass Morgen und Gestern nur Skelette sind, die sich durch den Vorgarten bewegen und dich auch zu etwas Totem machen wollen, eine ausgetrocknete Idee, die mit Ideen behängt wird. Da bewegt sich noch ein drittes Skelett durch den Vorgarten, dieses will dir eine Idee aufschwatzen, über das JETZT.

Wer stellt die Fragen?
Wer glaubt, Antworten zu haben?

„Ich habe in deinem Buch, Einfach nur DAS, den Text "Die ultimative Medizin" gelesen. Meine Meinung ist, dass wir einen kleinen Bruchteil wissen von dem, was wirklich ist. Durch das, was wir lesen, hören und in unserem logischem Verstand denken, entstehen Fragen, Fragen entwickeln neue Fragen und es hört nie auf. Hinter den Gedanken verbirgt sich das, was wir wirklich sind und da hat man die Antworten, nur auf die Art und Weise, aber nicht durch die Logik."

Die Fragen hören auf wenn der gesucht wird, der die Fragen stellt. Wurde zweifelsfrei erfasst, dass es nur eine Vorstellung des Verstandes war, der sich mit Fragen und Zweifeln am Leben halten wollte, ist DAS LEBEN dann in seiner Offensichtlichkeit da, so, wie es ist, immer wieder frisch. Dann ist es gleich, ob wir einen Bruchteil oder was auch immer sehen, verstehen oder nicht verstehen, weil es eben in diesem Moment das ist, was ist.

„Ja, das was Hier und Jetzt ist, ist auch gut so, aber wir leben durchschnittlich mehr oder weniger 50 Stunden im Leben im Hier und Jetzt - da wir so verstreut sind mit unserem Geist, kommen wir noch nicht zu uns selbst."

Das ist ein Missverständnis, davon hab ich nicht gesprochen und in dem Text, den du last, stand genau so wenig, dass es gut ist, wenn wir im Hier und Jetzt leben; sondern vom dem unumstößlichen Erkennen, dass es keine autonome Wesenheit gibt, die bewusst hier und jetzt sein kann oder eben unbewusst umherschweift. Mit anderen Worten: Das GANZE ist ein Geschehen, welches in sich absolut frei ist und in dem Ewigen JETZT stattfindet. Darin taucht das Erleben bewusster Gegenwärtigkeit Hier und Jetzt auf, wie auch unbewusstes Umherschweifen gefunden wird; es ist das Finden dessen, was ist und die Abwesenheit desjenigen, der finden könnte. Da ist nur endloses Nicht-Finden, was Freiheit in seiner Natur ist.

„Solche, die an die Existenz glauben, gleichen Hornochsen, aber an die Nichtexistenz zu glauben, ist noch dümmer." (Saraha)

Nondualität – die Freiheit dessen, was ist

Alles geschieht aus sich heraus, einfach so. Es wäre eine seichte Ausrede zu sagen: „Frau Müller" hat keinen freien Willen, somit kann man sie für ihre Handlungen und Aussagen auch nicht verurteilen. Die Gesamtheit hat die Folgen aller „Handlungen" und Geschehnisse zu tragen; ein grundloses Erscheinen, ohne Halt. Grundlosigkeit, aus der alles erscheint und in der alles vergeht, ...und wenn du Scheiße baust, hast du die die Konsequenzen zu tragen.

Totales Erleben, das grundlos ALLES trägt.
Freiheit, in Verantwortung zu leben, denn DU BIST die Antwort auf das, was ist, vor allen Bildern – frei, SO wie es ist.
Wenn Verantwortung nicht zu etwas Persönlichem, in einen gedanklichen Bezug gestellt, wird – wo nur ein Gedanke einen anderen Gedanken mit sich schleppt und so ein riesiges energetisches Bündel an sich bindet, selbst mit der Vorstellung von Befreiung oder was auch immer – ist Leben immer die totale Momentaufnahme im ungeteilten Bewusstsein ohne Zweites. Es ist das direkte unmittelbare Erleben, das aus sich heraus agiert, ohne Wenn und Aber. Leben geschieht, zeigt sich einfach – so, wie das Fallen der Regentropfen ohne Regenmacher. Taucht darin ein Regenmacher auf, ist das ein weiter Tropfen im GANZEN. Es taucht alles auf „jenseits von Gut und Böse", als reine Erfahrung, wenn jeder Gedanke „darüber" als Schwachsinn erkannt wurde...
und nicht angefasst wird. In dieser Grundlosigkeit verblassen all die gedanklichen Bilder im nächsten MOMENT. Leben, Handlung, Sprechen, Denken geschieht einfach so, spontan und verhallt im nächsten Augenblick...
Jede Erfahrung ist einfach eine Erfahrung, DIES HIER ist alles, was ist. Gleich, was getan oder nicht getan, gesprochen, geschrieben, geschwiegen wird, die EXISTENZ verurteilt permanent durch ihr Spiel der Vielfalt, im ungeteilten Bewusstsein, ohne zu verurteilen.

Denn das EINE erlebt sich erst durch die UR-Teilung im Nicht-Zweiten, deshalb Advaita Nicht-Zwei. Einfach ein Spiel ohne Ziel, jenseits von Gut und Böse, in dem, was in sich GUT IST.
Immer wieder eine Momentaufnahme von was...???

...DAS HIER ist die Antwort auf sich selbst.

Schuld, Angst und Scham und all das Zeug was „keiner" will, ist der Ausdruck des GANZEN, das ohne Vorbehalt erlebt wird von dem, was LEBEN IST. Ohne gedankliche Brücken und Krücken wird das, was ist, so erlebt, wie es ist... inklusive dir... permanente Verwandlung in der Gewissheit deiner grundlosen Existenz, in allem Freiheit par excellence. Schuld ohne Schuldigen – ein geniales Spiel ohne Ausweg, die EXISTENZ ist Gnaden-los. Das „Ich" sucht immer wieder nach Auswegen, Verbesserung in DEM, was nicht besser sein kann. Wird dies gelassen, verschwindet „Ich, mein Leben und die Welt". Nichts bleibt... weil nichts IST... Und NICHTS zeigt sich als ALLES, vorbehaltlos mit allem. Wenn der Ich-Gedanke im Erscheinen des GANZEN etwas zu „seinem Hab und Gut" erhebt, in „seinem Leben" Beziehung herstellt und glaubt, es wären „seine Worte und Taten" und „seine Entwicklung" oder „sein schlechtes Karma" und „sein Schicksal"... lebt er als gedachter Handelnder oder Nicht-Handelnder.
Es ist einfach die Verrücktheit des ungeteilten Bewusstseins, das sich nicht verrückt macht, wie es sich spielt, Kopf ab...

Gedanken-los, ohne Begriffsbild, haltlos, ALLES SEIN, dem ganzen Geschehen vertrauend, ohne an etwas zu halten, ohne etwas rausholen zu wollen, ohne etwas zurückhalten zu müssen,
DAS macht es nicht besser – und das ist das Schöne...
weil DAS HIER nicht besser gemacht werden muss, weil es Vollkommenheit ist, in all seiner Un-Vollkommenheit.

Wenn kein Vorteil oder Nachteil entdeckt wird, gleich, welche Position, welcher Standpunkt eingenommen wird, ist es offensichtlich, dass du das bist, was frei ist...

Im Rachen des Tigers

Wenn die unmittelbare Erfahrung in den Mittelpunkt rückt – Füße auf dem Boden, Sitzen auf dem Stuhl, die Hände im Schoss, der Atem wird erlebt, so, wie er kommt und geht – kannst du einfach hier ankommen.

Und wenn kein Gedanke zwischen deinen Hintern und den Stuhl, auf dem du sitzt, passt – kein Gedanke zwischen die Füße, die auf dem Boden stehen und dem Teppich, der da ist – wird unmittelbar erlebt, was Non-Dualität in ihrem Ausdruck ist, wie es sich zeigt.

Wenn verstanden und erfasst wurde, dass du nichts von dem bist, was erscheint und dass das, was erscheint oder was wahrnehmbar ist, der Ausdruck des Ganzen ist, all das überhaupt nichts mit „dir als Person" zu tun hat, brauchst du dir keine Sorgen machen, keine Pläne schmieden – das Leben lebt dich – ganz praktisch drückt sich Leben natürlich durch die Person aus.

Wenn du aufhörst zu versuchen, das Leben zu leben und zu kontrollieren, erfüllt die Ganzheit von Leben und dieser Frieden, der einfach hier ist, den ganzen RAUM. Ganz praktisch: Du bist einfach still und bist, was du bist. Da gibt es nichts zu tun. Die persönliche Idee überlebt nur durch die Idee, du müsstest etwas tun oder lassen. Aber in dem Wissen, dass das Leben sich selbst durch alles lebt – jede Person, jeder Mensch vom Leben selbst gelebt wird, kannst du die Finger raus nehmen.
Das heißt, wenn du am Rad drehst, drehst du am Rad – und wenn Raum ist, still zu sein, sei still. Lass dir die Knöpfe sich selbst drücken wenn es geschieht und übergib dich diesem Sog, der dich in DAS zieht, was unbeschreiblich ist. Unbeschreiblich, weil der Beschreiber wegfällt. Wenn wir das Leben einfach sein lassen können, passiert einfach das, was passiert, da gibt's keine Kontrolle. Manchmal ist da die Erfahrung von Kontrolle, aber das kann auch niemand kontrollieren, DAS ist in allem frei.

Manchmal hat man's in der Hand, manchmal nicht. Sachen, die man trainiert, Sachen, wo man glaubt, man ist ein Meister und dann wird's einem aus der Hand genommen... so dass gesehen werden kann, dass es etwas größeres gibt als die Person, größer als der Mensch. Es wird einfach immer wieder deutlich, dass LEBEN sich lebt, nicht wir das Leben leben. Wenn ein Geschmack davon da ist und ein Interesse für DAS da ist, dann entsteht ein ganz natürlicher Raum, anzuhalten. Darin tauchen die Gedanken auf, die auftauchen, die Empfindungen die dazugehören, oder umgedreht: Empfindungen, die irgendwelche Gedanken hervorrufen. Was auch immer, irgendwas erscheint. Und wenn du nicht aufspringst auf den Zug, sondern einfach HIER bleibst, mit der unmittelbaren Erfahrung, dann nimmt dich DAS auf, was tiefer ist als das, was kommt und geht.

Ganz einfache Message heute Abend: „Dein Wille geschehe."
Und du legst die Erfahrung von DIR, die Erfahrung, die da ist, einfach in Gottes Hand und fließt mit. Du kannst dich einfach der Stille anvertrauen, die hier ist. Und wenn ich sage „die Stille, die hier ist", findest du die auch an der Bushaltestelle, beim Bioladen an der Kasse oder an der roten Ampel.

Lass uns einfach 'ne Zeit in Stille sitzen und schauen, was stattfindet. Wenn die Gedanken dich packen wollen, kommst du einfach immer wieder frisch hier an: das Sitzen, die Füße auf dem Boden, der Atem – die Empfindung, die da ist, körperliches Erleben, RAUM. Aus dem Direkten, Unmittelbaren offenbart sich ein ungeteilter Raum von Stille – sich dem anzuvertrauen... nimmt dich einfach auf und verschluckt die Konzepte über dich und die Welt. HIER zu sitzen, ist wie im Rachen des Tigers zu sein. Du bist ohne Ausweg in DEM, wirst einfach immer tiefer verschlungen.

„Alle Unordnung des inneren und des äußeren Menschen wird geordnet in der Gelassenheit, in der man sich lässt und Gott überlässt." (Meister Eckhart)

Vertraue und sei einfach still

„Ich möchte von meinem Erleben erzählen.
Ich höre mir beim Sprechen zu, als ob ein anderer spricht. Ich sehe meinen Körper nicht durch meine Augen, da sieht etwas anderes. Alles fühlt sich irgendwie virtuell an und das nun schon seit Jahren und ich leide unter körperlichen Schmerzen; mache ich ganz viel Selbsterforschung, komme ich auf Distanz und leide nicht soviel.

Mein Hauptproblem ist aber, dass mein Verstand mir sagt, hör auf mit der Selbsterforschung, mit der Begründung „ DA ist niemand" oder „DAS HIER ist ALLES" und ein Teil meines Verstandes stimmt dem zu, aber ich bekomme es nicht zusammen, da es mir auf eine gewisse Weise gut tut und zum anderen fühle ich mich nicht angekommen. Da ich dir vertraue, bitte ich dich um einen Rat, um eine Klärung für mich zu finden und ganz in DEM ankommen zu können."

DU bist es, der all das sieht; der die Person, den Körper, den Verstand, den Schmerz, das Leid sieht. Du bist es, der dich und die Welt wahrnimmt und in diesem Sehen kannst du dir wirkliche Nähe, Berührung erlauben. Die Zärtlichkeit mit dem, was ist, ermöglicht DIR, dass die Stille, Klarheit und Liebe des Seins in deinem Mensch-Sein zusammen kommen können.

Der Verstand mag das sicher nicht, weder eine direkte Erforschung, noch die liebevolle Nähe und das Sehen dessen was ist, ohne Geschichten darüber zu machen. Erforsche einfach in tiefer Kontemplation, in Stille, das unmittelbare Erleben deines SEINS.

Wer erfährt dieses Ich... ?

Wer erfährt das Leid... ?

Und wer erfährt die Kommentare des Verstandes ?

„Ich? ICH BIN...“

Wer erfährt das existentielle Erleben ICH BIN?

„Kein Antwort...Nichts?“

...da ist ein Sehen aus Nichts heraus, grundlos – wenn du dem Leid und dem virtuellen Erleben ein Ende setzen willst, verweile im ICH BIN und lass dieses Nichts, was deine wahre Natur ist, dein Wichtigstes sein. Bleib darin und die Bindungen und die konzeptuellen Gebäude von dir und der Welt werden in der Stille verblassen.
Lasse die stille Vibration des SEINS für dich arbeiten, halte daran fest und das virtuelle Erleben wird in der Sattheit dessen, was ist, münden. Dieses virtuelle Ich sitzt sehr tief im Körper, in allen Zellen, webt sich in alles rein und macht sich immer wieder groß, um dich am Laufen zu halten, erzählt dir sogar, „DAS IST ES“, um dich im virtuellen „Ich“-Sein und Leiden weiter zu halten. Vertraue und sei einfach still. Schmecke einfach die Unergründlichkeit und Schönheit des GANZEN, die immer zur freien Verfügung steht.

Das Leben ist in sich gut

Im Nah-Sein mit dem, was ist, ohne sich Geschichten über mich, dich und die Welt zu erzählen, bekommt das GANZE den befreienden Geschmack sanfter Stille. Einfach HIER, mit alldem, was ist, ohne etwas raushalten zu müssen und in allem die Vollständigkeit dessen, was ist, zu schmecken und zu erleben, darin kann entdeckt werden, dass das Leben in sich gut ist.

Wenn dich das Leben nicht mehr funktionieren lässt, so wie du es gewohnt bist, so wie es sein „sollte“, so wie all die anderen funktionieren, kann es eine Einladung sein, anzuhalten, HIER ganz anzukommen und sich still dem Leben anzuvertrauen, es in seinem Lauf gewähren zu lassen und tief zu akzeptieren, dass wir in Wirklichkeit nie einen Hauch von Kontrolle haben. In diesem „nicht mehr funktionieren, wie es scheinbar alle tun“, diesem „ausgebrannt sein“, diesem „Stillstand", ist unendlich viel Bewegung; dies wirklich wahrzunehmen, es immer wieder ganz zu erleben und damit nah zu sein, beschenkt mit einer zärtlichen Liebe und einem Frieden, weil darin nichts gesucht oder gebraucht wird. Es geht nicht darum, mit allem okay zu sein. Wenn du Schmerz erlebst, erlebst du Schmerz! Die Dinge sind, wie sie sind und in dem Lassen der Dinge fallen die Widerstände gegen das, was ist und es zeigt sich ein Raum des Nicht-Wissens, der in Frieden und Zärtlichkeit alles umarmt, dich darin ganz in sich aufnimmt.Wenn du einfach mit dem, was ist, in Berührung bist, ohne die Dinge zu objektivieren, tritt die natürliche Gutheit des Lebens in den Mittelpunkt. In diesem sich-selbst-erfüllenden Erleben ist bereits Kapitulation geschehen, Hingabe an DAS, was größer ist als du... „Schmerz, Depression, ...“ ist sehr wertvoll; DAS LEBEN hält einfach „mein“, „dein Leben“ an, lässt Tiefe schmecken und durch dieses Zusammenziehen kommt all das an die Oberfläche, was nicht ausgehalten wurde und weggedrängt war.

Dieses Überfluten von „Unaushaltbarem“ trägt die Möglichkeit in sich, die Vorstellungen des scheinbaren „Ich“ zu sprengen, das glaubt, die Kontrolle zu haben, glaubt, „sein Leben“ zu leben und sich ständig erzählt, ich soll SO und so sein und diesen Vorstellungen hinterherrennt. Wenn die Aufrichtigkeit und Bereitschaft da ist, zu empfangen, kann erfasst werden, dass „dein Leben“ nicht dein Leben ist, sondern Leben-sich-lebt, LEBEN dich lebt. DARIN ist eine unermessliche Freiheit, die mit dem, was IST, im Tanz ist. Niemand kann wissen, was das Leben vorhat, wie es sich lebt... Eins ist sicher, das Leben ist bereits, wie es IST. LEBEN ist in Bewegung, lässt sich nicht in Schubladen packen. Nicht-Wissen tanzt in allem mit sich selbst, das ist Liebe. Wenn DU das göttliche Prinzip erkannt hast, es sich durch dich erkannt hat, kann sich die tiefe Gewissheit in dir öffnen: *ES umarmt MICH in allem, absolut. In jeder Erfahrung ist es, was es IST. Ich Bin in allem, was ICH BIN, das ist das Schöne, das macht es frei...*

Dies schenkt Vertrauen, mit dem Leben in Bewegung zu sein, und sich dabei DEM, was größer ist, anzuvertrauen und zu vergessen. Leben wir frei von den Begriffen, es wird offensichtlich, dass es keine guten und keine schlechten Erfahrungen gibt – keine guten und schlechten Gefühle – da einfach LEBEN ist, welches sich in seiner RAUM-haften Entfaltung, in allen Färbungen und Aspekten, grundlos durch alles zeigt und erfährt.

Ohne dich oder die Dinge zu objektivieren ist - Depression,
Schmerz, Traurigkeit, Wut, Glückseligkeit, Frieden,
MenschSEIN – ist LEBEN, als pure Erfahrung, einfach DA....
und verliert und gewinnt an scheinbarer Substanz.
Es geschieht.

Das LEBEN ist nicht starr, es wandelt sich von einer Form der Erfahrung in die Nächste – und all das taucht in der natürlichen Gutheit von LEBEN auf. Alles ist Ausdruck des Lebens, welches in Sanftheit ganz nach Hause kommen will, nicht nur die Liebe, der Frieden und die „schönen Dinge". In dieser Bereitschaft, das Leben pur zu empfangen, mit allem, was auftaucht, kann Heilung im Inneren des Menschen geschehen, die Ganzheit des LEBENS in der Tiefe erfasst werden.

... es ist genau umgekehrt

Freiheit ist das HIER, in allem, immer wieder zum ersten mal gesehen... sich daran zu halten, ohne etwas rauszuhalten, öffnet den RAUM des Erlebens immer weiter und das Bindende vertrocknet, weil es kaum Nahrung bekommt.

Vergiss all die erhofften Ideale und Idole und Sei einfach; und halt dich an DAS, was-hier-ist, lebe darin und daraus, tanz damit, sei einfach damit in Bewegung. Lasse DAS deine NAHRUNG sein und ES wird dich verspeisen.Es ist die Einladung zur totalen Umkehr...

SO ist die Gnade, in der Wertschätzung dieser gewöhnlichen Schönheit, Hier-zu-Sein, offenbar...

Ein Gebet

DEIN WILLE
und dein WIRKEN geschieht, in allem.
DEM vertraue ich mich ganz an.

Zu beten heißt, sich dem Unvermittelbaren hinzuwenden und aufzuhören, Bilder und Vorstellungen über dich zu entwerfen, so dass sich DAS unmittelbar erfassen kann...

Ein kurzes Gebet zum Anfang der Meditation oder dem einfachen Innehalten und Still-Sein entspricht der inneren Verfassung von Achtsamkeit, Dankbarkeit und Respekt dem GANZEN LEBEN gegenüber. Es braucht keine Formeln, keine gelernten Gebete. Das, was spontan, in der unschuldigen Hinwendung an das LEBEN geschieht, verfehlt nie sein ZIEL – weil es sich bereits HIER erfüllt. In Liebe und Respekt ALLEM LEBEN gegenüber zu Sein, ist das Wertvollste, was du tun kannst auf dem weg-losen Weg... HIER DIES, so wie es sich zeigt, ist die seit Ewigkeiten gesuchte Wahrheit, ganz simpel, DIES HIER...

Sich DEM anzuvertrauen, ES zu schmecken, wie es sich Jetzt zeigt, macht das WUNDER, dass DU BIST, offensichtlich und öffnet der Gnade Tür und Tor...

Alles ist willkommen, einfach so, auch dies, was glaubt, wo anders WAHRHEIT finden zu können – dies, was sagt: „Nein, so ist es nicht richtig", darf einfach HIER sein, sich abkämpfen und einschmelzen, in DEM, was immer HIER IST...Nichts muss gesucht werden, kein Schleier muss fallen. HIER-IN sind alle Schleier gefallen. DIES, was schaut, erlebt sich selbst, in diesem MOMENT, so wie es jetzt erlebt wird. DEM vertraue und sei einfach still. Durch die direkte, unmittelbare Erfahrung wird das Unvermittelbare direkt erfahren, einfach so, greif zu...

Es ist diese -Losheit, die keine besonderen Erfahrungen braucht, um sich erfahrbar zu machen. Ohne jemals zum Objekt zu werden, offenbart es sich HIER durch alles, was erfahren wird, durch alles ...

...spürst du das ?

WER BIST DU ?

„Ich will lieber in der Hölle sein und Gott haben, als im Himmelreich und Gott nicht haben." (Meister Eckhart)

Frei von Trennung und Einheit

Wurde tief erkannt, dass Leben, Sterben, Lieben, Schmerz in diesem einen RAUM HIER kommen und gehen, muss nichts mehr raus gehalten werden. Natürlich bist du gut mit dir; in dem Wissen und Vertrauen, dass alles da sein, kommen und gehen kann, Schmerzen im Körper, Frieden, Zärtlichkeit; ein erfüllt-Sein mit dem, was ist. Keine Erfahrung berührt deine wahre Natur, zugleich lässt sie sich in ihrer Nacktheit absolut berühren. Schmerz, ein totales Hochkochen von Verbrauchtem, ein Erleben und Verarbeiten von Verletzung - darin kann das GANZE geschmeckt werden. Zärtlichkeit und Liebe, ein weiterer Aspekt dessen, was nicht zu erkennen ist. Nichts ist näher dran. Alles ist der Geschmack des GANZEN, im ungeteilten Bewusstsein. Sterben, Verblühen verdrängt den Selbstgenuss nicht, da dies, was ist, in seiner Unmittelbarkeit, Selbst-Genuss IST.

ES ist das EINE, welches sich in jeder Erfahrung schmeckt, Süße, die im Schmerz der Vergänglichkeit erfahren werden kann. Am Grund des Erlebens erfasst ES DICH, ganz. Alles ist miteinander im Tanz. LEBEN, was sich selbst gebiert und sterben muss, da Vergänglichkeit die Natur des Erscheinenden ist und in der Bewegung immer Einzigartiges hervorbringt. LEBEN IST, ist in Bewegung, Selbsterkenntnis kann, nur im Fluss des GANZEN existenziell erfasst werden und zur Blüte kommen.
ES ist der Ausdruck, der bereits hier ist und dies HIER hat kein Ziel, weil es ist, was es IST. Dies könnte man Hingabe nennen – doch diese Hingabe gibt das GANZE an das GANZE und „du" tauchst darin auf, gehst darin auf. SO, wie du bist. Wo immer du auch bist, du bist stets DU. ES lebt sich, braucht auch keinem besonderen Zustand, da es in allen Zuständen, ungeteilt DAS, ist was es ist.

Darin ist keinerlei Botschaft, ES hat keine Richtung. DAS braucht kein Erwachen, weil es in allem zu dem erwacht, was es ist. Frei von Trennung und Einheit, vertieft es sich in DAS, was keine Vertiefung kennt, in diesem MOMENT unmittelbarer Erfahrung tauchst du ein in dieses Paradox und bist in allem, was du bist, so wie du bist.

Die Zärtlichkeit des SEINS

Als sich das Absolute in sich selbst mit dem ersten Gewahrsein offenbart hat, hat es sich verletzt, um in Bewegung zu kommen. Das Schwert des Gewahrseins schnitt mit seiner durchdringenden Kraft in die EINE-Substanz, aus der sie geboren wurde, nur dadurch konnte sich der Traum des Absoluten in allen Facetten offenbaren, ES sich selbst gewahr werden. Mit dieser ursprünglichen Verletzung kam das Blut des Lebens ins Fließen und beschenkte die Schöpfung mit der Zärtlichkeit des Seins, der Süße der Hingabe.

Wenn körperlicher Schmerz erlebt wird und die Zärtlichkeit darin erfahren werden kann, dann kann das Fließen dieses Blutes im Körper gespürt werden, eine dunkle, sanfte Substanz, die durch den Körper fließt. Mit diesem Fluss in Berührung zu sein und die Zärtlichkeit zu schmecken, sie ganz hereinzulassen, ist von unendlichem Wert, auf der Reise des LEBENS, um wieder mit der natürlichen Stille und der Liebe des GANZEN in Berührung zu sein, ganz darin aufzugehen.

Schau dir den Atem an, Einatmen, der Körper nimmt Lebensenergie auf. Ein Moment des Anhaltens, zärtliche Stille wird im Körper empfangen. Ausatmen, es ist ein Entspannen, ein Loslassen von all dem, was im Moment losgelassen werden kann. Dann wieder der Moment des Anhaltens, in dem zärtliche Stille empfangen wird...

In Meditation wird die Atmung immer flacher, wird stiller. Zu Beginn geht sie ohne Anstrengung in den Bauch und erfüllt den ganzen inneren Raum mit Lebensenergie. Dieser kurze Moment des Anhaltens – sanfte Stille, zärtliches DA-Sein. All dies geschieht ohne Anstrengung, ohne Intention. Atmung wird aus sich heraus immer flacher, langsamer und die Phasen des Anhaltens werden aus sich heraus immer weiter und du wirst ganz von der zärtlichen Stille der dunklen Grund-losigkeit von LEBEN aufgenommen. Nichts, was HIER getan wird, alles geschieht grundlos und versinkt darin. Im tiefen Samadhi ist die Atmung so gut wie nicht mehr vorhanden, Stille ist in Stille versunken, Zärtlichkeit, die mit sich selbst verschmolzen ist. NICHTS IST...
Wenn die WELT langsam wieder in Bewegung kommt, sei es mit der Zärtlichkeit der Stille, sei es mit dem Atem, ohne etwas damit zu machen. Nichts, was es nachzuahmen gilt, es ist die Zärtlichkeit des SEINS in ihrer Bewegung. Es ist das Lieben der Liebe, das sich mit der Zärtlichkeit der Liebe beschenkt, die stille Freude, total in dem zu sein, was du bist.

Lass es für dich arbeiten;
würdige die Stille und das zärtliche Erleben in all dem, was ist.
Jeder MOMENT trägt das Feuer des NEU-Beginns in sich. Im Unmittelbaren anzuhalten, das Leben sich atmen zu lassen, dich ein- und aus-atmen zu lassen, absorbiert dich in die ESSENZ dessen, was du bist.

Hingabe

Hingabe heißt, den Kampf aufzugeben, die Waffen niederzulegen, still zu werden, still zu sein mit dem, was ist, immer wieder im GANZEN aufzugehen.

Hingabe ist zu leben für das, was du liebst, leben für das, was die Liebe ist. Es ist das Leben an sich.

Wirkliche Hingabe geschieht, darin verbrennt alles, in Sanftheit. Du siehst, dass es keinen sich Hingebenden gibt, nichts, was getrennt von DEM hier ist. Leben ist mit sich in Bewegung und darin tauchst „du" auf, als Beweis deiner eigenen Existenz.

Stille beschenkt sich mit Stille.
Schönheit beschenkt sich mit Schönheit.
Die Liebe liebt es, zu lieben. DAS zeigt sich in allem.
Das ist der weglose Weg des Nichtgewinns, endlose Gnade. Das Gesuchte ist das, was alles Suchen und Nicht-Suchen ermöglicht.
Die Freiheit liegt darin, zu erfassen, dass du bist, was DU BIST...

Empfangen

Wir können erst empfangen, wenn wir alles aus den Händen gelegt haben; all die Vorstellungen, Bilder und Ideen, wie es zu sein hat. Sind wir in diesem offenen Raum empfänglich für das, was wirklich ist, ohne etwas zu wollen, ohne etwas zu suchen, beschenkt uns der RAUM mit seiner ganzen undenkbaren Fülle.

Hingabe geschieht, Empfangen geschieht. Hier ist alles, was ist. Sich von DEM erfassen zu lassen, offenbart die lebendige Stille und die Schönheit deiner ursprünglichen Natur.

Die Dinge ins HERZ nehmen

...einfach, die Dinge lassen, wo sie sind und in DEM verweilen, was Herz ist ... ohne-Zweites, das SEIN-was-du-bist.

Ganz praktisch: Sei still und liebe....

Nichts, was du tun muß, oder tun könntest – es ist deine Natur.
Es geschieht und findet seinen ganz praktischen Ausdruck Hier und Jetzt, in der Liebe zu DEM-was-du-bist. Alles ist mit sich selbst in Bewegung – Alles ist frei, so wie es ist und DU BIST ES. Alles ist seine eigene Quelle – Leben geschieht einfach SO, wie es geschieht...
Eine Freude zu sehen, dass nur dies eine HERZ schlägt.
Im Rhythmus der totalen Harmonie des Unbekannten,
...tanzt-es-mit-sich...

Alles geschieht im Rhythmus des Unbekannten.

Niemand weiß, was in einer Minute geschieht; niemand weiß wirklich, was eine Minute bedeutet. In diesem Nicht-Wissen, was Wissen und Selbst-Gewahrsein ist, erfasst sich das, was Stille und Liebe ist, ... ohne Ziel, weil es deine Natur ist, die einfach so ist.

Lass es sich leben

„Es macht mich gerade etwas traurig, ich würde gerne mehr verstehen. Es ist total schön, deine Worte zu hören, ich habe nur das Gefühl, ich versteh nur die Hälfte davon, ich komme mir vor wie eine kleine Maus in einem Heuberg. Ich würde es gerne verstehen.

Was du über die Praxis sagst – kommt mir alles sehr bekannt vor. Doch kommt es mir in der Meditation leichter vor als im alltäglichen Sein. Wahrscheinlich bin ich dafür zu wenig geerdet oder zu wenig stabil."

Deine Natur ist frei und nicht an Meditation oder irgendetwas gebunden. Der Funken springt aus sich heraus über und setzt das Heu in Flammen, wenn du bereit bist, dich DEM auszusetzen, mit und ohne Verstehen.

Oftmals sind die Phasen der Begegnung, in denen nicht-verstanden wird, wertvoller als die Phasen, in denen etwas verstanden wird, denn reines Wissen entsteht immer spontan durch Nicht-Wissen, wenn der mentale Überbau nicht mehr greift.

Die Sache ist, dass es kein getrenntes „Ich" gibt. Es gibt dich substanziell nicht als Person, die aus sich heraus lebt. Du wirst gelebt, immer, genau so, wie es ist. Es gibt ein gedachtes Ich, ein erlerntes Ich, ein gefühltes Ich und das darf alles so sein – that´s the game. Eine weitere Variante des Spieles ist, zu erleben, dass da kein Ich ist. Auch nur einen Spielvariante, doch wer erfährt?

WER erfährt, dass DAS HIER in sich leer ist?
Wer erfährt ICH?

An „dir", den „anderen", der „Welt" ist nichts verkehrt.
Lass einfach diese Idee, dass etwas falsch wäre.
Die Erfahrung ist so, wie sie ist, das ist alles; LEBEN, d*as* sich LEBT.
Du sagst, du seist zu wenig geerdet, zu wenig stabil. DU bist da, das ist stabil und trägst die ganze Erde in DIR. Vertraue DEM, da ist einfach ein Gelebt Werden. Forsche einfach: Wer wurde geboren und wer wird sterben? ... und wer ist es, der dies alles sieht?

Der Körper wurde geboren und irgendwann wird er sterben. Deine Geburt wie dein Sterben, jegliche Erfahrung wird gesehen, von DIR.
Und dies Sehen hat sich nie verändert, nur das, was gesehen wird, verändert sich die ganze Zeit. Du Selbst bist aber kein gesehenes Objekt. Du bist das, was Wahrnehmung ermöglicht und *dafür* reichen keine Worte, sie weisen nur auf das hin, was du in deiner Natur bist. DAS, was sieht und selbst nie gesehen ist. Freiheit ist, dich als das Ungeborene zu kennen und dies so, wie du bist, zu sein. Leben ist einfach ein Abenteuer, das sich lebt. Lass ES sich leben... HERZ, bleib einfach hier, ich liebe dich.

Es bricht mir das Herz, weil es sich selbst endlos an der Nase herumführt und ich einfach nur sagen möchte, komm lass gut sein, quäle dich nicht, lass los von all dem Ausgedachten; es ist ganz anders, als du je zu hoffen und zu wünschen gewagt hast, schau, hier ist es, DU BIST, das kann in seiner Einmaligkeit erlebt werden.

Jage keinen Hirngespinsten mehr hinterher und bleib hier. Schau den „Engeln und Dämonen" direkt ins Gesicht, jetzt, sofort, unmittelbar, ohne etwas dazwischen zu stellen, damit du siehst, sie existieren nur in deiner Einbildung und erscheinen doch so unverschämt echt im Raum der Möglichkeiten. Es ist un(ver)mittelbar. Kein Futter für die „scheinheilige Dämonen", einfach DIES HIER, so wie es ist, darin fallen all die vorgestellten Bilder in sich zusammen; und stehen vielleicht auch wieder auf im nächsten Moment – ja, doch jetzt ist die Möglichkeit, sie zu sehen als das, was sie sind, immer wieder zum ersten Mal...

FREIHEIT ist nicht die Freiheit „von...", sondern „inmitten..." frei zu sein, was du bist... Weil ES sich immer nur in ALLEM zeigt und nichts raus-genommen werden kann.

Vielleicht ist es eine notwendige Variante des LEBENS, dass das Herz bricht, dass immer wieder tief eingesehen wird, was HERZ ist, vielleicht... es ist, wie es ist. Entspann dich, bleib einfach, all das geschieht HIER in dem, was ist.

Ich liebe Dich.

Die Hingabe tanzt mit der Weisheit, mitten in DEM, was ist...

Du bist, das ist alles. Darin ist alles enthalten.

Die stille Akzeptanz und die Dankbarkeit für das, was ist, öffnet das Herz für unbedingte Liebe, dass du bist und offenbart DAS, worin alles geschieht. Das ist die Hingabe. Wenn du ausnahmslos alles GOTT übergibst, in dem Erkennen, dass dir nie etwas gehört hat, bist du frei. Hingabe geschieht immer zum ersten Mal. Es ist das LEBEN, was dich dem LEBEN gibt.
Weisheit heißt, zu erfassen, dass es keine autonome Wesenheit gibt; es kein Ich gibt, das etwas tun oder lassen kann. Also tue und lasse weiterhin, was zu tun und zu lassen ist; und schau, wer erkannt hat, dass es ihn selbst nicht gibt. Du bist das Gesuchte. HIER kannst du anhalten, sehen und erleben, was ist, dich dir selbst geben, dich dem Unmittelbaren anvertrauen, ohne etwas zu verlangen, immer wieder zum ersten Mal.

Die Weisheit und die Hingabe sind untrennbar. Wenn die Hingabe und das Nicht-Wissen in dir erblüht, holt das LEBEN sich selbst nach Hause. Die Hingabe mündet in Nicht-Wissen, das Nicht-Wissen in Hingabe. Es ist ein Fluss, der in Klarheit und Liebe nährt; und durch diese unendliche Grundlosigkeit von LEBEN trägt.

Ich Bin, ohne Grund, das ist das Schöne.
Ohne etwas erledigen, verstehen oder irgendwohin zu müssen.
Dies hier ist die Freiheit und Schönheit dessen, was du bist.

Die Hingabe an das Ganze

Die Idee der „Erleuchtung“ ist Opium fürs Volk. Wurde das geschmeckt, ist das was ist, einfach das, was ist; ein Erwachen von den Vorstellungen und Bildern zu DEM, was wirklich ist. Ein Runterkommen von all den Trips, runterkommen selbst von der Idee, jemals runter zu kommen, ganz einfach dieser lebendige Moment in seiner Bewegung – ohne Prozess, ohne Weg, ohne Ziel – einfach das hier.

Oder wie es Nansen so wundervoll und einfach ausdrückte: *„Nenne es nicht, suche es nicht, übe es nicht und du bist auf dem Weg.“*

Das HIER ist die Hingabe an das GANZE, damit ist derjenige tot, den es nie gab und doch ist das nichts totes, DU bist absolut da, wenn du gebraucht wirst für das, was LEBEN IST. Wenn das ICH BIN (-nicht) wirklich durchschaut wurde, dann sei es, ohne Wenn und Aber. Zu sagen „manchmal erlebe ich das schon“ oder „ich habe verstanden, ich kenne die Wahrheit“, ist ein Witz des kleinen Verstandes, der mit seinem Konzept von Wahrheit weiter leben will.

Wahrheit befreit von allem, ES lässt DICH nackt, verletzlich, berührbar Mensch sein, selig von Freude und Schmerz – in Frieden berührt ES sich in allem. ES-lebt-sich, du wirst darin erfasst – indem du es sich leben lässt, ohne an etwas zu halten und immer wieder alles an das GANZE hingibst – nichts, was zu erlangen wäre. Das ist Befreiung, frei von der Idee von Befreiung selbst, darin bist du nicht vorhanden und doch TOTAL DA,
wenn das LEBEN dich will.

In Einheit leben

Wenn du Erfahrungen des Erwachens von Einheit und tiefe Einsichten hattest und glaubst, dieser Zustand wäre deine Natur und das, was Freiheit ist, kannst du auch die nächsten 20 Jahre an der Einheit, Erwachen, Erleuchtung und deiner Befreiung arbeiten und hoffen, dass es irgendwann durch die Gnade rund wird.

Doch das wäre einfach ein Gefängnis; du kommst zu keinem Ende.

Die Hoffnung, die sich in „falschen" Versprechungen und Selbstsuggestion immer wieder bestätigt und am Laufen hält, stirbt zuletzt. DIES HIER ist frei; die ersehnte EINHEIT in ihrem Ausdruck, die sich in allen Facetten zeigt. DAS kann Hier und Jetzt entdeckt werden – schmecke einfach die Frische, in der kein Platz ist für ein „Ich". Das, was du in deiner Natur bist, ist das, worin all das auftaucht. Dies ist nichts, was beschrieben werden kann, weil es weder Konzept noch irgendeine Erfahrung ist – nichts, an dem man festhalten könnte. DAS zu ehren heißt einfach, immer wieder anzuhalten, ohne die Energetik in dir anzuhalten, LEBEN frei zu lassen. Still zu Sein und dies „wollen und nicht wollen" nicht mehr zu bedienen, einfach mit dem WESENTLICHEN zu SEIN. Nur die Wesentlichen Dinge tun und dann einfach wieder atmen, staunen, Leben er-leben…

Im Satsang, in Kontemplation, in Stille und im Alltag geht es irgendwann nicht mehr um Erleuchtung, Erwachen – es gilt, die eigene Festigkeit zu durchdringen. Unsere Festigkeit finden wir in Süchten und zum Beispiel dem Festhalten an der Idee von „Erleuchtung“, „Erwachen“, und “m-einem guten Leben”.

So wie alles in Bewegung ist, ist auch unser Sein in ständiger Veränderung. Nicht nur unser Körper, der sich über die Jahre verändert und wandelt. ALLES wandelt sich von Moment zu Moment...

Was wir noch vor ein paar Minuten dachten oder fühlten, ist nicht mehr, hat sich aufgelöst, friedliches Da-Sein tritt wieder in den Mittelpunkt und erfüllt den Raum.

Dies zu realisieren, bedeutet ganz praktisch zu erfassen, dass da keine „Person“ ist, nirgendwo. Dass LEBEN ungeteilt mit sich im Wandel ist und wenn wir die Dinge nicht mehr kontrollieren müssen, nicht auf unsere Gefühls- und Denk-Schablonen bestehen, wird erfasst, dass sich durch die Erfahrungen das offenbart, was keine Erfahrung IST, was VOR FORM und LEERE deine Natur ist; und das bist du in allem, hier und jetzt...
Dies kann nur erfahren und in der Tiefe realisiert werden im völligen Anhalten und Zurücktreten von dir und der Bereitschaft, weiterhin „Wasser zu holen und Holz zu hacken“, dem Leben zu seinen Bedingungen zu begegnen, wie-es-ist, ohne etwas rausholen zu wollen, ohne dich für DAS verändern zu müssen. Alles, was du im Besonderen willst oder nicht willst, bindet dich und erschafft Leid; dies zu sehen, lässt einen weiter gehen in dem Erkennen, gleich was du bekommst oder verlierst, du kannst HIER nix mitnehmen... und das ist das Schöne. Freiheit erfasst den, der Freiheit gesucht hat. In der Stille, dieser einfachen Erfahrung kannst du schmecken: dass DAS HIER – so-wie-es-ist, frei ist und DU dies bist. Erwachen ist nichts Persönliches, kein Privateigentum. Erwachen erwacht zu sich selbst, damit alles erwacht. DIES zu ehren erfordert die Größe, ganz gewöhnlich ALLES und vor allem, in Allem NICHTS zu sein, denn du verlierst an Bedeutung und vertraust dich in Stille DEM an,
was da ist...

Erwachen in das SEIN

Erwachen in das SEIN hat für mich viel mit innerem Erwachsenwerden zu tun, was heißt: Können wir mit der Ängstlichkeit, dem Zweifel, der Zerrissenheit, dem Schmerz einfach anhalten und still sein? Ist da die Bereitschaft, mit dem zu Sein, was ist, ohne uns mit geistigen Konzepten oder Happenings vollzustopfen? Können wir die Sehnsucht sein, die sich selbst verzehrt? Können wir all dies verbrennen lassen und hautnah damit sein – ohne Geschichte, ohne Weg, ohne Ziel?

„Der Fortschritt" liegt nicht nicht in erster Linie darin, dass wir uns von den Dingen befreit haben oder ewig im formlosen Sein schwelgen, es uns endlich immer gut geht, eher – dass wir inmitten der Dinge frei sind – die Idee des Fortschritts gar nicht wirklich auftaucht, es keinerlei Bedeutung mehr hat, weil hier LEBEN stattfindet, dass SEIN-wie-es-ist einfach geschmeckt werden kann. HIER können wir in das SEIN hineinwachsen, DIES, wie es ist, ganz ausfüllen – immer wieder zum ersten mal – und immer wieder frisch sehen und erleben, dass wir es sind...

Doch wenn ich glaube, mit dem Erwachen lande ich in ewiger Glückseligkeit, endlosem Frieden – in einem unantastbaren SEIN, renne ich einem Glaube hinterher. Was ist davon jetzt wirklich HIER?

Ahhh, einfach nur dies hier... so simpel, so schön... Indem du das wertschätzt, was ist und bist, was du bist, erfasst es sich im unmittelbaren Erleben, ohne festes Ziel.
Doch einem Glauben oder einer Vorstellung hinterher zu rennen ist nichts anderes als der Wunsch, sich mit Schmuck zu behängen und im Schampus-Rausch der Glückseligkeit gesehen zu werden, Anerkennung zu bekommen „dass du frei bist und Niemand da ist". Wunderbar; viel Freude auf dem Trip, jeder Trip wirkt seine Zeit und dann will „ich" mehr und mehr, weil es nicht hält, was es scheinbar immer wieder verspricht. Es ist, als würde DAS HIER konzeptualisiert und als Slogan herhalten müssen, was non-verbal und absolut keinerlei Konzept ist.

Das „Ich" versucht, aus dem was ICH IST ein Objekt zu machen um es sich in die Tasche zu stecken, um endlich am sicheren Hafen, scheinbar zufrieden und glücklich zu sein. Die Identität von dem, der sagen kann „Da ist Niemand" ist die selbe Identität wie der, der glaubt, ein persönliches Leben zu haben. ... schmeckst du das?

Sicherlich ist dieser erste Geschmack, Ich-los zu sein, ein wenig entspannter als die ganzen Bündel von Gedanken, die auf dem Ich lagern. Also Story oder Nicht-Story „...dass da Niemand ist" ist der selbe der zuvor glaubte Jemand zu sein. Und es ist immer wieder nur ein neues Versteck des „Ich-Geistes", der sich selbst – mit dem Erkennen von gestern – der Vorstellung, Ich-los zu sein, retten will. Das Wissen um das Erwachen ist der nächste Schlaf. Es kann nie falsch, aber auch nie richtig sein, hierin öffnet sich das Wortlose-Verstehen, was umfassende Zustandslosigkeit ist und keinen Raum für Konzepte bietet. Das, was sich niemals bewegt hat, seht in der Energetik des Raumes niemals still.

Lass es einfach, lass es, lass es, lass es und sei das, was ist, total, intim, zärtlich, nah mit dem, was da ist... und tanz mit. Erwachen hat etwas mit Erwachsensein zu tun. Ein Erwachsen-Sein, das keinem Bild entsprechen muss. Es liegt einfach in der Ernsthaftigkeit, dich dir selbst hinzuwenden und aufrichtig zu schauen, was da ist und dass du ohne Wenn und Aber BIST; in diesem Zuwenden ist kein RAUM für etwas Zweites und darin offenbart sich ganz aus sich heraus DAS, was-du-bist.

SEI DAS. Das ist, in Verantwortung sein: DU BIST die direkte, unvermittelbare Antwort auf das-was-ist, ganz simpel, so einfach und schön...

Es ist einfach dies Anhalten, Schauen, diese Unmittelbarkeit erleben. Das Unvermittelbare sein, mitten in DEM, was da ist.

… und das, was ist, ist einfach das, was ist; und das ist nicht fest, wenn du hinschaust: Es ist in Bewegung, spürst du es…? In seiner totalen Bewegung ist es absolut unbewegt, schau es dir an! Spürst du es? In diesem Schauen wird an einem Punkt, wo keiner ist, nichts mehr bleiben und mit Nichts ist nichts gemeint; soviel nichts wie im Tiefschlaf und noch mehr. Gesehen von DIR und da ist niemals etwas passiert und wird niemals etwas geschehen, das ist deine Natur ohne Zweites und vorallem nichts Erstem; lass dich ganz erfasst sein...

…und weiter geht's…

Wenn dich die Wahrheit, Erwachen, deine Natur wirklich interessiert, geht es einfach nur um den Mut,
vorbehaltlos in DEM, was unmittelbar ist, *das zu SEIN-was-du-bist.*
Erwachen, oder DAS, was du bist, ist nichts, was hab-bar wäre.
ES IST frei und DAS, was immer und in allem deine Natur ist;
schmeckst du das…

greif zu; sei, was du bist...

Alles hat seine Zeit

Alles hat seine Zeit und seine Berechtigung aus dem einfachen Grund, weil es hier ist. Wenn wir nur ein wenig mit der Erforschung und Entdeckung unserer Natur vertraut sind, wird offensichtlich: Alles, was erfahren wird, ist Ausdruck des EINEN Bewusstseins. Nun können wir DIES als Konzept mit uns herumtragen oder in praktischer, direkter Erforschung alles, was konzept-Haft ist, in Freiheit zurück lassen. Wenn du deine Natur liebst, ist diese Entdeckung ohne Ende, geschieht immer wieder zum ersten Mal, einfach so...
Freiheit und Würde offenbaren sich ganz natürlich aus DEM, was-du-bist, doch ES bietet keinen Halt – ES trägt DICH absolut mit allem – fordert heraus, alles hinzugeben für nichts, darin geschieht ein immer tieferes Wurzeln in DEM, was-du-bist...

Das Leben ist in permanenter Veränderung – in sich still – nichts woran wir wirklich festhalten können. Und der, der scheinbar versucht, festzuhalten und die Kontrolle behalten möchte, ist nichts weiter als ein sich wandelndes Konstrukt aus Ideen und Vorstellungen, ein Bild, in DEM, was kein Bild ist. Entfaltet sich der Mut und das Vertrauen in die eigene Natur und wächst die Aufrichtigkeit, wirklich zu Schauen, ohne an den Bildern festzuhalten, offenbart sich Stille, Akzeptanz und Dankbarkeit für das-was-ist... und die Freiheit, die in allem liegt. Wir sind DAS, auch wenn es nicht-greifbar ist. So ist es wertvoll, den „plappernden Verstand" nicht mehr aufzugreifen, den Gedanken nicht zu glauben und uns von DEM ergreifen zu lassen, berührbar HIER zu Sein, mit dem, was ist.Wenn wir uns vor uns Selbst, dem Außen und der Angst fürchten, zweifeln an der Erfahrung, wie sie ist, anstatt ES-zu-sein mit alledem, so leben wir in Verleugnung, in Kampf und Verteidigung. Sich des HIER-SEINS immer wieder frisch und existenziell im direkten Erleben zu erinnern, ohne-Zweites-zu-Sein, ist die direkte Einsicht und die Freiheit der eigenen Natur, zu SEIN, was du bist.

Dies hier ist einfach eine Einladung, ohne Krücken das Lebens in seiner natürlichen Stille und die Freiheit von DEM-was-du-bist zu wertschätzen, es hereinzulassen, es sich auf einzigartige Weise entfalten zu lassen...

...und in allem zu sein, was du in deiner Natur bist.

Die Freiheit des So-Seins

Es braucht keinen besonderen Zustand, erfasse, dass du bist – und lass dich davon erfassen!

SO-wie-es-ist, ist es gut – das kann HIER geschmeckt werden. In dieser Gewöhnlichkeit die Größe des SO-Seins zu entdecken, macht absolut frei – mit allem, was darin auftaucht, weil es deine Natur ist, in allem SO zu sein, wie du bist. Erforsche es für dich und bleib nicht bei Wissen aus zweiter Hand stehen. Dich DEM immer wieder, immer wieder zum ersten Mal hinzugeben, lässt dich tiefer eintauchen in die Schönheit deiner Natur.

Im direkten Erleben wirst du mehr und mehr aufgenommen von DEM, was nie verlassen wurde, darfst einfach ankommen in dem, was gerade ist, SO wie du bist.

Du bist deine Antwort

Liebe, was ist und schmecke – einfach hier – die Schönheit des Lebens. Du bist genauso gewollt, wie du jetzt bist, denn ES lebt sich durch dich und ist DAS, was du bist. Wenn es dir möglich ist, wende dich dem zu, was du in deiner Natur bist – sei einfach still.

Lass einfach den Zweifel und dies „Ich", was zweifelt in DAS fallen, was zweifelsfrei ist. Lass die Hilfeschreie in der Leerheit verhallen und lausche, vertraue dem Klang der Stille, in der Intimität mit dem, was IST.
Es gibt keine Antwort, keine Lösung ...
Da du bereits deine Antwort bist; und DAS frei ist.
Du bist deine Antwort, so, wie es ist. Darin ist Freiheit offenbar, dem vertraue dich an und lasse es sich immer tiefer in dir öffnen.

„Je näher uns das, was wir suchen, vor den Augen ist, desto mehr suchen wir woanders."(Puces de Saint Quen)

Alles beginnt und endet bei dir

Alle Erfahrung beginnt und endet bei dir.
Wer bist DU in der totalen Nähe mit dem, was ist?

Wenn du das bist, zu dem alles kommt: Finden, Verlieren, Schmerz, Glück und Seligkeit – Wer erlebt Enttäuschung, Hoffnung, Erfüllung, CHAOS, Unfrieden, Frieden und all das, was sich zeigt? Was ist von alldem von Bedeutung für dich und wer fängt als nächstes an, Bedeutungslosigkeit zu benennen und zum nächsten Objekt zu erheben?

Benennung, Objektivierung, die damit verbundene Suche nach dem richtigen „Objekt" und das daraus entstehende Leid verlieren an Substanz, all das verbrennt in DIR, indem du es lässt, vom Lassen lässt und still bist – es geschieht aus sich heraus.

Bewegung geschieht in ihrer natürlichen Stille; einfach so kommt all das zu dir, du bist die totale Bewegungslosigkeit, die sich durch das Leben, wie es ist, erfährt.

Näher als in diesem DU, was weder ist noch nicht ist, kannst du dir nicht sein, weil offensichtlich ist, alles kommt und geht IN DIR...

Wenn du es liebst, bleib in diesem totalen Erleben der Nähe mit diesem...DU... ,was dich nicht-wissend hier sein lässt.

Du bist in allem DAS-was-du-bist

„Der wahre Weg" kann nicht gegangen werden,
er wird nicht gefunden, nicht verloren und nicht erkannt

...es findet seine praktische Selbstverwirklichung,
indem du in der natürlichen Stille
des direkten, unmittelbaren Erlebens
DAS Unvermittelbare bist

Kapitel 4
Das Herz aller Dinge

Es ist – immer schon – DAS

...auch wenn du es nicht mitkriegst

Interessiert ES DICH, *erforsche dies in Stille,*
was – immer schon – ist

Das Paradox der Befreiung

Befreiung geschieht, indem man IST, wie man ist – und sich in allem der Vibration des HIER-SEINS anvertraut. Bleibe einfach in dem offenen Raum der Stille – sei still und liebe – sei zärtlich, durch alles hindurch. In der Stille offenbart sich diese zärtliche Liebe, die alle Begrenzungen und Bindungen sprengt und die natürliche Bewegung aus sich heraus hervorbringt. Die natürliche Stille ist immer mit dir, es braucht nicht permanent eine formelle Stille, auch wenn sie sehr wertvoll sein kann, um sich im tanzenden Lebensprinzip des SEINS wiederzuentdecken.

Die Vollständigkeit von Leben ist so offensichtlich in der Zärtlichkeit Hier-zu-Sein. DIES kann immer wieder frisch geschmeckt werden, wenn nicht mehr nach besonderen Zu- und Umständen gesucht wird. Wenn dein SEIN von der EXISTENZ berührt und DIES einmal ganz wahrgenommen wurde – der Verstand von der Klarheit und das Herz von der Hingabe berührt wurden – kann die Vollständigkeit von LEBEN nie wieder vergessen werden, da ES offensichtlich immer hier IST.

Da ist dies SEHEN dessen, was ist – aus dem, was Sehen ermöglicht. Darin taucht auch das „Ich" auf und wird immer wieder erscheinen. Es ist Teil der Szene, es geschieht spontan aus der Handlung heraus und es ist nicht abzustellen, auch nicht durch „in Stille sein", was dann schon die nächste Handlung wäre. Dies kann ein inneres Lächeln hervorrufen, weil es einfach SO ist, wie es ist. Du lehnst das „Ich", diesen energetischen, emotional-mentalen Parasiten nicht ab, denn es gibt keine Alternativen zu DEM-was-ist. Das ist eine Tatsache, doch bist du bereit, dein Bestes zu tun, nur für diesen MOMENT?

Wirkliche Befreiung kann nur erfolgen, wenn du in der Verfassung bist, in allen unvollkommenen Ereignissen vollkommen zu sein. Das Erkennen und Erfasst-Sein will dein ganzes SEIN, den ganzen RAUM durchdringen, einfach so.

JA... Die Vollkommenheit steckt in der Unvollkommenheit! Die Unvollkommenheit beinhaltet die Vollkommenheit. Sie ist alle Vollkommenheit. Die Freiheit steckt in der Unfreiheit. Wenn Freiheit zu bedingen wäre, wäre es die nächste Schublade, die dich gefangen nehmen würde. Schau – für alles musst du SEIN, schaue es dir an. Wirkliches Verstehen geht über die Worte hinaus, es ist einfach, das zu SEIN, was-du-bist. Hier beginnt das wahre Leben, es ist TOTAL, so wie es ist. Du findest dich wieder, mitten auf dem Weg-losen Weg, der Herausforderung und Einladung zum Tanz ist. ES tanzt mit sich, tanz mit. ES ist frei. Doch die Wenigsten lassen sich ganz erfassen, die Meisten wollen mit Anerkennung leben, wollen die „Idee des Erwachens" und ihre kleinen „psychologischen Bilder" nicht hinter sich lassen, für das, was sie sind. Diese offene Weite scheint zu radikal, zu simpel – wirkliche Befreiung ist nur HIER. Die Worte HIER, die stille Erforschung und Intimität mit dem, was HERZ IST, eröffnen die Möglichkeit, alle Vorstellungen, Konzepte, Bilder und Ideen gehen zu lassen und das Herz gegenüber dem LEBEN, so-wie-es-ist, noch weiter zu öffnen; darin mit dem, was ist zu sein und so die Schönheit des Ungeborenen zu schmecken...

Da ist einfach diese natürliche Stille, die liebt und deren Handlung spontan und ganz natürlich aus dem erfolgt, was LEBEN IST. Es ist ein Handeln, das keine Spuren hinterlässt. In der Stille befreit sich alles, ohne Ziel. Lass diese kleinen Befreiungsversuche hinter dir, sie schaffen nur weitere Gefängniszellen. Die totale Befreiung ist eine Reise ohne Wiederkehr, denn es gibt keine Vergangenheit, keine Gegenwart und keine Zukunft. Da ist nur dieser endlose MOMENT, der in Nichts erscheint und in Nichts vergeht. Der Gedanke, das Wort, die Handlung haben keine Vergangenheit und keine Zukunft. Der lebendige RAUM kommuniziert mit SICH und weist immer auf DAS, was frei ist, auf das, was DU vor jedem Kommen und Gehen bist.

Alles geschieht spontan, immer, überall...
Alles was geschieht, fällt augenblicklich in Vergessenheit.

Alles ist immer der totale Neubeginn.
Sei still und lausche der lebendigen Leere...

Revolution der Stille

Die Revolution der Stille geschieht aus dem, was STILLE IST.
ES holt dich ohne Wenn und Aber in die totale Übereinstimmung mit DEM, WAS JETZT HIER IST.

Es geschieht bereits: Sei still und fließ mit.
„Du“ hast gar keine Chance - gib einfach alles hin.
Diese Revolution geschieht sehr still in deinem Innern, sehr still auch im Äußeren, in Sanftheit und Demut bewegst du dich durchs LEBEN. Die Welt mag sich aufregen, sich stressen – DU bleibst da, wo du bist. Vielleicht mag es Probleme geben, aber ist es gewiss, dass sie gelöst werden müssen? Ist ein Problem wirklich ein Problem? Das ist überhaupt nicht eindeutig. Das, was man ein „Problem“ nennt, hat nur Bestand, da nach Lösungen gesucht wird. Wo es keine Vorstellung von einer Lösung gibt, gibt es auch kein Problem. So auch mit all den spirituellen Ideen – ist Bewusstsein von der Idee von Bewusstsein befreit, ist da einfach das, was ist. Bewegung geschieht – Wahrnehmung geschieht – Anwesenheit IST – kontinuierlich! Also bleib doch bei dem, was kontinuierlich ist und mach dir keine Probleme mit Dingen, die kommen und gehen; lass all die Konstrukte fallen, die nur die kleine „getrennte, persönliche Verstandeswelt“ des „Ich“ nähren. Dem, was kontinuierlich ist, vertrauensvoll zu folgen, offenbart die Schönheit der Stille und die Freiheit deiner Natur. Du spielst nicht mehr mit in dieser „persönlichen, getrennten Welt“, die nur durch Fantasien genährt wird. Doch du nimmst am Leben teil – auf deine ureigene Weise verschenkst du deine Schönheit an das GANZE.

Immer wieder alles für nichts, mehr geht nicht. Du bist bei DIR, ohne an etwas festzuhalten – ein Mittelpunkt ist nicht gegeben, du vertraust dich dem Fluss der Stille an und er ist es, der dich nährt und weiter trägt.

Das einzige Interesse ist dem gewidmet,
was kontinuierlich und still ist.

Das Schöne, du kannst letztlich an nichts festhalten. Dies nicht-festhalten-können nimmt dir alles und offenbart dir so in einer Frische immer tiefer deine wahre Natur. Es gibt keine Regeln.
Da ist das sanfte Gefühl von Anwesenheit, dem kannst du dich anvertrauen. Sei einfach still, lass dich immer wieder da reinfallen, immer tiefer in den Sog der Stille. Du musst nichts tun. Es ist wie eine Osmose, ein sanftes Eintauchen in das Innere des SEINS.
Du wirst von DEM genommen, was größer ist als du – du kannst es nicht tun – du kannst dich in stiller Zärtlichkeit der Vibration des Lebens anbieten, indem du einfach da bist. Es ist wichtig, zu erfassen und sich einzugestehen: „Letztlich verstehe ich gar nichts."

Leben geschieht und ich bin mittendrin und tanze mit der Bewegung des GANZEN. Ich weiß nicht, wohin mich dieser Tanz führen wird und ich muss es auch nicht wissen. ES tanzt mit mir in zärtlicher Liebe durch die Stille des Selbst...
Vergiss den Verstand, der immer kommentiert, nach Sicherheiten, Antworten und Lösungen sucht, lass ihn einfach plappern und bleib bei dem, was still ist. Sei einfach Hier mit der unmittelbaren Erfahrung, dem Stuhl auf dem du sitzt, dem Kissen, der Sitzunterlage, da offenbart sich ALLES und NICHTS.
Der Stuhl ist still und wenn du keinen Gedanken zwischen dich und den Stuhl lässt, offenbart sich der natürliche Frieden IN DEM, was frei ist. HIER ist Frieden, pulsierendes, sich selbst erfüllendes LEBEN, mitten in dem, WAS IST... DA tauche ein.
Schon vor mehr als zweitausend Jahren wurde eine Einladung zur totalen Hingabe ausgesprochen: „Trachtet zuerst nach dem Reich Gottes, so wird euch alles andere zufallen."

Es ist so simpel. In der Gewissheit, zu SEIN-was-du-bist und dem direkten Erleben deiner ursprünglichen Natur ist eine unermessliche Fülle und Liebe gegeben; und das, was wirklich gebraucht wird für ein praktisches, würdevolles Leben, wird dir in Leichtigkeit zufallen.

Der Bogenschütze

Praktische Selbstverwirklichung: DU BIST nicht gegeben, da gibt es kein Erkennen, kein Kommen und Gehen. Das Nouemenon ist nicht getrennt von seinen Phänomenen. Die Quelle ist nicht getrennt von ihrem Fluß – DU BIST der Schütze, der Schuss und das Ziel. Dies was IST, zu sein, transzendiert die Benennbarkeit und Kennbarkeit von LEBEN und du findest dich dort wieder, wo du warst bevor du wurdest.

Du bist, was du bist. Wenn Wahrnehmung geschieht, ist BEWUSSTSEIN zu sich erwacht. Der Schleier ist nur die Idee, dass es einen Schleier gäbe; der Glaube, die Person müsste verschwinden, das ICH-SEIN müsste sich auflösen…

Alles nur Gedanken!

Wie lange noch verleugnen, was du bist?

Du bist der Schütze, ohne Zweites. Wenn du deine Rolle spielst und einfach bist, ist der rausgefallen, der nie drinnen war… Alles andere, ein Eiertanz des spirituellen Zweifels…

IN ALLEM BIST DU EINFACH DU

Du bist der Schuss ...

Leben ist in Bewegung und da macht sich die Idee breit, „Du" müsstest immer in Stille Sein, immer in Frieden; MENSCH, du lebst...

Du bist immer in Stille, dies Erleben, dass du existierst, ist die Stille und die Stille wird nicht verlassen, alles geschieht darin – gib dem doch Raum – indem du es bist. DIES macht sich nicht abhängig von Erfahrungen, das macht immer nur das scheinbare „Ich".

Erwachen ist deine Natur, leb wie du lebst und sei was-du-bist.
DA gibt es kein Werden, keinen Prozess und keinen Weg:
Die Bewegung ist Stille selbst, sei-deine-Bewegung, sei-der-Tanz, das hier ist ungeteiltes Leben. Wenn es geschehen soll, erlöscht alles in deiner Stille des HIER-SEINS; münde dort, immer wieder zum ersten mal. Die Sehnsucht holt sich und ist das Gesuchte selbst. Die Sehnsucht zu sein, ist die Süße der Hingabe, die dich verschlingt, indem du anhältst, ohne etwas anzuhalten und das bist, was IST. Du bist das ZIEL **...**

Der Sucher ist das Gesuchte! Fluch und Gnade: Nie wird es DEN Treffer geben, denn alles ist der VOLLTREFFER; SO ver-lasse den unruhigen Geist und sei einfach, was du bist.

SEI DAS, was du bist; das kann nicht gemacht werden, du bist es. ES geschieht HIER, in jedem Moment, von Moment zu Moment mit allem, was ist.

DU BIST – der Schütze, der Schuss und das Ziel.
Dies-zu-sein ist die Kunst, die keine ist und von jeder Künstlichkeit befreit, weil du absolut, ohne Wenn und Aber, vor und inmitten von allem bist, was du bist.

Ein Spaziergang an Strand des SEINS

Da DU es gesehen hast und immer schon in DEINEM INNERSTEN weißt, kannst DU nicht leugnen, dass DAS HIER, so wie es ist, makellos, vollständig und vollkommen ist...
Doch sind da immer wieder diese Gefühle und Gedanken, dass hier etwas nicht stimmt, an ihnen selbst, der Welt – überhaupt, hier läuft etwas schief. Und so bewegt sie etwas, ins Innere der Vollkommenheit, die grundlegend gegeben ist, zu folgen, sie wieder frisch zu entdecken, DEM auf den Grund zu gehen. Es geschieht in DEINEM Inneren, ganz einfach nah mit der Bewegung, die geschieht...
Es ist wie ein Spaziergang am Strand; es ist ein leichtes und entspanntes Laufen, die Füße sinken in den Sand ein und hinterlassen doch keine Spuren; Vollständigkeit, Vollkommenheit wird geschmeckt und dazu gibt es nichts Zweites.
HIERIN ist die Freiheit der EINEN Natur offenbar. Dem Geschmack, des EINEN Seins – dieser Intelligenz des HERZENS in allem zu folgen, erfordert MUT, denn deine Geschichte, all diese Gefühle und Gedanken, lösen sich auf wie die Spuren im Sand – was bleibt, ist dieser salzige, freudige Geschmack von SEIN – der die offene Weite des OZEANS in sich trägt.

Schmiede der Befreiung

Halte mich nicht von der Arbeit ab, sonst verliert sich die Hitze im Schmiedefeuer des Gewahrseins. Bringe lieber das Holz, der Begierden, der Wünsche, des Mangels, der Trennung und verweile IN DEM, was Freiheit ist, dass das Feuer weiter brennen kann. Nichts mehr davon da; Keine Vasanas mehr? Auch gut; bleib einfach HIER. Lebe, sei still und liebe. Nähre das Feuer mit dem Frieden, der Liebe und der Freiheit von DEM-was-ist, dass sich Selbst-Gewahrsein in allem erfassen kann. Es ist meine Passion, diese Arbeit zu tun – es geschieht jenseits von Tun und Nicht-Tun, mitten im Unmittelbaren. Jeder Handgriff sitzt, weil ich es liebe zu sehen, wie sich alles augenblicklich befreit und sich als das Höchste erkennt, in dem, was frei ist.

Ich bin der Schmied, der Hammer, das Eisen, der Ambos und das Feuer – es gibt keine Trennung zwischen mir und dem, was ist – im Unmittelbaren wird das Unvermittelbare sich selbst-gewahr, darin ist die totale Befreiung offensichtlich. In dieser Offensichtlichkeit tue ich, was zu tun ist und bin DAS-was-ich-bin.

Ich schmiede das Schwert des Gewahrseins für den Krieger, der das Herz mit Entschlossenheit in der Mitte trifft, dass sich das Berühren und erkennen kann, was HERZ-IST. Verweile einfach an diesem Feuer und beobachte. Verweile in dem, was frei ist und lass es aus sich heraus geschehen. DU BIST dieser Krieger – Sei still – Lebe was du liebst und SEI-was-du-bist ...

Befreiung: DAS zu SEIN-was-du-bist – ohne etwas rauszunehmen, alle lebendigen Bezugspunkte münden im Ungeborenen, vor dem ICH BIN. Die mentalen Neigungen vertrocknen im Nektar des Ungeborenen. Alles spielt sich ungebunden aus und verschwindet grundlos, in der einen Quelle, die nie verlassen wurde.

Crazy Wisdom

Was sollte es zu tun oder zu lassen geben. DU BIST, was du bist! Wenn du DAS liebst, was du bist, berührst du einfach in Sanftheit die Sanftheit des ICH BIN und lässt dich DA rein fallen und erfreust dich an der Zärtlichkeit und dem Frieden HIER-ZU-SEIN.

HIER können dich all die äußeren Ideen von Sicherheit, Angst, Schuld und Scham nicht packen, denn du erlebst, du bist frei, genau so wie du bist - du musst nicht an dir basteln und schrauben - dies, was da ist, darf sich in seiner Schönheit und Einzigartigkeit entfalten, einfach so...

JA, vielleicht wird man dich für verrückt erklären, Angst vor dir haben, dich meiden, weil man dich nicht in die handhabbaren Kategorien der weltlichen oder spirituellen Schubladen packen kann; doch die Schönheit, die du bist, kann auch niemand leugnen, denn du strahlst aus dieser lebendigen Stille - zärtlicher Liebe – die dich trägt. Es ist deine Größe, in Abwesenheit der Regeln zu TANZEN, dort wo es keine Referenz mehr gibt, die über dich urteilen kann. Aber sei dir im Klaren, dass man über dich urteilen wird, denn der Mensch, der überwiegend durch die Schubladen und das Denken agiert, bleibt diesen Regeln treu und kennt nicht dein Erleben.

Das tut natürlich auch weh, denn wir „Verrückten" tanzen in Berührbarkeit und Nacktheit mit allem, was ist. Wie die Erfahrung auch sein mag, der Tanz geschieht vorbehaltlos, es gibt kein Anhalten, denn es gibt kein Interesse, an etwas festzuhalten.
Du brauchst dich der „Welt" gegenüber nicht zu rechtfertigen.

Es gibt keine „Verantwortung" in Bezug auf die Welt und deren Objekte, in Bezug auf den sichtbaren Nutzen, den du den anderen bringen könntest, DU BIST einfach Antwort auf das, was ist, ohne weiteren Kommentar, Vorbild vor allen Bildern,
immer schon zuhause.

Du könntest sofort sterben, das würde dich nicht stören; denn darin liegt deine Freiheit, das zu sein, was nicht geboren wurde und somit nicht sterben wird. Du bist letztlich nur denen eine wirkliche Bereicherung, die „dieselbe Luft“ atmen wie auch du. Auch wenn immer wiedermal in Begegnung ein Funke überspringt und Inspiration geschieht – der Diamant wird erst erkannt, wenn selbst der Diamant im HERZEN des Selbst gefunden und in seinem Facettenreichtum erfasst wurde. Dann hat ES sich, ausweglos, ohne ein Wenn und Aber. DIES HIER, ist alles was ist. HIER kommst DU zur Ruhe, in einem lebendigen Frieden, denn du tust nichts mehr, Stille ist immer gegeben. Die Aussage „du tust nichts mehr“ kann der Verstand unmöglich erfassen. Er wird entweder sagen: „also es gibt doch immer etwas zu tun“ oder er redet sich ein „ich tue jetzt nichts mehr und meditiere bis nichts mehr passiert!“ Das ist absurd, denn man hört niemals damit auf, etwas zu tun. Man hört niemals auf, an etwas teilzunehmen, selbst wenn man sich in eine Höhle zurückziehen würde, die GANZHEIT DES LEBENS ist immer mit sich in Bewegung; ES-tanzt-sich.

Lass dich nicht abhalten, SEI was-du-bist, so wie du bist – und lebe, was du liebst. Es ist sehr simpel, du weißt sehr genau, was du liebst, also lass dich nicht mehr von der bindenden Art der kleinkarierten Verstandeswelt einfangen. Die Hingabe an die Spontanität und Zärtlichkeit mit dem, was ist, kann dir die Richtung weisen, in einem LEBEN von MOMENT zu MOMENT, denn jeder Moment erfüllt sich aus sich heraus. Hier gibt es niemanden mehr, der dir Vorwürfe machen wird, denn es gibt nichts, was geändert werden müsste. Sollte sich jemand von dir und deinem Sein gestört fühlen und dir Vorwürfe machen, so ist es aufgrund des sichtbaren Desinteresses an der „Welt“ und deren Funktionen, weil du die „von Menschen gemachten Dinge“, die Welt der Konzepte, Theorien, Traditionen und Konventionen nicht bedienst. Hier wirst du wahrnehmen, warum die totale Freiheit der Selbsterkenntnis auch die Zerstörung der „Welt“ ist.

Die Zerstörung ist kein Akt der Zerstörung – es wird nur kein Objekt mehr genährt, denn die Kraft des Interesses ist woanders, aber da gibt es kein woanders. Und so zerfallen die Dinge, weil sie keine Kraft mehr bekommen und dies offenbart mit jedem Atemzug mehr und mehr von dem, was Freiheit IST. Liest du diese Worte und folgst DEM HIER als „Person", die in die Welt geboren wurde, als Individuum, scheint das alles sehr provokant und so wird es unmöglich, die Bewegung der Leerheit durch sich selbst ganz zu erfassen, die das Erkennen der totalen Freiheit mit sich bringt. Wenn man DIES HIER durch den Verstand filtern würde, müsste man von einem Erkenntnis- und Befreiungsprozess sprechen. Doch das Erkennen geschieht spontan und die Erforschung hat kein Ende, weil sie nie begonnen hat. Jede bindende Vorstellung wird schlicht und einfach hingegeben und durchdrungen in DEM, was immer schon frei ist, so wird auch die Ich-Vorstellung zurückgelassen, die sich einst auf die Suche nach Freiheit und Erleuchtung gemacht hat; und so offenbart DAS, in immer feinerem Blick, all seine Facetten von Existenz und Nicht-Existenz als DAS, was du bist. „Die Person" wird nie wirklich bereit sein, die totale Freiheit zu erfassen, da die Person einfach nur ein Gedanke ist, der sich durch andere gedankliche Objekte nährt, so wird sie auch nie wirklich bereit sein, tief zu lieben, weil die LIEBE alle Objekte verschlingt, so wird die Person auch niemals erfassen können, was sie in ihrer wahren Natur ist, da es HIER kein persönliches Leben, keinen Gott und keine Welt gibt, nirgends.

Auf intellektueller Ebene kann man zu all DEM akzeptable Antworten bekommen, die sich auch für den Moment gut anhören und sich schön anfühlen. Doch das durchgängige direkte Erleben existiert nicht, denn es fehlt die Zweifelsfreiheit, dass du unbedingt und absolut anwesend und in allem das bist, was du bist. Es gibt keine Bedingungen für das, was du bist. Doch das Erkennen und Erleben der totalen Freiheit erfasst einen erst wirklich vollständig, wenn man sehendem Auges aus dem DA-SEIN gefallen ist und nichts als SEIN IST.

Das kann nicht gemacht werden, warum auch, es ist immer, was es IST – das Wesentlichste, bei DEM zu bleiben, was unmittelbar und konstant IST. Dich DEM aus Selbst-Genuss immer wieder hinzuwenden und dich von der Zärtlichkeit deiner Anwesenheit berühren zu lassen – anstrengungslos von MOMENT zu MOMENT – dich in die Schönheit und den natürlichen Frieden des HierSeins fallen zu lassen... Lass alles gehen, Sei einfach still und erlebe und genieße die Freiheit, dass DU BIST.

Der Atem Gottes

BEWUSSTSEIN ist alles, was ist und so kann es nicht anders sein, dass nur DAS sich lebt. Ganz praktisch: Im Berufsverkehr an der Elisabethstraße zu stehen, Abgase, viele Autos – OK, dein Wille geschehe – es ist ganz simpel, mich dem anvertrauen... mich von DEM finden lassen, mit dem, was geschieht. Lärm, auf der Hauptstraße rauscht es in mir – OK, dein Wille geschehe – und dann wird es still; und wenn du Zuhause ankommst, setz dich, halt an, lass du dich finden. Der Sucher ist das Gesuchte...

Wenn man den Begriff „Gott" nicht mag, weil er negativ besetzt ist... dann ein anderes Wort, was auf DAS GANZE hinweist: Das TAO spielt mit dem TAO, lass es sich spielen. HIER kann es tiefer erfahren werden, im Nicht-mehr-eingreifen-müssen, auch bei den Dingen, die DEM scheinbar entgegen stehen; einfach still sein und bezeugen, ohne sich von der Erfahrung abzutrennen, nimmt dich tiefer in DEM auf; es ist ein lebendiges Paradox. LEBEN lebt sich und wird immer wieder frisch geschmeckt, wie es ist. Direktes, unmittelbares Erfahren, das an nichts festhält. Erfahren und alles immer wieder weiter gehen lassen, erfahren und an nichts festhalten.

Sonst ist es wie in einem Kühlschrank, in dem etwas schon lange in der hintersten Ecke steht, was wir gar nicht mögen und so ist es schon durch und durch vergammelt, breitet seinen Duft über alles aus. Dasselbe Prinzip – unser Lieblingsjoghurt steht mitten im Kühlschrank, wird nicht angerührt, hat dort einen Ehrenplatz und nimmt noch mehr Raum ein, als er braucht und weil es unser Lieblingsjoghurt ist, steht er seit zwanzig Jahren da drin; das muss nicht weiter erläutert werden. *lachen*

Erwachen kann man nicht festmachen. Du musst dies, was da ist, frisch verspeisen, du kannst das LEBEN nicht konservieren. Erwachen kann immer nur JETZT HIER entdeckt werden, in dem, was ist geschieht. Immer wieder ein darüber hinausgehen. Du musst die Tür zu deinem „inneren Kühlschrank“ immer wieder öffnen, sehen was da ist, Verbrauchtes erkennen durch einfaches Sehen, von Zeit zu Zeit auswischen und dann auch wieder mit frischer Nahrung füllen. Dies Öffnen und Reinschauen – damit auch immer wieder Frische durch-wehen kann, damit das Verbrauchte gehen kann und wieder Raum ist für frische Luft – es ist einfach Leben zu seinen Bedingungen. Und das Leben ist der Atem Gottes. Der Atem Gottes will rein und raus. Wenn wir an einem Atemzug nicht festhalten, sondern ihn gewähren lassen, kommt der Nächste ganz sicher. ES lebt sich, lass es sich leben.
Es gibt so etwas wie eine Grunddynamik des Lebens, Ein- und Ausatmung. Es gibt Menschen, die bewegen sich in der Ausatmung Gottes, die lieben Gott, die ehren Gott – da ist eine Tendenz, ein lebendiger Impuls, etwas tun zu wollen auf der Welt. Und das kriegst du mit, weil du merkst, was dich interessiert, was deine Anliegen sind und dass du immer wieder das Bedürfnis hast, etwas Wertvolles für die Ganzheit von Leben zu machen. Dann halte dich nicht an das Bild von Ramana und wie er gelebt hat. Leb einfach dein Leben und wenn Raum ist, ehre DAS, komm immer wieder zurück zu dieser reinen Anwesen-heit, lebendig zu Sein, ehre diese reinste Empfindung, HIER zu sein und lebe dein Leben. Und das Leben mit Allem, wie es ist, wird erfüllt sein.

Wenn du wenig Interessen für dich in der Welt findest und auch kein großer Reiz mehr im Bewusstsein liegt, dann bist du in der Einatmung Gottes. Dann bürde dir keine Interessen auf, oder Sachen von denen du glaubst, die gehören dazu, weil es alle so machen. Mach keine Psychotherapie mehr, auch wenn du scheinbar verkorkst bist, sondern lass die Verkorksung für DICH arbeiten. Sei einfach still und verweile im Herzen; in der Liebe zu dem, was Selbst ist. Sitz einfach in der Höhle des Selbst, zusammen mit Ramana, Nisargadatta... sei diese Stille und genieße die stille Schönheit und die Liebe des SEINS, die „dich" gar nicht braucht.

Die Schönheit des Seins kann immer nur in der Abwesenheit von „Mir" erfahren werden. Es ist etwas Natürliches, dass das Ich anwesend ist und abwesend ist. Damit spreche ich vom relativen Ich, von der relativen Idee natürlich nur. Und die Abwesenheit von dir wird einfach erlebt, wenn das Unmittelbare offensichtlicher in der Wahrnehmung ist, als die Vorstellung von „Ich, mein Leben und die Welt". Dieser energetische Kreis „Ich, mein Leben und die Welt" bedeutet, sich um die eigene Gefangenschaft zu drehen, selbst mit den kleinen Befreiungsversuchen sich immer tiefer darin zu verwickeln.

Einfach das WESENTLICHE ehren, das Wesentliche tun und still sein damit, bringt dich DIR im Erleben ganz nah. Wenn wir darin ganz sanft sind mit dem Leben, beschenkt es uns mit sanfter Zärtlichkeit und diesem allumfassenden natürlichen Frieden, HIER-zu-sein. Mach keine Regeln aus den Worten hier, nimm einfach das Lebendige, was darin schwingt, auf. Wenn wir den Bildern und Vorstellungen nicht aufsitzen, sondern der Dynamik vertrauen, die sich aus der eigenen Leere ergibt und die Bereitschaft da ist, immer tiefer zu wurzeln in dem, was Selbst ist, wird das Leben, gleich wie es erscheinen mag, als die totale Sattheit erlebt. Du bist absolut SO gewollt, wie du jetzt bist. Gottes Wille ist das, was ist, ist die totale Akzeptanz und braucht nicht deine Akzeptanz, du bist frei und bedingungslos geliebt.

Das Herz aller Dinge

Wenn eingesehen wird, nie wirklich einsehen zu können was du bist, DU DICH in keiner Dimension der Erfahrungen finden kannst, geschweige denn dir irgendwo entgehst – kann das, was kommt und geht, das was sich als Bewegtes und Unbewegtes zeigt, in das zurückfallen, was HERZ ist und sich darin total erfassen. Hier enden die Worte; DU BIST immer schon was du bist, selbst wenn nichts ist... Alternativlos ist das Absolute in seiner Relativität endlos mit sich im Tanz, ohne jemals wirklich zu erscheinen. Darin den Raum der Gegebenheiten aus den Augen zu verlieren, weil da die Gewissheit ist, dass letztendlich noch nicht mal NICHTS ist – ein schöner Traum, der auch wieder zum nächsten Alptraum wird, wenn der Tanzboden der Gegebenheiten nicht gefegt wird.

Schau dir einen Zen-Mönch an, der jeden Tag auf seinem Kissen sitzt, die Gedanken ziehen läßt und darin die LEERE im Unmittelbaren ehrt; der jeden Tag den Garten fegt, obwohl gewiss ist, dass im nächsten Moment wieder Blätter fallen. Obwohl gewiss ist, dass in dem, was er ist, nie etwas kommt und geht...

Immer wieder wird zum ersten Mal frisch gesehen: Der RAUM ist leer, die Welt ist leer und der, der das wahrnimmt, ist eine weitere leere Erscheinung. Alles Erfahrbare, zu dem du versuchst, eine Beziehung aufzubauen, macht dich nicht glücklich, wie auch? Zu dir gibt es nichts Zweites; du bist DAS, was Glück ist.
Was für ein Glück...

Das Unbedingte erlebt sich einzig durch Bedingungen. Bedingtes wird immer bedingt sein. Auch wenn es sich in seiner Form wandelt, Bezugspunkte verlässt, stiller wird, absolute STILLE IST – ist es immer in einem bedingten Kontext von LEBEN; und die Bedingungen müssen nicht gehen oder sich wandeln für das, was du bist. Fließ einfach mit...

Wenn erkannt wird, dass man die Objekte nicht loswird und dass kein Objekt je das Verlangen stillen kann, kann verstanden werden, was es bedeutet, anzuhalten, still zu sein. Es kann erfasst werden, dass sich das ABSOLUTE nicht entschleiern lässt, indem man es traktiert – es wissen und erkennen will – sondern indem man in stiller Akzeptanz alles da sein lässt und wach schaut, offenbart es sich unermesslich in all seinen Facetten. Frieden und objektlose Liebe tauchen aus sich heraus auf und erfüllen den Raum des Erlebens mit der Sattheit zu sein, was du bist; DIES geschieht einfach so aus sich heraus, wenn die Bereitschaft und die Aufrichtigkeit da sind, anzuhalten und
still zu sein mit dem, was ist.

Der Sucher ist das Gesuchte – wir können aufhören, dem Mysterium-des-EINEN hinterherzuhecheln, weil wir es sind. Dies HIER ist einfach eine Einladung des ABSOLUTEN an sich selbst zu Sein, was du bist, Ein- und Auszuatmen, Holz zu hacken, Wasser zu holen, Tee aufzugießen, die Süße des LEBENS zu schmecken und in DEM zu versinken. Und dann wieder rauszugehen, den Garten des SEINS zu fegen, zu tanzen von Herzen und DAS zu sein, was HERZ ist.

Natürliche Meditation:
Immer wieder zum ersten Mal

Natürliche Meditation ist etwas ganz einfaches und muss für nichts herhalten, es geschieht immer wieder zum ersten Mal. Es ist die Intimität mit dem Nicht-Wissen, die Intimität mit dem Unmittelbaren, darüber kann es kein Wissen geben, denn es ist in der Bewegung der Stille – absolut frisch – nicht haltbar.

Wirkliche Intimität kann nur entstehen mit dem, was da ist, mit den Füßen auf dem Boden, mit dem Hintern auf der Sitzunterlage, dem Atem, der kommt und geht. Das Hören beginnt und endet bei den Ohren, in der totalen Lebendigkeit, die einfach ist. Empfindung ist einfach da mit dem, was ist. Atmung findet statt und du sinkst in die Atmung hinein. Du bist das Gesuchte, das hier ist alles, was ist; und so bist du einfach mit der Wahrnehmung mit dem Unmittelbaren, mit dem, was da ist. Sei die Bewegung der Stille, die HIER stattfindet. Es ist immer wieder die Unmittelbarkeit, du musst nichts darüber wissen, es ist unvermittelbar. Einfach das Sehen und Erleben, wie es im Moment erlebt wird. Schau dir an, wo du bist, wer du bist, genau hier und genau jetzt. Das ist es. Das ist die Wahrheit, das Unbewegte, endlos mit sich im Tanz, sei einfach still. Schmecke einfach die Fülle von dem, was da ist. DIES HIER ist der Tanz von Form und Leere.

Es kann sein, dass Unangenehmes oder Schmerz auftaucht. Mach keine Unterschiede, im Bewusstsein erscheint Glück und Leid, wie Sommer und Winter, sei einfach das, was da ist, unterschiedslos. Der Impuls und die Vorstellung, verändern zu müssen, verliert an Substanz. Jede Erfahrung kann kommen und gehen, darf sein, wie sie ist, in der Intimität des Wahrnehmens. Du bist mit der Bewegung, die von Innen aus sich heraus stattfindet, bist in Bewegung mit DEM, was unbewegt und still ist.

Das Unmittelbare wird immer wieder unvermittelt erlebt.
Der Atem, so wie er kommt und geht, die Füße auf dem Boden, der Hintern auf dem du sitzt, einfach so, wie es sich zeigt. DU kommst HIER immer tiefer an - bist einfach HIER, anstrengungslos.

Du erlebst die unmittelbare Erfahrung, wie sie ist. Darin kann entdeckt werden, was frei ist. DU, so wie du bist. Wer bist du?

Indem du schaust und nicht-suchst mit dem Erleben, wie es sich zeigt, entschlüsselt sich das offene Geheimnis immer tiefer, immer unergründlicher, nährt sich der Raum selbst, in diesem Nicht-Wissen, dieser Vibration der natürlichen Stille da zu sein. Es nährt sich so, wie es gebraucht wird, weil es in sich satt ist.

Das zweischneidige Pferd

Natürlich, ES kann intellektuell/intuitive erfasst werden, was du bist... und dann mit Buch-Wissen konzeptuell aufpoliert werden.

Doch das stille Sitzen, in dem nichts gewollt oder abgelehnt wird, lässt dich DIES wirklich durchdringen.

Ein Sitzen, mit dem du nicht zur Erleuchtung willst, mit dem du nichts los werden willst, einfach bist, was du bist.

Das zwei-schneidige Pferd, ich,

was sich durch Gewinn und Verlust, ja und nein, Wenn und Aber am Leben hält, wird dem Feuer des Selbst-Gewahrseins übergeben.

Es bedarf einfach des Mutes, seinem eigenen Tod zu begegnen; de Mut, die Angst zu sein... Es bedarf de Mutes, DAS was ist zu sein, ohne Story, ohne Wenn und Aber, zu SEIN was du bist...

Der Zauber des Lebens

GUT, wenn alles da sein kann, ohne dass eingegriffen werden muss; so kann sich alles an sich selbst abreiben.

DA braucht es nichts, im Still-Sein und im lebendigen Erleben „verschwindet langsam bis plötzlich“, was scheinbar falsch als gedankliche Interpretation aufgetaucht ist; weil DAS alles in Wirklichkeit gar keinen Grund, keine wirkliche Substanz besitzt.

Der Zauber des Lebens ist wie ein Sandsturm im NICHTS, doch gibt es darin oder davor keinen Zauberer, so wie niemand den Wind bläst um den Sand zu erheben.

Alles geschieht aus sich heraus, einfach so… Verdeckst du dich in deinem eigenen SEIN, zu dem es nichts Zweites gibt und alles darin sein darf, wird gesehen, was wirklich ist und wer du immer, unbedingt bist...

Anwesenheit ist unbedingt

Komm einfach immer wieder zu dem nackten Gefühl von Anwesenheit zurück, verweile dort, ohne irgendetwas davon zu wollen. Ob Wollen oder Nichtwollen, Frieden oder Unfrieden darin auftaucht, Anwesenheit ist in Frieden. Sei in dieser natürlichen Stille intim mit dem, was IST und lass alles etwas Gesehenes sein, ohne dich vom dem, was ist, abzutrennen.

Indem erfasst ist, dass alles, was du wahrnimmst, nicht das ist, was du bist, ergibt sich die Möglichkeit, dass sich das offenbaren kann, was du bist. Das, was ALLES Erfahrbare ermöglicht. „Du bist“, das ist die Basis, auf der alles andere erst erscheint. Halte daran fest und lasse alles andere gehen.

Gedanken kommen und gehen, Gefühle kommen und gehen, die Welt und BEWUSSTSEIN kommt und geht, für all das musst du sein, also bleib bei dem unbedingten Erleben, das DU BIST. Sei einfach, was du unbedingt ist.

Auch dies ewige SEIN ist etwas, was kommt und geht, denn wer warst du, bevor dieses friedliche Gefühl von SEIN über dich kam?

Finde es für dich heraus,
wer erfährt dieses SEIN „Ich Bin“ „Jetzt Hier“?
Sei mit dieser Frage still, intim,
und sieh, dass du all dies sehen kannst.

Du bist das, was all die Erfahrungen ermöglicht, doch selbst nie Erfahrung ist. Also, wer warst du, bevor du wurdest?...

Sei das was du bist, lasse alles andere, in Stille, gehen

Ich Bin – anwesend – unbedingt

„Was ist das Ich Bin?“

Dies einfach Empfinden, anwesend zu sein. Das Tor zwischen dem Vergänglichen und dem Absoluten. Ganz konkret, das unmittelbare Erleben HIER: Das Sitzen auf dem Stuhl! Das Atmen... wenn das unmittelbare Erleben Ich-Bin-Hier interessanter ist, als die Stubenfliege und die Gedanken über das Geschehen, die hier durchrauschen; dann ist die Sache gegessen. Dann lässt du dich endlos verspeisen und es wird immer süßer – ohne, dass es süßer werden muss.

Das Potential der Erforschung liegt oft in dem, was wir los werden wollen. Wenn wir die Finger rausnehmen und sehen: ja, Ich-Bin-Hier... und dieses Ich-Bin-Hier verändert sich gar nicht. Gleich, wie sich die Erfahrung zeigt; DU musst doch für jede Erfahrung da sein und dieses reine Dasein, dieses Erleben Ich-Bin-Hier, ist immer unverändert. Schau es dir an... hierin kann die Freiheit deiner Natur immer tiefer entdeckt werden; indem du darin verweilst, einfach so. Interessant und so wesentlich, direkt zu sehen, dass du unbedingt bist. Wer will? Wer sucht? Wer schaut? Es ist das Bewusstsein, was sich durch sich selbst bewegt. Wird dies existenziell erfasst, wendet sich alles. Es ist frei, dies wird total erlebt in der Intimität und der Klarheit des einfachen Erlebens Ich-Bin-Hier. ES erlebt und verschlingt sich selbst. DAS HIER ist alles, was ist.

„Dieses Verweilen im ICH BIN-Gefühl, so wie du vorhin in der Küche darüber gesprochen hast, fühlt sich aber erst mal persönlich an. In deinem Buch z.B. schreibst du, dass du dann, wenn du im unmittelbaren Ich-Gefühl verweilst, im unpersönlichen Wahrnehmen bist. Ist es einfach eine Fehlinterpretation von mir, dass es sich persönlich anfühlt?“

Das Persönliche ist nicht persönlich.

„Es gibt eh nichts persönliches, es fühlt sich nur so an, also wird so interpretiert."

Interpretation ist Interpretation, ein Versuch des Verstandes, der sagt: DAS HIER, Freiheit, fühlt sich SO-und-SO an, ... da muss ich noch für ackern, ich muss noch stiller werden, DAS Erleben hat anders auszusehen. Interesse an den „Gedanken und Gefühlen" sind die Ketten der Gefangenschaft. Wenn wir in der Erfahrung still bleiben, fühlt es sich erst persönlich an, dann erscheint es unpersönlich und dann erlischt der ganze Erfahrungsbericht, die ganze Erfahrungsgeschichte. Beides Geschichte, persönlich oder unpersönlich, Story oder Bewusstsein. Und darin löst sich das reine Ich-Gefühl ab, dennoch bist du. Und das, was du bist, ist nicht gebunden an eine An- oder Abwesenheit, wovon auch immer.

Das, was du bist, ist immer HIER; vor und inmitten von jedem HIER-SEIN. Da schaut nämlich niemand hin. Niemand schaut auf das, was schaut, alle schauen auf ihre Probleme und alle schauen auf das Satori, sich gut fühlen, wollen erwachen. Doch dies, was du bist, ist so außergewöhnlich gewöhnlich, dass es die ganze Existenz in sich trägt, das kann selten erfasst werden. Da ist das, was du bist und dann erscheint Anwesenheit als Empfinden Ich-Bin-Hier. Wahrnehmung taucht auf, Raum erscheint, Formloses tanzt mit sich, die Welt erscheint durch diese Vibration von Leben. Niemand, der darin ist, es ist einfach das Spiel des Bewusstseins. „Niemand, der darin ist" ist ein Hinweis, dass DIES HIER leer ist von einer Wesenheit. Es weißt auf das, was BEWUSSTSEIN IST; das was du in deiner Natur bist, vor dem reinen Empfinden ICH BIN.

DAS was du warst bevor du wurdest

Wach-Traum, Schlaf-Traum und Tiefschlaf wechseln sich ab.
DU bist in dem, was man (erscheinendes-)Leben „nennt“, unverändert anwesend. Anwesenheit, Ich Bin, verändert sich in alledem nicht! Die Zu- und Umstände darin wandeln sich unentwegt. So ist es das torlose Tor, in dieser Anwesenheit still zu verweilen, in der alles erscheint, ohne auf das Altbekannte zurückgreifen, zu sehen und einfach zu sein, ...

Morgens wenn DU wach wirst, kann intuitiv festgestellt werden, dass bereits wach-SEIN war, bevor du dir erschienst. Es kann erfasst werden, dass DU bereits anwesend warst, bevor die Anwesenheit ICH BIN mit dir und der Welt erschien.

Unterschätze dies ICH BIN nicht, werte dies simple Empfinden, anwesend zu sein, nicht ab. Untersuche es direkt an der Wurzel – ohne Objekte zu erschaffen – und sieh, dass DU vor jedem Gesehenen, vor der Welt und vor dem Bewusstsein ICH BIN sein musst. Das kann Hier und Jetzt, in einem Moment erfasst sein; entfaltet aber nur wirklich seine Kraft, wenn DU still bist mit all dem, was erscheint und du dich nicht beirren lässt von dem, was erscheint. Fasse einfach den objektivierenden Verstand nicht mehr an und „verweile“ einfach vor der Anwesenheit, „dort“ wo du bist, was du bist. So kann alles kommen und gehen und es verliert seine Kraft über DICH. Das erscheinende Bewusstsein, die Welt und universelles SEIN fallen weg und DU BIST. Kein Objekt mehr, nur Dunkelheit als Urgrund ist und du bist. Dunkelheit als Urgrund fällt und du bist ohne jede Wahrnehmung, DAS, was du warst bevor du wurdest.
DAS ist immer...

DU BIST; HIER bleib, ohne wenn und aber, in dieser Grundlosigkeit be-deutungsloser Freude, der absoluten Selbsterkenntnis, in der kein Selbst zu finden ist, ...so kannst du DAS sein, was Selbst ist.

Nisarga Yoga

Alles geschieht immer natürlich und spontan aus sich heraus.
Alles ist seine eigene Quelle

... Du bleibst still, mit dem was ist ...

All die Trips, die auftauchen
All die Un-Vollkommenheit
All der Schmerz des Scheiterns
In diesem endlosen MOMENT
Die Erleuchtung, die auftaucht
Die Freude des LEBENS, die Zärtlichkeit des SEINS
Der Frieden, der bedingungslos alles umarmt
Licht und Dunkelheit, Form und Leere,
Dualität und Non-Dualität
All das ist Dualität, LEBEN im Erscheinen, aus DIR ...
Wer erfährt ALL DAS? Wer erfährt ?

Lass ausnahmslos alles verbrennen und
SEI DAS, was dies Feuer ist.

Geh nicht mehr, nirgendwo hin.
SEI DAS, was weder kommt noch geht
und bleib still...

Das Namenlose

Alle Namen sind im Namenlosen bis auf den Letzten schon geträumt. In diesem Moment sind Gegenwart, Vergangenheit und Zukunft in ihrer Absolutheit vorhanden. Die Wirklichkeit und ihre Verwirklichung sind nicht voneinander verschieden. Das hier ist die Realisation dessen, was deine Natur IST. Für SIE gibt es kein Kommen und kein Gehen. Für SIE gibt es weder Geburt noch Tod und das ist der Tod für den, der sich als etwas Verschiedenes zu dem kennt, was Wirklichkeit ist. Die Wirklichkeit in ihrer Verwirklichung ist immer das, was ist. Das hier ist Selbstverwirklichung und darin hat sich nie etwas verwirklicht, DA es immer schon die Verwirklichung von DIR ist. Alles was geschieht, ist schon in Ewigkeiten geschehen, es erscheint spontan und so vergeht es – nichts, an dem man festhalten könnte… Das Namenlose ist in seiner Absolutheit mit und ohne Namen das, was ist.

Doch so lange du „glaubst", du seist jemand mit einem Namen, bist du in deiner Gefängniszelle zum Tode verurteilt – gnadenlos. Darin liegt – *viel(zu)leicht* – die Gnade, in das Ungeborene Namenlose zu sterben und in allem das zu sein, was weder einen Namen noch keinen Namen hat.

Wenn du genug hast von den Ge-Schichten über das Leben, das Werden, den Tod und das Vergehen und den Drang, etwas SEIN zu müssen …sei einfach ohne Rang und Namen – DAS, was das Höchste, Namenlose – deine wahre Natur, ohne-Zweites ist.

Immer wieder stellte sich ganz aus sich heraus die Frage: "Wer bin ich ohne Rang und Namen?"
…in der Offensichtlichkeit - nicht wissen zu können, weil es näher als nah ist – da ich DAS HIER ohne Rang und Namen bin.

So ist es immer wieder nur die Un(ver)mittelbarkeit
der direkten Erfahrung, die das Tor in DAS Unvermittelbare ist…

Sich im Satsang treffen

Sich im Satsang treffen ist ein Geschenk, ein Geschenk an sich – wirkliche Begegnung ohne Story, die alles erlaubt… Berührung im Selbst, mitten im Mensch-Sein, unmittelbare Befreiung mit allem, was da ist.

So simpel und so radikal, weil es nichts raushält. Liebevoll und doch total klar in dem, was ist – nicht mehr auf dies Gefühls- und Gedankenzeugs einzusteigen, sich nicht mehr in den Trips zu verlieren und so tiefer zu wurzeln, wo du immer schon zuhause bist,

IN DIR...

Eine direkte Einladung, unmittelbar zu erwachen – ohne Weg, ohne Bedingungen, dich dir direkt hinzuwenden und immer wieder zum ersten Mal von der Liebe und Freiheit deiner Natur zu kosten,

die das Ganze ist…

Wer sucht, ist verloren

Wer sucht, ist verloren und wer auf der Suche nach sich selbst nichts gefunden hat, einfach mit der Bewegung und der Stille des Lebens ist und aufrichtig schaut, sieht: DA wird Gott sei Dank nichts gefunden, nur dies Verloren-sein, in dir selbst, was Selbst-Genuss und endloses sich-finden-lassen ist.
Heute bin ich mit meinem Sohn bei der Kung Fu Meisterschaft gewesen. Wenn ich unter Normalbürgern bin, wie sie der olle Kodo gerne nannte, da einfach nur berührbar in Stille schaue, ist mir einfach zum heulen, alles fließt mir weg, süße Hingabe, die alles absorbiert. Totales verloren-sein in der Stille dessen, was ist. Wer sucht ist verloren – entgeht dem eigenen Verloren-Sein, der stillen Ausweglosigkeit von DEM, was Finden und Nicht-Finden ist. Vorfinden der eigenen Natur – vor dem ICH BIN. Das, was das ICH BIN ist. DAS HIER, ungeteilt, pur, so wie es ist.

„Ich bin heute zum ersten Mal hier. Ich hab dein Buch gelesen und es hat mich immer wieder sehr berührt, dass ich aufgelöst in Tränen da saß. Obwohl ich vieles, was ich las, garnicht verstand, war da so eine tiefe Berührung und aus dem Wunsch, Verstehen – wirklich erkennen zu wollen, aus Resonanz oder Anziehung bin ich heute hier. Soll ich einfach die ganze Suche aufgeben?“

Das würde nach hinten los gehen, dich irgendwann wieder auf den psychologischen Verstand mit all seinen Bildern, Ideen und Vorstellungen zurückwerfen. Weißt du, wer du in deiner wahren Natur bist?

„Nein, ich weiß es nicht wirklich.“

Das ist doch eine klare Aussage, dies „ich weiß es nicht" ist absolut wertvoll... Schau, du bist hier, du erlebst, dass du lebst. Das wird immer und überall erfahren, wenn Erfahrung stattfindet.Diese Konstante erforsche, indem du einfach im Unmittelbaren intim bist mit dem, was als direkte Erfahrung geschieht. Das ist, was auch jetzt gerade passiert, wenn du hier sitzt und nicht in Gedanken suchst; du erlebst, dass du da bist. Und dies scheint unspektakulär und ist doch total friedlich und satt...

„ Ja..."

Wenn dies erforscht wird und dies interessanter ist, als das Suchen in Gedanken und anderswo, verliert die Suche und das, was daran gebunden war, an Substanz und verschwindet mehr und mehr, weil die Sattheit, dass DU BIST, wertvoller ist als alles, was du suchen oder finden kannst. Es ist immer bei dir, wenn du bist. Das Verweilen darin und das stille Erforschen davon, indem du einfach HIER bleibst, öffnet eine tiefe Zufriedenheit, die alles andere in den Schatten stellt.

*„Ich bin nicht das erste Mal hier *Lachen* Ich bin so tierisch dankbar für die Zeit mit dir. Die Woche Retreat mit dir war wohl das Beste, was mir seit Ewigkeiten passiert ist.Du bist der einzig mögliche, kompatible Typ, der für mich eine Vermittlung DESSEN stattfinden lassen kann. Normalerweise ist das Kerlchen hier ein ziemlicher Haudegen. So kennst du mich nicht,da meine Person in deiner Gegenwart grundsätzlich zu schmelzen anfängt und weich wird.*
Ja, auch und gerade außerhalb deiner Sessions, besonders in der Küche. Die Satsangs, die du abfackelst, sind das einzige auf der Welt, was mich zum flennen bringt wie ein Schulmädchen. Nach der Retreat-Woche mit dir ist nun endlich eine einigermaßen gescheite Ahnung davon da, was „stilles Sitzen" bedeutet. Regelmäßiges, absichtsloses Sitzen scheint tatsächlich einen grundlegenden Frieden installieren zu können. Da ist dann immer öfter keine „Welt" mehr.

Das, was ich für „meine Probleme“ gehalten habe, entpuppt sich als virtueller Gedankenfurz. Und es wird gesehen, dass es noch nicht mal um den Frieden geht. Es geht nicht um irgendeine Erkenntnis, nicht um Bücher, nicht um Gurus... es geht ja nicht mal um mich!“

Gewöhnlichkeit, Realisation, Stille, ...
...nichts als Worte

Ich sitz gerade hier gelangweilt, friedlich und leer
und lausche nebenbei der Musik der Stille
und hab einfach Spaß dabei...

...dies Empfinden von Ungeteiltem-Bewusstsein frisst alles auf.
Was für eine Kraft, nichts tun zu können...
sich nie zu entgehen – geschweige denn sich irgendwo zu finden
und einfach verschlungen zu werden in dieser absoluten
Gewöhnlichkeit, die die totale Realisation ist.
Die Stille, die immer ist – so gewöhnlich, so absolut gewaltig – lässt sich in keinster Weise domestizieren, da sie total unbedingt, frei in ihrer Natur ist, die DU BIST.

Im Auge des Sturms

„Auf der Arbeit stürze ich immer wieder ins Chaos, es passiert oft, wenn ich mit dem Auto unterwegs bin und es wird einfach wild in mir, die Nerven spielen verrückt."

Ist Jetzt etwas davon da?

„Ja, Angst taucht auf...,
völlig unbegründet schwingt es und packt den ganzen Körper."

Fühl es einfach, jetzt in diesem Moment, gib dem Raum.
Sei es und vielleicht wird offensichtlich, dass darin etwas still ist.

„Ja..."

Wenn du auf der Arbeit bist und das so heftig passiert, mach deinen Job so gut du kannst, ohne dich anzuspannen und gib dir einen Moment, um anhalten zu können.
Zuhause relax und wenn du dich erholt hast vom Sturm, verweile in dem Sehen und tauch in die Materie ein, indem du einfach HIER BIST, mit dem, was friedlich ist.

„Ja, Danke..."

„Das berührt mich gerade, mir passiert sowas in letzter Zeit auch immer wieder: Wenn ich Zuhause bin, ist so eine tragende Stille da. Dann mache ich mich auf den Weg in die Stadt, zum Beispiel zum Einkaufen und mich packt das Chaos, irgendwo, ganz unvermittelt..."

Ja, kann passieren.

Du kannst schauen, einen Moment anhalten und schauen: DA, wo Trouble drin auftaucht, diese Anwesenheit, verändert sich nicht. Das kann gesehen werden. Wenn du da sitzt – Stille, Seligkeit, Abwesenheit von dir erlebst – kann sich der Blick auf die Anwesenheit richten, sie verändert sich nicht. Diese grundlegende Erfahrung, dass du da bist, ganz gleich, wie du bist, verändert sich nicht.

Natürlich ist die Tendenz da, das Glück und die Stille auszukosten, dort tiefer zu gehen, nichts ist falsch daran.

Bist du verzückt in dem RAUM, genießt die Seligkeit, Hier-zu-sein, kriegst DU nicht mit, dass Anwesenheit unverändert ist. Doch das ist der Ausgangspunkt, du bist schon davor – ohne kommen und gehen. Schau es dir das nächste Mal an und verweile vor dem Glück, als das, was das GLÜCK IST, unbedingt.
Genau so ist es mit der Involvierung in das Chaos. Wenn da ein Moment zum schauen ist, siehst du, da ist Anwesenheit und die verändert sich nicht. Und du musst schon SEIN um Anwesend zu sein. Vergiss den Traum und sei DAS...

Probleme wird es immer wieder geben,
löse sie, indem du sie lässt,...

Es gibt keine Regeln

„Wer stellt denn hier die Regeln auf?“

Keine Ahnung...

Sie entstehen und vergehen einfach, ES ist vergänglich und ewig zugleich. Es gibt etliche Regelwerke, suche dir eins aus und spiele mit.

Wenn du die Freiheit liebst, wäre es interessant, eine Regel zu finden, die sich keinen Regeln unterwirft. Wie die Herausforderung des direkten Blickes – zu SEIN-was-du-bist und zu leben, was du liebst – darin unterwirfst du dich dem ungeteilten Bewusstsein und bist das, was Bewusstsein ist. Darin lebst du ein erfülltes Leben, von Moment-zu-Moment... was nicht unbedingt den Vorstellungen von „dir“ oder „der Welt“ entsprechen muss. Aber diese Liebe, die immer schon frei war und immer nur in FREIHEIT sein und erblühen wird, kümmert sich keinen Deut um Bilder und Vorstellungen, weil das, was LIEBE IST, kein Bild ist – es ist DAS LEBEN in Bewegung. Durch die lebendige Erforschung und den Mut, wirklich DAS zu SEIN-was-du-bist, ergibt sich ein Zwischen-RAUM, der Mitgefühl, Dankbarkeit, Klarheit, Frieden... die Schönheit des SEINS immer tiefer eröffnet. Wer DAS nimmt und alles in berührbarer Offenheit hingibt, sich darin verliert, ist bereits im HÖCHSTEN verloren...

Du hast keine Chance – relax – und nutze jede Chance, die dir zu Verfügung steht... dich in Stille und Sanftheit diesem Wortlosen-Verstehen zu widmen...

Aus dem Absoluten

Aus dem Absoluten erscheint Wahrnehmung und Raum.
Die Dunkelheit des Unmanifesten und das Licht des Gewahrseins, Form und Leere, es sind nicht zwei, aber ganz sicher auch nicht eins. Leben spielt sich einzig durch Polarität ab – für beides musst du anwesend sein. DU BIST, darin halte an und bezeuge, in dieser totalen Nähe, alles was du wahrnimmst; und sei, was du bist. Wahrnehmende Präsenz durchdringt den Raum. Raum trägt alles in sich, was durch die Bewegung der Wahrnehmung und die Vibration des Bewusstseins-Raumes erscheint. Das Universum erscheint, die Welt erscheint, LEBEN geschieht... Manifestation ist das Absolute. Sei dein eigener Beweis, dass du das Absolute bist: verweile in der Unmittelbarkeit, dass du bist und es holt sich zurück, in die Absolutheit deiner Natur, die vor jedem Kommen und Gehen immer war, was sie wird. Bleib dort und genieße den Tanz, der einfach geschieht...

...einfach immer weiter anhalten, ohne etwas in dir oder um dich herum anzuhalten und die Lebendigkeit, die Vibration des Atems beobachten und ES zu sein...

Erst wendest du dich dir zu, so wie du gerade bist, mit dem, was ist. Dann eröffnet sich darin – aus sich heraus – das direkte Erleben ICH BIN und ICH erscheine in DEM.

Dann wird offensichtlich, dass du vor allem Erscheinenden bist – du bereits sein musst, dass das ICH BIN erscheinen kann. Also bleibst du bei diesem nackten Ich Bin anwesend und hältst an gar nichts fest. Bezeugst einfach ausnahmslos, ohne dich von der Erfahrung abzutrennen. Lass ES das Wichtigste sein.

Wenn in dir die verschiedensten Interessen auftauchen, die als unwesentlich erlebt werden, dann kannst du dir anschauen, was dich aus diesem vibrierenden Erleben ICH BIN rauszieht... und dann beobachte einfach weiter, indem du still im Unmittelbaren verweilst, immer wieder zum ersten Mal eintauchst in die Energetik von dem, was gesehen wird, dies lebendige Vibrieren, was absolut frei ist... es einfach bist, so wie es ist.

Dies unmittelbare HIER-SEIN ist die Quelle dieser Vibration von LEBEN und DU, die Quelle von allem was erscheint. Du bist selbst die Quelle von diesem HIER-SEIN. DU, wer bist du? Erforsche dies Erleben ICH-BIN-HIER, indem du es beharrlich bezeugst, darin verweilst, ES BIST, genauso wie du bist, das ist alles.

Das ist alles! Ohne Wenn und Aber zu sein, was du bist, heißt, dich zu kennen, wie du dich im Tiefschlaf kennst und das ist hier und jetzt der Fall. Selbst-Realisation heißt, DU BIST immer HIER, als das, was DU in deiner Natur bist. Keine Qualität bringt dich DEM näher, darin liegt die absolute Freiheit, DIR in allem nah zu sein. Du kannst es den Sadguru nennen, das Namenlose, das, was sich jedem Bild entzieht und doch nicht getrennt ist von DEM, was IST – der Stuhl, der Teppich, das Kissen, dies hier. Das, was Form und Formloses in sich trägt. Nichts, was sich durch Alles erfährt, absolut unbedingt. Mit und ohne Erfahrung IST, was es ist. DAS HIER, so wie es sich zeigt, ist alles, in sich frei. Im Schmecken der Freiheit – in diesem Moment – offenbart sich die Schönheit des LEBENS. Ich bin nicht, doch das tanzende Universum ist Beweist meiner Existenz.

Wenn das Universum, die Erfahrung verschwindet, abwesend ist, bleibst DU als das, was du warst, bevor du wurdest – DAS, was du in deiner Wahren Natur bist. Erscheint die Welt, findet Identifikation statt, mit der Person, dem BEWUSST-SEIN, mit was auch immer. Das eine ist eben subtiler, das andere ein wenig gröber. Erscheinungen, so oder SO, kein Unterschied für deine Natur. Erfahrung kommt und geht, in dem, was Erfahrung ermöglicht. Du lebst so, wie du lebst und es in deinen Möglichkeiten liegt.

Irgendwann wird erfasst, dass du in der Abwesenheit von Erfahrung gar nicht abwesend bist. Im DA-Sein nicht da bist und in der Identifikation mit Etwas nicht identifiziert bist, weil du in dem, was ist, nicht bist. Du bist hier nicht drinnen, PUNKT.

Du bist, was du bist und das warst du auch schon, bevor du wurdest, weil das, was du bist, nie zu etwas wird. Das ganze DING ist leer und darin solch eine Fülle. Kein Näherkommen zu dem, was du bist und kein Entfernen von DIR, in allem bist du du. Das hier sind die maximalen Worte, die darauf hinweisen, dass es keinen Weg, kein Ziel und nichts zu tun gibt.

Das kannst du für dich erforschen, herausfinden und dem Traum ein für allemal ein Ende setzen. Und klar, dass du in deinem Lebenstraum etwas tun wirst, das muss so sein. Leben spielt sich in Bedingungen ab, Sein und Handeln geschieht, da ist nichts falsch dran. Das darf in meinen Augen auch nicht geleugnet werden, aber die Konstellation von Leben und wie du lebst und bist, hat nichts mit dem zu tun, was du bist. Das ist das Schöne, du darfst und sollst genauso sein, wie du bist. Dies zu schmecken, da reinzuschmelzen und ganz HIER zu sein, offenbart vollständige Realisation und die Schönheit, die immer schon in DIR vorhanden IST.

Die Schönheit des Ich Bin, mit allem, was ist, ist aus dem Absoluten erschienen. Das Ich Bin wird wieder verblassen und nur das Absolute wird sein. Genieße das Leben, ohne dich in dir Irre führen zu lassen und sei, was du nur sein kannst, was kein Wissen und keine Zeit braucht und schon vor der Wahrnehmung ist.

DAS HIER, so konkret, wie einen Nagel in die Wand zu schlagen

Weil sich GOTT als Mensch zeigt, findet Denken statt, findet Fühlen statt, Gefühle werden erlebt, der Körper wird erfahren, die Welt wird erlebt. Nichts davon muss rausgehalten werden, alles ist immer an seinem Platz. Geht GOTT auf die Suche nach sich selbst, durch dieses Menschsein, erlebt er durch die Form des Menschseins auch die formlosen Aspekte des Seins und im Nicht-Finden seiner Selbst fällt er auf das zurück, was Selbst ist.

Meine Frage ist, was hält dich ab, dass du es bist?

Dass du einfach einen Nagel nimmst und in das Selbst rein schlägst. SEI DAS; bleibe einfach HIER, unbedingt! Genieße es, nicht mehr von DIR loszukommen. Es wird stiller, wenn du dich an das hältst, was still ist. Halt einfach an in dieser unbedingten Anwesenheit, nicht einmal, sondern nicht mehr aufhören damit. Und darin sieht es so aus, als gäbe es ein scheinbares Rein und Raus und wenn du siehst, dass du draußen bist, gehst du scheinbar wieder rein. Denn du hältst dich nicht an dem Erkennen auf, dass es „scheinbar" ist; denn auch das ist scheinbar, du bist DAS, was ist. Ist der Nagel in der Wand, ist da die Gewissheit, dass du es nicht mehr verlässt, weil DAS nie verlassen wurde.

(Stille...)

Nun sind wir hier schon ein paar Tage zusammen, so mag ich kurz das Rahmenprogramm mit euch anschauen, was hier an der Tür hing. Kommen wir zum ersten Punkt: *„Ankommen in dem, was IST..."* Da sind drei Pünktchen dahinter... das endet nicht. Das ist dieses relative Spiel, wo du dich hinsetzen kannst und zum ersten Mal den Regen genießt und entdeckst: Ich bin da und zum ersten Mal einen Regenbogen siehst. In DEM verweilst, was selbst ist. Alles ist der Geliebte und über Geliebte ärgert man sich, die gehen einem auf den Keks, die drücken einem die Knöpfe, die machen das Leben unbequem und auch wunderschön. Und aus einem Geliebten wird einfach eine Liebesbeziehung, wo gar keine Beziehung mehr stattfindet, einfach Liebe, die sich liebt, nichts persönliches.
Liebe hat dann eine ganz andere Qualität, sie füllt den Raum.

Das Absolute und das Relative sind nicht zu trennen, aber das Relative wird in seiner Absolutheit nie absolut. Es ist immer in Bewegung, also ist es einfach sinnvoll, diesen Nagel HIER rein zu schlagen, sich daran festzumachen und mit zu fließen, ein Paradox.

Der Traum ist ja schon längst verlassen, weil er nie betreten wurde, aber das, was da auf dem Stuhl sitzt, kann den Traum nicht verlassen. Das, was auf dem Stuhl sitzt, wird auf dem Stuhl bleiben, im Samadhi versinken, nachher zum Kühlschrank oder zur Toilette gehen.

Da ist einfach dieses Sehen, in dem nichts gesehen wurde, wenn du zurück kommst, wo kein Zurückkommen drinnen ist, geschieht irgendwann ein Einsehen, dass du nicht einsehen kannst, was du bist. Dieses Absolute, nach hinten, hinter die BÜHNE zu gehen und dann HIER einzusehen, einsichtig zu werden und in Stille und Akzeptanz mitzufließen, das sind zwei Paar Schuhe. Weil die scheinbare Person störrig ist, die Montagepunkte des Ich teilweise hartnäckig sind, wird hier vorne rumgemacht, immer wieder so ein zappeliges „es soll anders sein".

Das Selbst trotzt allem. Es trotzt jeder Erfahrung, IST, was es ist, auch wenn es da vorne sagt: Mir fehlt aber noch eine Socke, damit beide Füße warm sind. Aber wenn du in der Gewissheit festhältst, dass du bist, was du bist, bist du auch mit einer Socke, was du bist. Und darin liegt Freiheit und dann findet sich die zweite Socke ganz nebenbei, weil das Suchen in Erfahrungen aufgehört hat. Seit ein paar Wochen war mein USB-Stick weg, heute ist er ganz spontan aufgetaucht. Da war irgendwann kein Suchen mehr. Finden geschieht oft dann, wenn wir gesucht haben bis an die Grenze und uns dann eingestehen, wir haben in jeder Ecke geschaut, überall, in jedem Raum, haben alles umgedreht, es hat nichts geholfen, dann hörst du auf und lebst auch ohne gut und dann kommt es spontan zu dir, oder auch nicht; so wie es ist, ist es GUT. Das kennt jeder.

Also ist es wichtig, zu scheitern an der Frage „Wer bin ich?“, weil man entdeckt, obwohl es wirklich viel bewegt, das funktioniert ja gar nicht, sich zu fragen und so weiter und so fort.

Hilflosigkeit zu begegnen, sie zu SEIN, weil man sich weder vorne noch hinten finden kann, darin ist die Gnade verborgen. Es ist ein Fallen in Gnade. Da kann dir aber keiner helfen, sonst wäre es ja ein Hilfsprogramm und nicht Hilflosigkeit, in der sich die Gewissheit und die totale Freiheit deiner Natur offenbart.

Warum scheint die Selbsterforschung nicht wirklich zu funktionieren, obwohl darin doch so viel passiert? Weil das, was du in deiner Natur bist, keine Funktion ist; doch an einem Punkt fällst du raus, in dem Erkennen, dass du nie drin warst. Warum dann ein Sadhana oder Selbsterforschung? Es geht nicht darum, irgendetwas zu erreichen, irgendetwas zu werden, irgendwo hinzugelangen, es ist einfach wie ein Öffnen der Tür, um von der Freiheit, der Akzeptanz und der Gewissheit zu kosten, ganz darin aufzugehen; dein eigener Beweis zu sein, zu SEIN-was-du-bist.

Praktische Selbsterkenntnis – mit dem Fluss des Lebens SEIN. In dem Kennen deiner Natur, die weder bewegt noch unbewegt ist. DAS EINE, was weder Einheit noch Vielfalt kennt. Zu scheitern, sich finden lassen, in allem sein, was du bist und zu schauen: Was will gelebt werden, was liegt mir am Herzen?

DA, wo du gerade bist, was möchte gelebt werden? Dies immer wieder frisch entdecken und dem nachgehen, macht das Leben satt; das ist wertvoll, weil du lebst. Wenn der Wunsch da ist, Therapie zu machen und sich das gut anfühlt, spricht gar nichts dagegen. Oder einen neuen Job zu suchen oder ein Buch zu übersetzen oder einen guten Kaffee zu kochen – denn es sind nicht nur die großen Projekte, sondern auch die ganz Kleinen – einfach zu leben, ohne einen Film über den Film zu machen, macht es frei, Leben geschieht einfach. Wenn der Wunsch da ist, tiefer in den Frieden einzutauchen, dann will das gelebt werden, dies ist etwas ganz einfaches, unspektakuläres; das Ich-Konstrukt hat große Vorstellungen vom Erwachen von Frieden, mit DEM HIER kann es nichts anfangen; dies-hier ist Frieden. Halt einfach hier in Sanftheit an, Atme den Frieden, der HIER IST, mit dem ganzen RAUM, nichts was du tun musst; es geschieht, sei einfach still.

Ohne Wenn und Aber. Sei, was du bist.

ES kann total erfasst sein; trotzdem kann da vorne ein wildes Programm ablaufen; Selbsterkenntnis, Freiheit macht sich nicht an den Umständen fest. Doch wenn der Wunsch da ist nach Glückseligkeit, nach unbedingter Liebe, nach Stille, dann halte dich an das, was Stille ist, an das, was grundlos liebend, unbedingt und freudig da ist und es wird dich tiefer in sich aufnehmen, da du in deiner Ausrichtung vorbehaltlos mit der Bewegung des LEBENS BIST; ES vorbehaltlos geschehen darf...

Wenn du magst, kommst du hin und wieder hier vorbei. DAS, was du ohne Wenn und Aber bist, das was du in deiner Natur bist, das ehre ich hier, indem ich mit meinem Hintern auf dem Stuhl sitze; in allem BIN, was ich bin.

Heute *„Schweigetag – ganz in Stille“*, *„Finde deine Tiefe“* scheinbar spricht gerade die Stille zu sich selbst. Nein. Alles spricht zu sich selbst. *„Finde deine Tiefe“* – dafür ist es wertvoll, in Stille zu sitzen, in Stille zu Sein, ohne etwas zu verfolgen, mit der natürlichen Stille die HIER IST still zu sein, sich durchdringen zu lassen von dem, was SELBST IST, indem du einfach still bist. DARIN kann Freude geschmeckt werden, Liebe, Frieden. Aber ES wird auch oft und immer wieder übersehen, weil sich Wünsche, Ideen und Vorstellungen auftun, die das System arbeiten und rennen lassen, anstatt HIER in dem zu wurzeln, was in Frieden ist und relaxt zu tun, was ansteht.

Traumata, die uns an den Traum binden; nichts muss geheilt werden, in dem Sinne, dass wir an uns arbeiten müssen; wenn wir das Trauma sind und die Vibration, die da ist, ganz HIER SEIN darf, wird darin die Freiheit entdeckt, dass da einzig LEBEN ist, ungeteilt. Der Schmerz kann dem Leben zurückgegeben werden, in Stille mit dem, was ist, er war nie dein. Hier findet Heilung statt, in dem, was HEIL IST. Du kannst dich dem LEBEN ganz zurückgeben, denn du bist DAS.

Wünsche können an das Leben zurückgegeben werden, ohne das zu verleugnen, was in dir lebendig ist. Du kannst fragen, LEBEN, was willst du von mir? ... Das heißt für mich, erwachen zu leben, mich dem Leben zurückzugeben, indem ich-es-bin, und lausche, was willst du von mir?

Das hat mit keiner Formel, keinen Regeln zu tun, ES bewegt sich durch alles, ganz frei. Du bist frei, so wie du bist. Lass dich erfasst sein, IN DEM, was still ist und tanze mit...

„Könntest du mir vielleicht mal erklären wie du das ICH BIN verstehst?“

Ja, kann ich machen, aber sagst du mir, was es mit dir zu tun hat? Also, was es in deiner Erforschung mit dir zu tun hat, dass es nicht nur ein Vortrag ist, sondern dass wir ins Gespräch kommen.

„Es hat insofern etwas mit mir zu tun, dass ich teilweise versuche, es zu praktizieren, aber eigentlich finde ich es irgendwie nicht greifbar. Du sprichst ja auch von Anwesenheit, es sprechen auch andere davon. Was meinst zum Beispiel mit Anwesenheit? Die Wahrnehmung von etwas Wesenhaften?"

Ja, die An-wesen-heit nenne ich auch Wesensnatur. Dieses Empfinden, dass du da bist. Was sich gar nicht verändert im Erleben.

„Das heißt, dann wäre die Anwesenheit, die Anwesenheit von mir selbst."

Genau in diesem Erleben kannst du fragen, wer bin ich selbst?

Anwesenheit wird durch den Körper erlebt und die Anwesenheit ist das Ich Bin. In diesem Erleben von Anwesenheit bewegt sich alles, ungeteilt. Morgens, wenn Aufwachen geschieht, das kann jeder für sich erforschen, kannst du entdecken: Bevor der Körper und die Welt, das Bett, der Schrank, die Bettdecke da ist, bist als erstes du als Anwesenheit da, dann baut sich darin alles spontan auf, DU BIST, und damit erscheint ALLES.

Wenn das Praktizieren kein Praktizieren mehr ist, dann sättigt sich das Ich Bin in Frieden und der Seligkeit, dass DU BIST, weil Selbsterkenntnis die Suche, in der Anwesenheit der Anwesenheit – vor jedem Sein und Nicht-Sein beendet hat; dann verwandelt es sich in ein immer tieferes Verweilen und ein direktes Erleben deiner Natur, dessen was du bist. Das Kennen dessen, was du bist, entschlüsselt sich unendlich aus sich heraus, indem du darin verweilst und still bist; es ist einfach eine Freude, sich der Freiheit der eigenen Natur hinzugeben. Ganz praktisch: Ein Ankommen in der Bewegung des Unmittelbaren; ein tiefes Ankommen in dem Sehen, dass du unbedingt da bist. Diese Unbedingtheit und Unmittelbarkeit zu ehren, indem du darin verweilst, macht das Unvermittelbare immer offensichtlicher; einfach so, es geschieht im Verweilen in DEM, was du bist, DU BIST.

Wahrnehmung ist immer in Bewegung – richtet sich auf dieses Objekt, auf jenes Objekt, auf Objektlosigkeit, auf Worte, auf Gefühle, auf Empfindungen. Da ist einfach dieses Anhalten in dem, was sich gar nicht bewegt und darin findet Bewegung statt und DU BIST einfach HIER, ohne etwas anzuhalten.

Wenn es dir wichtig ist, das zum Ende zu bringen, dann kannst du entdecken, dass du das ICH BIN gar nicht verlässt und in diesem Erkennen, dass du es nicht verlässt, findet eine Bewegung statt und ein immer tieferes Anhalten. In dem direkten Wissen und Erleben, dass du immer schon Zuhause bist, holt es sich mit allem nach Hause, durch die Person.

Du kannst die Person nicht durch ein Verstehen hinter dir lassen und in das ICH BIN abwandern, das geht nach hinten los. Bewusstsein durchdringt „die Person" und dann wird existenziell erfasst, dass du vor dem Bewusstsein bist, vor dem ICH BIN. Doch als mentales Konzept ist das einfach nur ein weiteres Konzept, im denkenden Verstand. Im direkten Schauen so offensichtlich...

Ich habe dich heute gesehen mit den Büchern von Nisargadatta, als er zum Ende seiner Lebzeiten gesprochen hat. Zu der Zeit, als die Energie mehr und mehr seinen Körper verließ, musste er sehr direkt sein, weil er niemandem mehr Meditation, Selbsterforschung groß vermitteln konnte, da es Zeit braucht, bis sich das verinnerlicht und wirklich aufgenommen werden kann. So war einfach der Wunsch, direkt das größte Geschenk zu übermitteln, dass du Para-Brahman bist; vor dem ICH BIN. Wenn das dann erfasst ist – Ehrlichkeit, Aufrichtigkeit und Wahrheitsliebe da ist, wird sich alles weitere, was gebraucht wird, auf dem Weglosen-Weg aus sich selbst ergeben, indem du bist, was du bist und die stille Erforschung immer wieder allen Raum bekommt. Einem seiner Übersetzer hat er ganz zum Schluss gesagt: „Vergiss mich, werfe alle Konzepte über Bord und halte dich an das ICH BIN". Er hat nicht gesagt: „Gut, du hast ES, du hast ein Einsehen, relaxe."

Es ist wichtig zu verstehen, dass der Verstand an seine Grenze geführt wird, dass der Zweifel ein Ende hat, DU darüber hinausgehen kannst, dann wirfst DU das Verstehen über Bord und gehst weiter, immer weiter, in DEM, was du bist. Hinter der Leerheit der Leerheit treffen wir uns.

Aus dem ICH BIN kommt das GANZE. Im ICH BIN verschwindet das GANZE. Und dafür, dass das GANZE kommen und gehen kann, dafür, dass das GANZE in dieser Konstanten kommen und gehen kann, musst du vor allem sein, bist du. DU erfährst dich in deiner totalen Anwesenheit, in deiner Abwesenheit und in deinem Menschsein. Das geht einfach immer tiefer, durch ALLES. Es muss nichts gesucht werden und wenn entdeckt ist, dass es nicht gesucht werden muss, dann passiert ein Anhalten, Freude, dass es immer HIER IST. Dann installiert sich ein Frieden in dir, weil du nicht mehr rumrennen und etwas suchen musst.

„Könnte man auch sagen, dass das Ich Bin einfach das Leben ist?"

Sagen kann man viel.

Führ dich doch nicht an der Nase rum. Das ist doch Wortklauberei. Das Ich Bin ist die Anwesenheit, die sich nicht verändert. Halte dich daran, halte dich an die Unmittelbarkeit, die sich daraus ergibt, tauch da ein...

Direkte Erforschung und unmittelbares frisches Erleben von DEM, was ungeteilt ist, ist das einzige, dass der Zweifel und das Ganze, was auf dem Ich-Gedanken aufbaut, in der Tiefe erlöschen kann. Es wäre mehr oder weniger ein mentales austauschen von Konzepten zu sagen: „Ok, das Ich Bin ist das Leben"
Wenn du dich an das Leben hältst, beginnt das Chaos mit sich zu tanzen, all das mental-emotionale Zeug, was in dir steckt, wird absolut getriggert, du fällst zurück in den Kopf, in konzeptuelle Gebäude, fällst in Dramen, mental-emotionale Identifikation – weil das nicht auszuhalten ist.

Das verweilen im Ich Bin, einfach still zu sein ohne Ziel, befreit dich von den Erfahrungen des Lebens, ohne dich von dem, was geschieht abzutrennen und lässt dich erkennen, dass du DAS bist, was das Leben ist, mit ALLEM. Du bist DAS, was das Leben ist, du erfährst dich als das Leben, aber du musst das Messer benutzen und die Bindungen alle durchschneiden. Da ist kein Muss in dem Sinne: Das musst du jetzt machen, dann bist du gut, frei und vollkommen. Das Muss richtet sich nur an die Sehnsucht des Selbst, an diese Intimität-des-EINEN, die sich immer tiefer erleben will; an deine Natur, die du vor allem bist. Das Ich Bin ist wie ein homöopathisches Mittel. Du erlebst die ganze Zeit, dass du bist, doch in deiner wahren Natur bist du nicht. Also nimmst du die Hochpotenz, das reinste Wissen, dass du bist, Anwesenheit, Wesenhaftes Erleben, total, ohne auf das Ich-Konstrukt zuzugreifen. In diesem direkten Schauen, dich dir hinwendend, ist schon offenbar, dass du frei bist. In der Bereitschaft, immer wieder darin anzuhalten, dies-zu-sein, arbeitet es für DICH... du bist frei, gib dem doch einfach allen Raum.

„Wenn ich versuche, mich an DAS zu halten – wenn ich das mache, ist es weg. Es entgleitet. Ich kann mich nicht daran festhalten. Es ist nicht zu greifen."

Ja, genau so ist es. Ganz praktisch, was ist das Ich Bin? Das Sitzen auf dem Stuhl, unspektakulär und unhaltbar. Es ist immer wieder das Anhalten und Ankommen im Unmittelbaren und wenn du mit dem Unmittelbaren in Berührung bist – mögen erst Gedanken sein und dann Empfindungen, der Stuhl auf dem du sitzt, die Füße auf dem Boden, der Herzschlag, die Gedanken, die runter sinken – wird immer deutlicher, da ist Anwesenheit, du bist da und darin erscheint ungeteilter RAUM. Dann wird entdeckt: Oh, diese Anwesenheit war sogar da, als ich gedacht habe. Sie war sogar da, als ich in einem Gefühlsstrudel drin war, also kann sich alles aus sich selbst befreien. Es kommt alles aus dem ICH BIN und darin verschwindet auch alles.

Ein Kommen und Gehen inklusive dem ICH BIN. Es gibt nichts her. Du kannst es dir nicht in die Tasche stecken.

Wenn du es wirklich erforschst, siehst du: Mann, soviel Nacktheit, ich habe andere Vorstellungen von Erwachen und Befreiung. Eine leere Leinwand, auf der mal Dies und mal Das erscheint. Wenn wirklich erkannt wird: „DAS sieht ganz blöd für „mich“ aus, aber ich habe gar keine andere Chance. Ich habe ja alles probiert.“ Dann hältst du einfach daran fest, indem du immer wieder dort ankommst, dort mündest, darin verweilst und dann wird es absolut satt in dir, weil ES SATT IST und DU es bist. Du brauchst einfach nur zu vertrauen. Es trägt dich, es trägt alles, verweile darin. Wenn es wichtiger wird als die Suche oder dass die Suche aufhört, es wichtiger wird als die Idee, dass da „Jemand“ ist oder „Niemand“, ob das so oder so erlebt wird, kann das in den Vordergrund treten, was sieht...

Wenn du für dich eine Haltung suchst, um zu praktizieren, setz dich einfach, mache es dir bequem, lass den Körper einfach atmen; im Unmittelbaren, HIER IST ALLES.

Realisiere, dass DU BIST. Das kannst und musst du nicht machen, weil es ja bereits hier ist, es geschieht. Wenn es deinem Interesse entspricht, wird es gesehen und erlebt; so, als würde die ganze Energetik DA rein laufen...

Das ist schon verrückt. Da gibt es drei Bände, da steht drauf ICH BIN, darin wird direkte Erforschung und die Freiheit deiner Natur immer und immer wieder erklärt. Doch die Essenz Nisargadattas Vermittlung auf den Punkt gebracht: Du bist das Absolute. Halte DICH an die Anwesenheit, Ich Bin. Vertraue und sei still. Wie er selbst sagte: „Das habe ich von meinem Guru gehört, das habe ich gemacht, es hat sich in seiner Offensichtlichkeit und Freiheit total realisiert“ und darin wurde eingesehen, dass es nie ein Tun oder Machen von mir gab, ICH nie in Dualität war.

ICH BIN DAS, was ich bin, immer schon war und sein werde;
DAS bist auch DU!

„Du sprichst immer so vom Ende her. Wenn man das noch nicht erlebt hat, ist es so schwierig für mich, das nachzuvollziehen."

Aber ich hole dich da ab, wo du bist, nicht wo du glaubst zu sein. Sonst wirst du nie ankommen. Weil die, die glaubt, nicht angekommen zu sein, wird nie ankommen, denn DU Selbst bist keine Erfahrung, nichts was man erfahren oder erleben könnte; DU BIST DAS, was Erleben ermöglicht. DIES, was erfährt und sich HIER zum Ausdruck bringt. Das hier ist alles, was ist. Halt dich einfach an DAS und Sei Still; und es wird unweigerlich eine Verwandlung in dir stattfinden, gleichzeitig offenbart sich die totale Befreiung, dass du in deiner Natur immer frei bist und das wird zur tiefen Gewissheit, wenn du dich DEM anvertraust. Sei einfach – das, was sieht und nicht getrennt ist von dem, was gesehen wird und du lebst in dieser Verschmelzung, in der kein Platz ist für dich.
Jetzt hast du 20 -30 Jahre Buddhismus hinter dir und jetzt sitzt du hier. Buddha der Erloschene – man sagt ihm ja auch nach, er arbeitet immer noch an seinem Erlöschen. Genau das ist es. Die Form wird nie erlöschen; Information wandelt sich permanent und wird immer Information bleiben. Ist einmal erfasst, dass du da nicht drin bist und alles, was da vorne verblasst, nicht du bist, dann geschieht Erlöschen aus sich heraus, in dem sanften Verweilen in DEM HIER...
Du kannst sehen, dass du anwesend bist. Diese Anwesenheit, einfach hier-zu-sein, ist so satt, da fehlt nichts, darin zu verweilen ist keine Technik, es ist die Bereitschaft, zu Sein was du bist.

„Das ist ein bisschen das Problem, als wolle ich immer wieder eine Übung daraus machen und es bekommt dann noch was krampfiges, und da fühlte ich mich sehr ertappt."

Jeder kennt das. Damit bist du nicht alleine. Wenn man daraus eine Übung macht, verkrampft das System, aber wenn das Bedürfnis nach Stille da ist und du dich einfach hinsetzt einfach für einen Moment den Atem wahrnimmst, wahrnimmst, dass da vielleicht Scheiße im Körper-Verstand unterwegs ist und du nichts damit machst, kommst du HIER an: Dies HIER ist still.

Das HIER will nichts von dir und wenn du nichts von DEM HIER willst, dich DEM anvertraust, gleich wie es sich zeigt, kommt Frieden ganz automatisch, ganz natürlich zu dir; weil DIES HIER Frieden ist und dieser Friede HIER zu SEIN verwandelt den ganzen RAUM des Erlebens.

Und es gibt vieles in einem menschlichen System, das dagegen arbeitet, in Frieden zu sein, einfach zu sein, was du immer schon bist. Verweile einfach in dieser Einfachheit, HIER und es wird für dich arbeiten, mit allem, was darin auftaucht. Es ist wichtig, dass wir das in Frieden lassen, auch den Kampf und den Widerstand, dass es in Frieden ankommen kann. Du bist im Unfrieden herzlich Willkommen, darfst zur Ruhe kommen, all das darf in DEM ankommen, was Frieden ist. Buddha, der Erloschene arbeitet immer noch an seinem Erlöschen. Wenn wir einfach hier sitzen und das Ganze nicht benennen – die Welt, ich, du, das Ich Bin, Vogelgezwitscher – ist alles erloschen. Hier ist die Arbeit zu Ende, nichts muss getan werden um zu sein, was du bist. Indem nichts mehr getan werden muss, stellt sich ein anderer Modus, ein anderes Erleben ein; Anhalten darf endlich geschehen, DAS bekommt eine Tiefe, die alles verschlingt, alles in sich trägt.

Du sitzt, eine halbe Stunde, einfach so; einfach so offenbart sich das Wunder DESSEN. Du sitzt ein, zwei Stunden und es geht tiefer und es ist einfach ein spontanes Geschehen, ohne Ziel... DU machst es dir gemütlich. Bist einfach da. Bewegung findet statt. Alles ist HIER.

Bei der Aussage „Alles ist HIER“ meine ich natürlich auch Traurigkeit, Verzweiflung, nicht Einsehen können, es nicht verstehen können. Das kann ja auch gar letztlich nicht verstanden werden.

Ich hab Leute erlebt, die DAS verstehen. Die waren hier und erzählen mir jetzt, was ich gesagt habe. Konzeptuell verstanden – doch der Mut, die Bereitschaft ist nicht da, DAS zu sein – also nichts als weiterer konzeptuelle Anhäufungen auf das erste Konzept ICH.

Das, was du bist, kann nicht verstanden werden, du kannst es nur sein. Worte werden einfach spontan gesprochen, DAS HIER ist die totale Frische, ich habe kein Konzept über DAS.

Und wenn gemerkt wird, dass es nicht verstanden, festgehalten oder verwirklicht werden kann, taucht Angst im Verstand, in der Person auf und es wird zum Nächsten gerannt, der einen retten könnte. Ausweglos – da hält einfach alles an, nur diesen einen MOMENT, und du merkst, wie wertvoll das ist.

In dem Sehen dessen kommt einfach dieser ganze Apparat zur Ruhe und sinkt in diese natürliche Stille, HIER. DA wird erlebt, was wirklich da ist. Was ist überhaupt wirklich? Diese Ausweglosigkeit, nie zu dem kommen zu können, was du bist. Wenn es dann nicht mehr raus geht, bist du da drin, total. Dieses DA drin sein, ohne Ausgang, ohne Eingang, sprengt die Idee von Eingang und Ausgang. Wenn der Buddha noch daran arbeitet, dürfen wir das auch. Und die Leichtigkeit darin: es ist NICHTS, was erledigt werden muss, in dem du einfach ALLES abschießt. Daran arbeiten heißt, anhalten, einfach die Waffen niederlegen, all die Ideen und Vorstellungen, wie es sein sollte, alles was in Zeit ist, „die Gebetsmühle-Ich", einfach ablegen,

DA ankommen, wo du bist und nie nicht sein kannst...
Und so entdecken, dass immer alles an seinem Platz ist und es geschieht, dass es einfach stiller wird, gleich was eben noch am kämpfen war, es geschieht, dass es stiller wird, in dem, wo es niemals eine Veränderung gibt, DEM was du bist, du bist...

Lasst uns einfach noch einen Moment sitzen, in dem direkten Wissen und Erleben, dass du bist, ohne Worte, HIER anhalten. Die Sattheit schmeckend. Alles dem Fluss übergebend. Wer bereit ist alles zu geben, bekommt auch alles.

(Einige Retreat-Teilnehmer saßen nach dem Satsang noch über eine halbe Stunde mit Ronny formlos in Stille. Ronny war zwischendurch in der Küche, um sich einen Schwarztee und Toasts zu machen. Als er wieder reinkam, sich auf seinen Platz setzte und noch seinen Tee trank, dies...)

„Rameshwara, würdest du mich bitte segnen?“...

...Willst du mich veräppeln?!

„Nein, niemals...“

(Der olle Rameshwara greift neben sich, ein Büchlein von Ikkyû Sôjun, Gedichte der Verrückten Wolke, schlägt wahllos eine Seite auf und liest mit wehenden Armen)

Hier, ein Segensspruch für dich:

„Dieser Steinbuddha verdient all die Vogelscheiße, die er abbekommt. Ich schwenke meine dürren Arme wie schlanke Blumen im Wind.“

Du bist, DEM gehe auf den Grund

Alles Wesentliche wurde bereits gesagt;
verstanden oder nicht verstanden,
DU BIST.

Spürst du das ... ?

Und WER ist es, der dies wahrnimmt ?

... auch wenn du nicht sagen kannst, was du bist,
kannst du nicht leugnen,
dass du bist.

DU BIST,
dem gehe auf den Grund.

All das hier ist einfach nichts Persönliches

Deine Suche wird ewig sein, solange du dem Ich-Gedanken hinterherläufst und immer wieder einen Bezug von dir auf die Welt nimmst. „Die Welt" ist etwas ausgedachtes, nicht von Substanz, so ist es auch mit „dir", „mir" und „meinem Leben". Schau dir einmal die Gedankengänge dieser Gebetsmühle „Ich" und „Ich" und „Ich"... an. Subtile endlose Gedanken, die Bestätigung wollen. Was kann man machen? Schau es dir in der Stille an und halte dich an das, was bereits das Schauen schaut. Wenn das Interesse da ist, die Freiheit des EINEN zu erfassen, siehst du, dass du bist, weißt aber nicht, was du bist. Bleibe bei diesem Nicht-Wissen. Wisse nicht, dass du nicht weißt, sei das Nicht-wissen.

Wenn du hier bist mit dem unmittelbaren Erleben, das Mittelpunkt, Anfang und Ende ist, wird diese Welt, von der du geglaubt hast, dass es sie gibt, nicht mehr erscheinen. Alles erscheint so, wie es erscheint, spontan, doch es erscheint einfach so, ohne eine Idee darüber und genauso verschwindet auch alles immer wieder. Ein endloses Kommen und Gehen und für dies beständige Kommen und Gehen musst du erst-mal sein. Sei das, absolut. Nichts kann dich von DEM trennen, niemals, selbst in der tiefsten Trennung bist du, ungeteilt, DU.

Wurde dies erfasst, wurde das verstanden, ist der Verstand über seine Grenze gebracht; dann lass ihn, sei einfach still mit all dem, was ist und vergiss dich und die Welt... und das, was Freiheit ist, wird dich total verschlingen...Dem „Ich" wie auch „der Welt" wird es nie genug sein, darum fasse das ganze Zeug nicht an; das sind Dämonen, die nicht sattzubekommen sind. Sei einfach zärtlich mit dem, was ist – einfach so, wie der Duft einer Rose den Raum durchdringt. Vergiss die gedachten Bilder. Es gibt die Welt und es gibt sie nicht, genauso ist es mit dir. Wenn es erlischt, verschwindet beides.
Durchdringe das lebendige, ewige Prinzip, das direkte Wissen, das simple Erleben du bist. HIER halt an, ohne etwas anzuhalten und lass dich durchdringen von DEM was ist und nicht wird,
DEM was du bist.

Es kann nicht wirklich erklärt werden, niemand kann dir geben, was du bist; wenn es dich ruft, tiefer zu gehen, einzutauchen in das, was du in deiner Natur bist, wird es sich dir in seinem Reichtum zeigen, unweigerlich. Geh dafür. All DAS HIER, alles wie es erscheint, ist einfach nichts Persönliches, du bekommst nicht Selbsterkenntnis, Erwachen oder Befreiung. Die tiefsitzende Vorstellung, dass etwas fehlt oder falsch ist, fällt ab, die Vorstellung, dass irgendetwas fallen müsste, fällt und plötzlich bist du in deiner eignen An- und Abwesenheit das, was du bist.

Aber was ???

... JA ... Zweifelsfrei

DAS...

DAS was frei ist, ist nicht das befreite Objekt.
DAS was gefangen ist, ist nicht das, was du bist.
DAS was nicht bedingt ist, ist nicht.
DAS was bedingt ist, wird immer bedingt sein
und somit gefangen - dies SO zu sehen, ist Freiheit.

Gefangen-sein ist nur die Vorstellung von „Ich".
Befreiung ist die Befreiung von der Idee der Befreiung selbst.
Schau... gibt es jemanden, der gefangen sein könnte? Gibt es jemanden, der befreit werden könnte?

Schau für dich...

Dieser Jemand ist einfach nur der Gedanke „Ich...",
doch, wer bist du? Was immer du auch sein magst, in welcher Form du dir auch erscheinen magst, DA ist nur ein totales-gelebt-werden. DAS ist die Reise des LEBENS. Jeder scheinbare Protagonist hat sein Gepäck zu tragen. Es reist so oder so mit. Beende die Vorstellung, dass du Gepäck selbst trägst! Das macht es frei. Nur der Glaube, dass du es trägst, macht es erst schwer. Erkenne, jedes Ding bist DU SELBST, doch DU bist kein Ding.

Nun, in der Welt der Zehntausend-Dinge könnte zum zehntausendsten Mal die Frage auftauchen: Wie endet dies Spiel der Gefangenschaft des Ich, wo es doch scheinbar immer wieder erscheint?

Indem erkannt und durchdrungen wird, dass dieses Spiel keinen Anfang und kein Ende hat; und du schon vor diesem Erkennen bist. Und das was erscheint, ist einfach etwas, das erscheint.

Wie dies Erkennen, ist alles Teil des erscheinenden Spiels, aber nicht DU, weil du selbst kein Ding bist, das erscheint und gesehen werden könnte.

In dieser Ausweglosigkeit total zu sein, darin ist es AUS, mit der „Welt der Ideen“. Lass es sich leben und sei still, da ist einzig DAS was sich lebt und sich durch alles erlebt.

Es ist frei...

Hier spielt die Musik

Alle Suche, alle Theorie, jeder Gedanke an einen Prozess, kann aufgegeben werden für DAS HIER. Hier spielt die Musik, hörst du es ...

Es bedarf keiner Interpretation um zu sein ...
Ganz simpel, wenn ich DAS HIER sage, meine ich kein "spirituelles Erwachen" oder ein "besonderes SEIN", nein... das Sitzen hier, Atem der geschieht, Vögel zwitschern, das gehört wird, eben das, was wahrgenommen und erlebt wird, DAS was geschieht.
Alle Suche – ob im GROSSEN oder Kleinen – ist letztlich die Suche nach dir Selbst. Das scheint endlos, weil es kein Selbst gibt, was DU finden kannst, weil du bist, was du bist, und es zu DEM HIER nichts Zweites gibt.

Stößt du mit der "Nase" darauf, geschieht die Entdeckung überall, doch ist es nichts, was zu greifen wäre – dies zu sehen und sich DEM zu ergeben könnte man Erwachen nennen ... Doch spielt sich Erwachen nicht im Raum der Benennungen ab, es ist frei in allem, geschieht spontan aus sich heraus und im Erleben des ungeteilten Bewusstseins trägt es den Geschmack der Freiheit, in allem, in sich.

Ein Leichtes jedes Konzept, jede Erkenntnis, jedes Erwachen für DAS zu verwerfen und einfach zu sein, was du bist.
Ein Leichtes, weil es einfach passiert, niemand der es machen oder lassen könnte.

Wie leicht kann man DAS idealisieren, mit Hoffnungen und Zukunftsideen über das JETZT vollstopfen, daraus das nächste "Objekt", die nächste Schublade basteln.

Doch ist es einfach immer schon HIER, grundlegend vorhanden und in sich GUT, so simpel, dass es oft übersehen wird. Wenn du DIES liebst, ist ES in allem offensichtlich. Die Liebe zu DEM macht mit allem Ausgedachten, dem Interpretierten und allen Benennungen "über" Schluss, öffnet den Raum des Erlebens für das, was keinen Anfang und kein Ende hat....

Praktisches menschliches LEBEN, geht weiter ...

Egal wie wir es drehen oder wenden, Leben, so wie es ist, scheint kein einziges Zuckerschlecken zu sein, und doch ist es im Sehen dessen frei und trägt eine Schönheit in sich, die nicht unbedingt "einer Schönheit" bedarf ...Erwachen lässt uns oft so dastehen, wie wir es nie wollten, das alle Abneigungen und Vorlieben fallen können, für DAS was vor und in allem, einfach so, IST-was-du-bist. Darin ist kein Prozess, kein Vorher, kein Nachher, jeder MOMENT steht ungeteilt für sich; es ist nur dieser eine ewige MOMENT, der in sich immer vollständig ist, DIES-gilt-es-zu-sehen und zu durchschauen ...

"Gate, gate, paragate, parasamgate bodhi svaha"

Das Ende der Suche

Das Ende der Suche bist du,
so, wie du bist,
so, wie es ist.

Da, wo du bist,
brennt ein Feuer, an dem du ruhen
und dich wärmen kannst, in dieser lebendigen Leere,
mitten in dir.

Du bist willkommen,
die energetisch vibrierende Lebendigkeit,
die dem Wunder des Lebens
in seiner totalen Freiheit innewohnt,
zu schmecken; DIES zu sein.

Das Ende der Suche ist nicht das Ende;
es ist der Beginn einer lebendigen Liebesbeziehung
ohne Zweitem mit DEM, WAS IST.

Ich bin DAS, was – das vibrierende, tanzende – Bewusstsein ist.
Parabrahman und sein Devotee, nicht voneinander verschieden.
In allem DAS, was meine Natur ist, nicht gegeben...

Die alte Tradition

Die alte Tradition, der Fluss von EXISTENZ, der un-bewegte Stille ist, ruft sich durch ALLES in dies SEIN, wo du weder sein noch nicht sein kannst. Es ist – gegründet im zweifelsfreien Nicht-Wissen – was Stille ist - und nichts zu sagen oder zu verschweigen hat und in allem das offene Geheimnis direkt und unmittelbar darlegt. Ein Lachen, das aus dem Nichts erscheint, alles zum schwingen bringt und in Nichts vergeht. Eine Träne der Sehnsucht, die sich selbst erfüllt mit dem, was ist. Frieden, der geschmeckt wird, ohne etwas rauszunehmen. Die lebendige Versenkung in die Stille des Urgrundes, jetzt hier...
Ein Rückzug in mich selbst, ohne mich zurückzuziehen, denn von mir gibt es kein Kommen und kein Gehen, doch das GANZE Spektrum vom LEBEN erscheint in mir...

In mir? Wer Bin Ich?

Die Frage aufrichtig gestellt und erforscht, lässt dich dem LEBEN lauschen und frisst den, der nach einer Antwort sucht... so dass sich der Fragende, die Frage und die Idee von einer Antwort, erübrigen; Unmittelbarkeit IST die Unvermittelbarkeit DESSEN, was du bist...

Ruft es DICH, durchdringe ES, ohne etwas zu durchdringen; denn es geschieht bereits, lass es geschehen. Es braucht die Bereitschaft der Hingabe, dich vollständig durchdringen zu lassen. Sei einfach – still – mit dem, was ist. Liebe und lebe, wie ES sich lebt, ganz pragmatisch, lebe einfach. In der totalen Bereitschaft, zu SEIN-was-du-bist, offenbart sich die Schönheit der Stille und die Freiheit deiner Natur.

DANK

Das Schreiben hat sein Ende gefunden, so möchte ich mich bedanken bei all den hilfreichen Menschen, die transkribiert und Korrektur gelesen haben.

Ganz herzlichen Dank an, DICH, Silke. Durch deine totale Bereitschaft des Mitwirkens durfte DAS HIER diese Form bekommen; danke.

Danke auch für all die Begegnungen im Satsang, mit ALL-jenen, die die Wahrheit lieben…allen, die einfach so zum Satsang kommen, weil sie sich angezogen fühlen.

Mein tiefster Dank gilt Nisargardatta Maharaj, der mir als Tor diente in das Ungeborene, Absolute. Meine Liebe und Hingabe für DICH ist grenzenlos. Dank der Dankbarkeit

Satsang mit Ronny

Regelmäßig finden Satsang-Talks
und Sitzen in Stille statt.

Bei Interesse weitere Infos
unter: www.ronnyhiess.de

Einfach nur DAS - Leben im natürlichen Zustand

Einfach nur DAS

Überall im Buchhandel erhältlich:

14,90€ / ISBN: 978-3-940392-86-2

„Einfach nur DAS“ ist eine Einladung, nach dem Ich zu suchen, das Erleuchtung sucht und zu sehen, dass es genau diese Ich-Vorstellung ist, die den erleuchteten Geist, deine wahre Natur vergessen lässt, und so in bedingter Abhängigkeit unendlich nach einem Ideal suchen lässt, anstatt den Vorhang zur Seite zu ziehen und damit das offene Geheimnis ein für alle Mal zu lüften.

DAS HIER ist die in allem gesuchte Freiheit, direkt zu sehen und zu erleben, dass da nur erleuchteter Geist ist, doch dass es niemals eine erleuchtete Person geben kann, da dies nur ein vorgestelltes Bild im GANZEN ist und so bist du einfach eingeladen, DICH zweifelsfrei als das zu erkennen, was „du bist“.

DIES HIER ist eine freudige Einladung, sich dem Tanz-des-Lebens in Hingabe anzuvertrauen, darin immer wieder ganz aufzugehen und zu leben, was Dir am Herzen liegt.